荀子集解

一

〔唐〕楊倞 注
〔清〕王先謙 集解

齊魯書社
·濟南·

圖書在版編目（CIP）數據

荀子集解 : 全2册 / (唐) 楊倞注 ; (清) 王先謙集解. -- 濟南 : 齊魯書社, 2024. 9. -- (《儒典》精粹). -- ISBN 978-7-5333-4923-3

Ⅰ. B222.62

中國國家版本館CIP數據核字第2024CY1130號

責任編輯　張　超
裝幀設計　亓旭欣

荀子集解
XUNZI JIJIE
〔唐〕楊倞　注　〔清〕王先謙　集解

主管單位	山東出版傳媒股份有限公司
出版發行	齊魯書社
社　　址	濟南市市中區舜耕路517號
郵　　編	250003
網　　址	www.qlss.com.cn
電子郵箱	qilupress@126.com
營銷中心	（0531）82098521　82098519　82098517
印　　刷	山東臨沂新華印刷物流集團有限責任公司
開　　本	880mm × 1230mm　1/32
印　　張	28
插　　頁	4
版　　次	2024年9月第1版
印　　次	2024年9月第1次印刷
標準書號	ISBN 978-7-5333-4923-3
定　　價	258.00圓（全二册）

《〈儒典〉精粹》出版説明

《儒典》是對儒家經典的一次精選和萃編，集合了儒學著作的優良版本，展示了儒學發展的歷史脉絡。其中，《義理典》《志傳典》共收録六十九種元典，由齊魯書社出版。鑒於《儒典》采用套書和綫裝的形式，部頭大，價格高，不便於購買和日常使用，我們决定以《〈儒典〉精粹》爲叢書名，推出系列精裝單行本。

叢書約請古典文獻學領域的專家學者精選書目，并爲每種書撰寫解題，介紹作者生平、内容、版本流傳等情况，文簡義豐。叢書共三十三種，主要包括儒學研究的代表性專著和儒學人物的師承傳記兩大類。版本珍稀，不乏宋元善本。對於版心偏大者，適度縮小。爲便於檢索，另編排目録。不足之處，敬請讀者朋友批評指正。

齊魯書社

二〇二四年八月

《儒典》精粹書目（三十三種三十四册）

孔氏家語	荀子集解	孔叢子
春秋繁露	春秋繁露義證	鹽鐵論
新序	揚子法言	白虎通德論
潛夫論	中説	太極圖説　通書
龜山先生語録	張子語録	傳習録
張子正蒙注	先聖大訓	近思録
四存編	孔氏家儀	帝範
帝學	温公家範	文公家禮
聖門禮樂誌	東家雜記	孔氏祖庭廣記
伊洛淵源録	伊洛淵源續録	國朝漢學師承記
國朝宋學淵源記	孔子編年	孟子年表

解題

荀子集解二十卷首一卷，清王先謙集解，清光緒十七年長沙王氏刻本

王先謙，字益吾，學者稱葵園先生，辛亥後改名遯，湖南長沙人，生於清道光二十二年（一八四二），卒於民國六年（一九一七）。清同治四年（一八六五）進士，授翰林院庶吉士，散館授編修，累遷翰林院侍講。光緒六年（一八八〇）任國子監祭酒。復在國史館、實録館兼職，充雲南、江西、浙江三省鄉試正副考官。光緒十一年（一八八五）轉任江蘇學政，任内在江陰南菁書院開設書局，校刻《皇清經解續編》《南菁書院叢書》等。光緒十五年（一八八九）卸江蘇學政任。後歷主湖南思賢書舍、城南書院、嶽麓書院。初師曾國藩，學爲古文辭；後轉治經學，循乾嘉遺軌，重考據、校勘。除前述校刻《皇清經解續編》等外，還編有清《東華録》二百卷《續録》四百一十九卷、《續古文辭類纂》等。著有《尚書孔傳參正》三十六卷、《詩三家義集疏》二十八卷、《漢書補注》一百卷、《後漢書集解》一百二十卷、《新舊唐書合注》二百二十五卷、《荀子集解》二十卷、《莊子集解》八卷、《虚受堂文集》十五卷《詩集》

卷七）。

十七卷等。傳見《清史稿》卷四百八十二、吴慶坻撰《王葵園先生墓志銘》（見《碑傳集補》

《荀子》一書，經西漢劉向校理，定爲三十二篇十二卷，稱《荀卿新書》。《漢書·藝文志》著録作《孫卿子》。《隋書·經籍志》著録爲《孫卿子》十二卷。唐楊倞始改稱《荀子》，且調整篇目，厘定爲二十卷，并爲之注，即今天的通行本面貌。唐代楊倞之後，研究《荀子》的學者綦鮮。清代中期以後，《荀子》一書纔爲學者所重。謝墉、汪中、郝懿行、盧文弨、王念孫、俞樾等人，開始對《荀子》及楊倞注進行校理。王先謙以嘉善謝墉本爲底本，謝墉本乃謝墉與盧文弨合校之本，復取校黎庶昌《古逸叢書》覆刻宋台州本，并選取郝懿行《荀子補注》、王念孫《讀書雜志》、俞樾《荀子平議》等，彙集一編，近儒之説，亦附著之，後再加以折衷平議，而成《荀子集解》。章太炎云：『王益吾説經之書甚少，《荀子集解》優於《漢書集注》。』又云『王先謙祇《荀子》可傳』。支偉成《清代樸學大師列傳》云：『復用考據以校讎諸史地志，成《漢書補注》一百卷、《水經注合箋》四十卷，亦多薈集群言，自爲發明者少。獨《荀子集解》二十卷，用高郵王氏《讀書雜志》例，取諸家校本，參稽考訂，補正楊注凡數百事，可謂蘭陵功臣！』

目録

荀子集解

一

荀子集解

二十卷

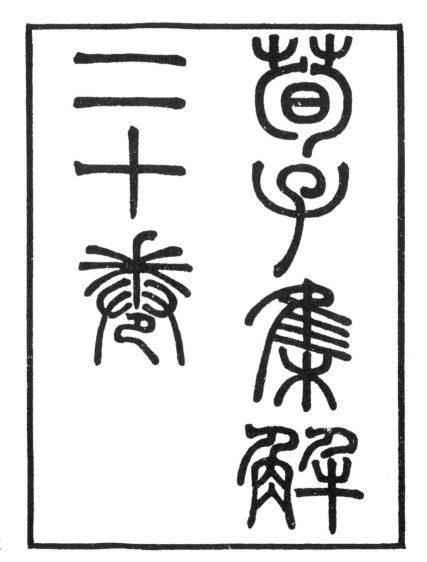

上海涵芬樓據王先謙刻本景印商務印書館發行

荀子序 臣先謙案宋台州本序上有注字

昔周公稽古三五之道損益夏殷之典制禮作樂以仁義理天下其德化刑政存乎詩至于幽厲失道始變風變雅作矣平王東遷諸侯力政逮五霸之後則王道不絕如綫故仲尼定禮樂作春秋然後三代遺風弛而復張而無時無位功烈不得被于天下但門人傳述而已陵夷至于戰國於是申商苛虐孫吳變詐以族論罪殺人盈城談說者又以愼墨蘇張爲宗則孔氏之道幾乎息矣有志之士所爲痛心疾首也故孟軻闡其前荀卿振其後觀其立言指事根極理要敷陳往古掎挈當世撥亂興理易於反掌眞名世之士王者之師又其書亦所以羽翼六經增光孔氏非徒諸子之言也蓋周公制作之仲尼祖述之荀孟

贊成之所以膠固王道至深至備雖春秋之四夷交侵戰國之三綱弛絕斯道竟不墜矣倞以末宦之暇頗窺篇籍竊感炎黃之風未洽於聖代謂荀孟有功於時政尤所耽慕而孟子有趙氏章句漢氏（臣先謙案宋台州本作代）亦嘗立博士傳習不絕故今之君子多好其書獨荀子未有注解亦復編簡爛脫傳寫謬誤雖好事者時亦覽之至於文義不通屢掩卷焉夫理曉則愜心文舛則忤意未知者謂異端不覽覽者以脫誤不終所以荀氏之書千載而未光焉輒用申抒鄙思敷尋義理其所徵據則博求諸書但以古今字殊齊楚言異事資參考不得不廣或取偏傍相近聲類相通或字少增加文重刊削或求之古字或徵諸方言加以孤陋寡儔愚昧多蔽穿鑿之責於何可逃曾未足粗明先賢

之旨適增其蕪穢耳蓋以自備省覽非敢傳之將來以文字繁多故分舊十二卷三十二篇爲二十卷又改孫卿新書爲荀卿子其篇第亦頗有移易使以類相從云時歳在戊戌大唐睿聖文武皇帝元和十三年十二月也。盧文弨曰傳習不絕俗間本作傳習不絕申抒宋本作申杼三十二篇四字元刻無又荀子序作荀卿子與諸書所引合

第七卷
王霸篇第十一
第八卷
君道篇第十二
第九卷
臣道篇第十三
致仕篇第十四○盧文弨曰劉向元目亦作致仕其當篇皆作致士當由古仕與士本通也
第十卷
議兵篇第十五
第十一卷
彊國篇第十六

孫鑛曰水爲之一句有質態爲輪二句色濃

荀子卷第一

墨筆臨吳摯甫評点本

唐登仕郎守大理評事楊　倞注

紅筆臨孫月峰及諸家臣評點本（陳竑菴先生錄）

王先謙集解

勸學篇第一

藍筆臨陳仁錫評点本

君子曰：學不可以已。青取之於藍而青於藍。冰水爲之而寒於水。以喻學則才過其本性也。○盧文弨曰：青取之於藍，從宋本。困學紀聞所引同。元刻作青出之藍，無於字。王念孫曰：困學紀聞云：青出之藍，作青取之於藍，監本未必是，建本未必非。[illegible]云今監本乃唐與政台州所槧熙寧舊本亦未爲善又云請占之五泰注云五泰五帝也監本改爲五帝誤[illegible]政文是王以作出者爲是也。元刻作出之藍，郎本於建本，監本作取之於藍者用大戴記改之也。荀子本文自作出於藍，藝文類聚草部上、太平御覽百卉部三及意林、埤雅引此竝作出於藍，新論崇學篇同。史記褚少孫續三王世家引傳曰：青釆出於藍而質青於藍者，教使然也，即是此篇之文，則本作出於藍明矣。宋錢佃本錢監本作取之於藍，所引蜀本亦作出於藍，宋龔士卨荀子句解同，今從王說。先謙案：羣書治要作青取之藍，是唐人所見荀子本已有作取者，且大戴記即用荀子文，亦作青取之於藍，不得謂荀子本作出於藍而作取者爲非也宋建監本岐出亦緣所承各異故王氏應麟無以定之謝本從盧校今仍之**木直中繩。輮以爲輪。其曲中規。雖有、槁暴、不復挺、者、輮使之然也。**輮屈槁枯暴乾挺直也晏子春秋作不復嬴矣○盧文弨曰㬥舊本作暴非說文一作㬥晞也一作暴疾有所趣也顏氏家訓分之亦極明今此字注雖訓乾然因乾而暴起則下當从夲案考工記輪人槁作藃鄭注云藃藃暴陰柔後必橈減幬革暴起釋文步角反劉步莫反一音蒲報反又注贏舊本譌作嬴案贏縮也今據晏子雜上篇改正亦作嬴**故木受繩則直。金就礪則利。君子博學而日參省乎己。則知明而行無過矣。**參三也曾子曰日三省吾身知讀爲智行下孟反○俞樾曰省乎二字後人所加也荀子原文蓋作君子博學而日參己參者驗也史記禮書曰參是豈無堅革利兵哉索隱曰參者驗也管子君臣篇曰若望參表尹注曰參表謂立表所以參驗曲直是參有參驗之義君子博學而日參驗之於己故知明而行無過也後人不得參字之義妄據論語三省吾身之文增省乎二字陋矣大戴記勸學篇作君子博學如日參己焉如而古通用無省乎二字可據以訂正先謙案大戴記一本作君子博學如日參己焉與俞說同孔氏廣森云參己者學乎兩端以己參之一本作而日參省乎己焉與荀子文同此後人用荀子改大戴記也荀書自作而日參省乎己參三義同羣書治要作而日三省乎己易參爲三是本文有省乎二字之明證與楊注義合俞說非故不登高山，不知天之高也；不臨深谿，不知地之厚也；不聞先王之遺言，不知學問之大也。大謂有益於人干越夷貉之子，生而同聲，長而異俗，教使之然也。干越猶言吳越呂氏春秋荊有次非得寶劍於干越高誘曰吳邑也貉東北夷同聲謂啼聲同貉莫革反○謝刻從盧校干作于注文作于越猶言於越盧文弨曰于越宋本作干越今從元刻與大戴禮同注於越舊作吳越訛所引呂氏于越春秋見知分篇次非俗本作佽飛唯宋本與呂氏同呂氏作干遂淮南同注干音寒國策作干隧然楊氏自作于越故以於越爲釋劉台拱曰淮南原道訓干越生葛絺高注干吳也楊氏此注以干越爲吳越蓋用高義觀下文引呂氏春秋注可見盧改非也今原道訓作于越亦安庸人所改王念孫曰劉說是也宋刻呂夏卿本錢佃本並作干越干越夷貉四者皆國名不得改干越爲于越古書言干越者多矣凡改干越爲于越者皆所謂知其一說不知又有一說者也大戴記之于越亦後人所改辯見漢書貨殖傳淮南道藏本及朱東光本皆作干宅本皆改爲于俞樾曰案盧刻誠非而楊注原文謂猶言吳越亦恐不然干與越並言則干亦國名管子內業篇昔者吳干戰未齓不得入軍門國子擿其齒遂入爲干國多則干與吳且爲敵國非

王納諫曰因正生喻復因喻生喻映帶員轉

郘吳明矣尹知章注管子以干爲江邊地非是辨見管子字本作邗說文邑部邗國也今屬臨淮從邑干聲一曰邗本屬吳蓋邗古國名後爲吳邑哀九年左傳吳城邗是也古書言干越者則當從國名之本訓不得因其後爲吳邑而即訓爲吳也先謙案王氏雜志引文選江賦注所引墨子以利荊楚干越吳都賦包括干越莊子刻意篇干越之劍及淮南原道訓以證漢書貨殖傳之于越當爲干越其義允矣今案鹽鐵論殊路篇干越之鋌不厲匹夫賤之亦一證也吳干先爲敵國後干併於吳管子吳干戰及左傳吳城邗郎其明證干爲吳滅而吳一稱干猶鄭爲韓滅而韓亦稱鄭䛐儲儻鄭譆儲兪氏所駁亦非也今依劉王說改從宋本

詩曰。嗟爾君子。無恆安息。靖共爾位。好是正直。神之聽之。介爾景福。詩小雅小明之篇靖謀介助景大也無恆安息戒之不使懷安也言能謀恭其位好正直之道則神聽而助之福引此詩以喻勤學也

神莫大於化道。福莫長於無禍。爲學則自化道故神莫大焉修身則自無禍故福莫長焉○兪樾曰上引詩云神之聽之介爾景福此文神字福字郎本詩文也今本此二句提行屬下節非是先謙案舊本以荀子宅篇引詩爲例遂斷上引詩爲一節以此二句提行固屬非是但下文物類之起至君子慎其所立乎一段言榮辱禍福之理正與引詩及此二句相應若斷屬上節亦未安各篇引詩亦多在篇中不盡屬一節之末此處不

有志與學便是造化

錢檟曰善假句多韻

孫鑛曰三比蒼勁有鍊法

當分段今正

吾嘗終日而思矣，○先謙案大戴記吾上有孔子曰三字不如須臾之所學也。吾嘗跂而望矣，不如登高之博見也。跂舉足也登高而招，臂非加長也，而見者遠；順風而呼，聲非加疾也，而聞者彰。假輿馬者，非利足也，而致千里；假舟檝者，非能水也，而絕江河。能善絕過○王念孫曰江河本作江海海與里爲韻下文不積小流無以成江海亦與里爲韻今本海作河則失其韻矣文選海賦注引此正作絕江海大戴記勸學篇說苑說叢篇竝同文子上仁篇作濟江海文雖小異作江海則同俞樾曰能當讀爲耐漢書食貨志能風與旱鼂錯傳其性能寒趙充國傳漢馬不能冬師古注竝曰能讀曰耐此文能字正與彼同

君子生非異也，善假於物也。告以喻修身在假於學生非異言與衆人同也○王念孫曰生讀爲性大戴記作性

南方有鳥焉，名曰蒙鳩，以羽爲巢，而編之以髮，繫之葦苕，風至苕折，卵破子死。巢非不完也，所繫者然也。蒙鳩鷦鷯也苕葦之秀也今巧婦鳥之巢至精密多繫於葦竹之上是也蒙當爲蔑方言云鷦鷯自關而西謂之桑飛或謂之蔑雀或曰一名蒙鳩亦以其愚也言人不知學問其所置

身亦猶繫葦之危也說苑客謂孟嘗君曰鷦鷯巢於葦苕著之以髮可謂完堅矣大風至則苕折卵破者何也所託者然也○盧文弨曰蒙鳩大戴禮作蝱鳩方言作蔑雀蝱讀如芒蒙蝱蔑一聲之轉皆謂細也蒙與蠛蠓音義近楊云當爲蔑似非著張箸切俗間本多作著今從宋本與說文合又曰說文有箸無著箸但訓飯攲無形著及繫著義或本有著字而誤脫亦未可知然古書如周語大夫士日恪位箸卽位著也列子仲尼篇形物其箸以箸爲著明也趙策智伯曰兵箸晉陽三年矣以箸爲傳著也世說新語一書皆以箸爲著以故六書正譌謂箸字多有假借用者別作著非今校此書凡宋本作箸者仍之其他卷作著字者卽不改非必古之盡是而今之皆非以待夫通人自擇焉耳所引說苑見善說篇作著之髮毛建之女工不能爲也末句作其所託者使然也餘與此同

西方有木焉。名曰射干。莖長四寸。生於高山之上。而臨百仞之淵。木莖非能長也。所立者然也。

本草藥名有射干一名烏扇陶弘景云花白莖長如射人之執竿又引阮公詩云射干臨層城是生於高處也據本草在草部中又生南陽川谷此云西方有木未詳或曰長四寸卽是草云木誤也蓋生南陽亦生西方也射音夜○盧文弨曰注烏扇宋本與本草同元刻作烏翣廣雅烏萐射干也萐翣同所夾反是二字皆可通

蓬生麻中。不扶而直。

○王念孫曰此下有白沙在涅

王納諫曰非文据

與之俱黑二句而今本脫之大戴記亦脫此二句今本荀子無此二句疑後人依大戴刪之也楊不釋此二句則所見本已同今本此言善惡無常唯人所習故白沙在涅與蓬生麻中義正相反且黑與直爲韻若無此二句則既失其義而又失其韻矣洪範正義云荀卿書云蓬生麻中不扶自直白沙在涅與之俱黑褚少孫續三王世家云傳曰蓬生麻中不扶自直白沙在泥黔㵂垙奷醎沖與之皆黑者土地教化使之然也索隱曰蓬生麻中以下竝見荀卿子案上文引傳曰靑采出於藍云云下文引傳曰蘭根與白芷云云皆見荀子則此所引傳亦荀子也然則漢唐人所見荀子皆有此二句不得以大戴無此二句而刪之也又案羣書治要曾子制言篇云故蓬生麻中不扶乃直讀〈醘奶猶白沙在泥與之皆黑歟戴考荀子書多與曾子同者此四句亦本於曾子斷無截去二句之理

蘭槐之根是爲芷其漸之滫君子不近庶人不服其質非不美也所漸者然也蘭槐香草其根是爲芷也本草白芷一名白茝陶弘景云即離騷所謂蘭茝也蓋苗名蘭茝根名芷也蘭槐當是蘭茝別名故云蘭槐之根是爲芷也漸漬也染也滫溺也言雖香草浸漬於溺中則可惡也漸子廉反滫思酒反○盧文弨曰蘭槐之根大戴禮作蘭氏之根懷氏之苞晏子作今夫蘭本三年而成說苑雜言篇同又案滫乆泔也說文廣韻訓皆同又晏子雜上篇作湛之苦酒苦讀如良苦之苦義皆相近楊氏乃訓滫

斯須不莊不敬必中二者
之愚余嘗題齋云圃有
千竿修竹門無半丁雜
賓又曰檢方思節若耻
役學尊生予好苦茗茗
亦不可過也況客乎

孫鏞曰以若一二字見
態

爲漭未見所出又曰高誘注淮南人間訓云漸臭汁也意亦相近郝懿行曰大略篇云蘭茝槀本漸於蜜醴一佩易之與此義近晏子春秋雜上篇云蘭本三年而成湛之苦酒則君子不近庶人不佩湛之糜醢而賈匹馬矣糜說苑雜言篇作鹿漸久湆也芷即茝也茝芷古字同聲通用此言香草之根爲芷漸以漸及酒皆不美惟漸之鹿醢乃能益其香而賈易匹馬故曰其質非不美所漸者然也故君子居必擇鄉遊必就士所以防邪僻而近中正也物類之起必有所始榮辱之來必象其德肉腐出蟲魚枯生蠹怠慢忘身禍災乃作强自取柱柔自取束凡物强則以爲柱而任勞柔則見束而約急皆其自取也○王引之曰楊說强自取柱之義甚迂柱與束相對爲文則柱非謂屋柱之柱也柱當讀爲祝哀十四年公羊傳天祝予十三年穀梁傳祝髮文身何范注竝曰祝斷也此言物强則自取斷折所謂太剛則折也大戴記作强自取折是其明證矣南山經招搖之山有草焉其名曰祝餘祝餘或邪作柱茶是祝與柱通也祝之通作柱猶注之通作祝周官瘍醫祝藥鄭注曰祝當爲注聲之誤也穢在身怨之所構構結也言亦所自取施薪若一火就燥也布薪於地均若一火就燥而焚之矣平地若一水就溼也草木疇生禽獸羣焉物各從其類也

姚姬傳云備字是與德古韵合

疇與儔同類也○劉台拱曰羣焉當從大戴禮作羣居王念孫曰羣居與疇生對文今本居作焉者涉下文四焉字而誤是故質的張而弓矢至焉，林木茂而斧斤至焉，所謂召禍也質射侯的正鵠也樹成蔭而衆鳥息焉，醯酸而蜹聚焉，喻有德則慕之者衆故言有召禍也，行有招辱也，君子慎其所立乎。禍福如此不可不慎所立所立即謂學也○盧文弨曰慎其元刻作其慎大戴作慎其所立焉

積土成山，風雨興焉，積水成淵，蛟龍生焉，積善成德，而神明自得，聖心備焉。神明自得謂自通於神明○謝本從盧校作聖心循焉盧文弨曰宋本循作備與大戴同劉台拱曰當作備古音與德得爲韻王念孫曰呂錢本作備此言積善成德而通於神明則聖心於是乎備也成德與聖心備上下正相應元刻備作循則與上文不相應矣儒效篇云積善而全盡謂之聖人彼言全盡猶此言聖心備也一也備字古音鼻墨反覞備械韻正與德得爲韻二也大戴記及羣書治要竝作備文選謝瞻從宋公戲馬臺集送孔令詩注張子房詩注引此亦作備惟勵志詩注引作循與二注不合乃後人以誤本荀子改之三也備字俗書作俻循字隸書或作作備二形相似而誤先謙案孔廣森大戴記補注以積土成山

錢穀曰語甚工緻
積善不積邪是之謂

至末爲一段今從之言學必積小高大一志者成也榮辱篇云堯禹者非生而具者也起於變故成乎修爲待盡而後備者也與此言積善成德聖心乃備義合劉王說是今改從宋本**故不積蹞步無以至千里**半步曰蹞蹞與跬同**不積小流無以成江海**○盧文弨曰江海宋本與大戴同元刻作江河先謙案羣書治要作河海**騏驥一躍不能十步駑馬十駕**言駑馬十度引車則亦及騏驥之一躍據下云駑馬十駕則亦及之此亦當同疑脫一句○盧文弨曰不能十步十當作千玉篇引大戴禮騏驥一躒不能千步今大戴禮步作里此千作十皆是譌字里海爲韻步舍爲韻古音如是晉書虞溥傳云㓶而舍之杇木不知㓶而不舍金石可虧亦是韻語劉台拱曰案不能十步義最長大戴禮作千里於義疏矣若玉篇作千步直是譌字盧反引以爲據非也十駕十日之程也旦而受駕至暮脫之故以一日所行爲一駕若十度引車則非駕義也王念孫曰呂氏春秋貴卒篇曰所爲貴驥者爲其一日千里也旬日取之則與駑駘同淮南齊俗篇曰夫騏驥千里一日而通駑馬十舍旬亦至之此皆駑馬十日行千里之證大戴記騏驥一躒不能千里里與舍不合韻乃涉上文無以致千里而誤玉篇引作千步千字躒譌碙跰矸砂訏辯見大戴記述聞**功在不舍**○盧文弨曰此句當連上文**鍥而舍之朽木不折鍥而不舍金石可鏤**言立功在於不舍舍與捨

比喻襍出語平皆荀子修聖此

同鍥刻也苦結反春秋傳曰陽虎借邑人之車鍥其軸也螾無爪牙之利，筋骨之強，上食埃土，下飲黃泉，用心一也。螾與蚓同，蚯蚓也。○盧文弨曰：正文螾字上宋本有蚯字，無注末蚯蚓也三字。今從元刻。蟹六跪而二螯，非蛇蟺之穴無可寄託者，用心躁也。跪，足也。韓子以刖足爲刖跪。螯，蟹首上如鉞者。許叔重說文云：蟹六足二螯也。○盧文弨曰：案說文蟹有二敖八足，大戴禮亦同，此正文及注六字疑皆八字之訛。先謙案：蟺同蟮。是故無冥冥之志者，無昭昭之明；無惛惛之事者，無赫赫之功。冥冥惛惛，皆專默精誠之謂也。○先謙案：大戴記冥冥作憤憤，惛惛作緜緜。行衢道者不至，事兩君者不容。爾雅云：四達謂之衢。孫炎云：衢，交道四出也。或曰：衢道，兩道也。不至，不能有所至。下篇有楊朱哭衢涂，今秦俗猶以兩爲衢，古之遺言歟。○郝懿行曰：案楊朱哭衢涂見王霸篇，注云：衢涂，歧路也。秦俗以兩爲衢，或曰四達謂之衢，大意與此注同，俱兼二義訓釋。實則楊朱見歧路而悲，即莊子云大道以多歧亡羊之意，不必泥爾雅四達謂之衢也。王念孫曰：爾雅四達謂之衢，又云二達謂之歧旁。歧、衢一聲之轉，則二達亦可謂之衢，故大戴記作行歧塗者不至。勸學篇下文言兩君、兩視、兩聽，王霸篇下文言榮辱安危存亡之衢，皆謂兩爲衢也。大略篇又云：二者治亂之

孫鑛曰鍊句亦佳

衢也黔本脫見大略治字則荀子書
皆謂兩爲衢先謙案王說是**目不能兩視而明。耳不能兩聽而**
聰。○盧文弨曰兩不字下宋本俱有能字與大戴同元刻無王
念孫曰呂錢本俱有能字元刻無兩能字者以上下句皆六
字此二句獨七字故刪兩能字以歸畫一不知古人之文不若
是之拘也若無兩能字則文不足意矣先謙案謝本從盧校無
兩能字今依王
說改從宋本　**螣蛇無足而飛。**爾雅云螣螣蛇郭璞云龍
類能興雲霧而遊其中也**梧鼠**
五技而窮。梧鼠當爲鼫鼠蓋本誤爲鼯字傳寫又誤爲梧耳技
才能也言技能雖多而不能如螣蛇專一故窮五技
謂能飛不能上屋能緣不能窮木能游不能渡谷能穴不能掩
身能走不能先人○盧文弨曰本草云螻蛄一名鼫鼠易釋文
及正義皆引之崔豹古今注亦同蛄與梧音近楊說似未參此
王念孫曰本草言螻蛄一名鼫鼠不言一名梧鼠也今以螻蛄
之蛄鼫鼠之鼠合爲一名而謂之蛄鼠又以蛄梧音相近而謂
之梧鼠可乎且大戴記正作鼫鼠五技而窮鼫與梧音不相近
則梧爲誤字明矣
當以楊說爲是　**詩曰。尸鳩在桑。其子七兮。淑人君子。其儀一**
兮。其儀一兮。心如結兮。故君子結於一也。詩曹風尸鳩之篇毛
云尸鳩鵠鞠也尸鳩
之養七子旦從上而下暮從下而上平均如一善人君子其執
義亦當如尸鳩之一執義一則用心堅固故曰心如結也○盧

草木世德堂本作木草

文弨曰注鵠鞠元刻作桔鞠毛傳作桔鞠

昔者瓠巴鼓瑟而流魚出聽瓠巴古之善鼓瑟者不知何代人流魚中流之魚也列子云瓠巴鼓琴鳥舞魚躍○盧文弨曰流魚大戴禮作沈魚論衡作鱏魚亦與沈魚音近恐流字誤韓詩外傳作潛魚或說流魚即游魚古流游通用先謙案流魚大戴禮作沈魚是也魚沈伏因鼓瑟而出故云沈魚出聽外傳作潛魚潛亦沈也作流者借字耳書沈湎非十二子大略篇作流湎君子篇士大夫無流淫之行羣書治要引作沈淫此沈流通借之證淮南子說山訓作淫魚高注以爲長頭口在頷下之魚與後漢馬融傳注鱏魚口在頷下合故論衡作鱏魚此二書別爲一義盧引或說流魚即游魚既是游魚何云出聽望文生義斯爲謬矣**伯牙鼓琴而六馬仰秣**伯牙古之善鼓琴者亦不知何代人六馬天子路車之馬也漢書曰乾六車坤六馬白虎通曰天子之馬六者示有事於天地四方也張衡西京賦曰天子駕彫軫六駿駿又曰六玄虯之奕奕齊騰驤而沛艾仰首而秣聽其聲也○盧文弨曰駕彫軫元刻與今文選同宋本駕作御又案下所引二句出東京賦**故聲無小而不聞行無隱而不形**形謂有形可見**玉在山而草木潤**○王念孫曰玉在山而草木潤生珠而崖不枯元刻無草字案元刻是也木與崖對文故上句少一字宋本木上

孫鑛曰靡漫意自俱鮮味

義數之數亦無終

有草字者依淮南說山篇加之也文選吳都賦林木爲之潤黷李善注引此作玉在山而木潤困學紀聞十建本荀子同引江賦文賦注竝同藝文類聚木部太平御覽木部一所引亦同而草部不引則本無草字明矣大戴記作玉居山而木潤續史記龜策傳作玉處於山而木潤文雖小異而亦無草字

淵生珠而崖不枯。爲善不積邪。安有不聞者乎。崖岸枯燥。王念孫曰不積之不涉上下文而衍當依羣書治要刪說見大戴記述聞勸學篇先謙案大戴記作爲善而不積乎豈有不至哉盧辨注至一作聞孔廣森注云言爲善或不積耳積則未有不至於成者此文亦言爲善或不積邪積則安有不聞者乎語意曲而有味治要作爲善積也徑刪不字意味索然王氏反從之欲併刪大戴記何也

學惡乎始。惡乎終。假設問也曰其數則始乎誦經。終乎讀禮。數術也經謂詩書禮謂典禮之屬也。盧文弨曰典禮疑當是曲禮之誤其義則始乎爲士。終乎爲聖人。義謂學之意言在乎修身也。先謙案荀書以士君子聖人爲三等修身非相儒效哀公篇可證故云始士終聖人眞積力久則入。眞誠也力力行也誠積力久則能入於學也學至乎沒而後止也。生則不可怠惰故學數有終。若其義則不可須臾舍也。爲之。人也。舍之。禽獸也。故書者。政

事之紀也。書所以紀政事此說六經之意詩者中聲之所止也。詩謂樂章所以節聲音至乎中而止不使流淫也春秋傳曰中聲以降五降之後不容彈矣。郝懿行曰按下文方云樂之中和詩書之博詩樂分言則此中聲疑非卽謂樂章且詩三百未必皆合中聲夫子但謂關雎不淫不傷可知它詩未必盡然先謙案下文詩樂分言此不言樂以詩樂相兼也樂論篇云樂則不能無形形而不爲道則不能無亂先王惡其亂故制雅頌之聲以道之使其聲足以樂而不流與此言詩爲中聲所止可互證郝說非也禮者法之大分類之綱紀也。禮所以爲典法之大分統類之綱紀類謂禮法所無觸類而長者猶律條之比附方言云齊謂法爲類也。謝本從盧校類上有羣字王念孫曰元刻無羣字宋龔元刻是也宋本作羣類者蓋不曉類字之義而以意加羣字也不知類者謂與法相類者也此文云法之大分類之綱紀非十二子及大略篇竝云多言而類聖人也少言而法君子也王制大略二篇又云有法者以法行無法者以類舉皆以類與法對文據楊注云類謂禮法所無觸類而長者猶律條之比附則本無羣字明矣先謙案王說是今改從元刻故學至乎禮而止矣。夫是之謂道德之極。禮之敬文也，禮有周旋揖讓之敬車服等級之文也樂之中和也，中和謂使人得中和悅也詩書之博也，博謂廣記土風鳥獸草木

孫鑛曰口耳四寸句雖覺俏快卻違大雅七尺之軀亦不可美況千秋哉

及政事也春秋之微也。微謂襃貶沮勸微而顯志而晦之類也在天地之間者畢矣。君子之學也。入乎耳。箸乎心。布乎四體。形乎動靜。所謂古之學者爲己入乎耳著乎心謂聞則志而不忘也布乎四體謂有威儀潤身也形乎動靜謂知所措履也端而言。蝡而動。一可以爲法則。端讀爲喘喘微言也蝡微動也一皆也或喘息微言或蝡蠢蝡動皆可以爲法則蝡人允反或口端而言謂端莊而言也。先謙案臣道篇云喘而言臑而動而一皆可爲法則與此文同則讀端爲喘是也說文喘疾息也蝡動也小人之學也。入乎耳。出乎口。所謂今之學者爲人道聽涂說也口耳之閒則四寸耳。曷足以美七尺之軀哉。韓侍郎云則當爲財與纔同。盧文弨曰宋本四寸下耳字無劉台拱曰則字自可通不必如韓說古之學者爲己。今之學者爲人。君子之學也以美其身。小人之學也以爲禽犢。禽犢餽獻之物也。郝懿行曰小曰禽大曰獸禽犢謂犢之小小者人喜撫弄而愛玩之非必己有非可獻人直以爲玩弄之物耳小人之學入乎耳出乎口無裨於身心但爲玩好而已故以禽犢譬況之注據致士篇貨財禽犢之請君子不許故云禽犢餽獻之物不如貨財謂賄賂禽犢謂玩好耳先謙案楊注固非郝說尤誤上言君子之學入耳箸心而布於身故曰學所以美其身也小人入耳出口心無所得故不足美其身亦終於爲禽犢而已文義甚明荀子言學以禮爲先人無禮則禽犢矣上文云學至乎禮而止矣是其言學之宗旨又云爲之人也舍之禽獸也正與此文相應禽獸禽犢特小變其文耳小人學與不學無異不得因此文言小人之學而疑其有異解也

故不問而告謂之傲傲喧噪也言與戲傲無異或曰讀爲嗷口嗷嗷然也嗷與敖通○盧文弨曰口嗷嗷舊本作聲曰嗷嗷今改正　郝懿行曰傲與警同說文云警不省人言也與此義合　俞樾曰論語季氏篇言未及之而言謂之躁釋文曰魯讀躁爲傲荀子此文蓋本魯論下文曰故未可與言而言謂之傲可與言而不言謂之隱不觀氣色而言謂之瞽皆與論語同惟變躁爲傲可證也傲郎躁之叚字不問而告未可與言而言皆失之躁非失之傲也魯論之說今不可得而詳以意度之殆亦叚傲爲躁自古文論語出得其本字遂謂魯論讀躁爲傲實不然也躁字義長傲字義短魯之經師豈不知此而改躁爲傲乎先謙案俞說是

問一而告二謂之囋囋郎讚字也謂以言强讚助之今贊禮謂之讚囋古字口與言多通○盧文弨曰李善注文賦引埤蒼云嘈啐聲皃啐與囋及囐同才曷反荀子上句謂其躁此句謂其多言下文云如嚮則不問不告問一不告二楊注非也啐今文選注誤爲啈　郝懿行曰囋者嘈囋謂語聲繁碎也陸機文賦務嘈囋而妖冶義與此

王紬謙曰此論抑經伸教本末醰然荀子時欲明師之益大耳不切婉以入耳也○注云不切近非○注不速亦尚可商

近。楊注非。傲非也。囋非也。君子如嚮矣。嚮與響同如響應聲 學莫便乎近其人。謂賢師也 禮樂法而不說。有大法而不曲說也 詩書故而不切。詩書但論先王故事而不委曲切近於人故曰學詩三百使於四方不能專對也 春秋約而不速。文義隱約褒貶難明不能使人速曉其意也 方其人之習君子之說。則尊以徧矣。周於世矣。當其人習說之時則尊高而徧周於世事矣六經則不能然矣○郝懿行曰案方古讀如旁亦讀如傍此方當讀爲依傍之傍言親近其人而習聞其說則稟仰師承周徧於世務矣故曰學莫便乎近其人先謙案郝說讀方爲傍則習上之字不可通習有積貫之義非近其人則不能常習其說呂覽任數篇習者曰高注習近習是習與近義亦相通言習其說即知是近其人不必讀方爲傍轉致文義支離也 故曰學莫便乎近其人。學之經莫速乎好其人。隆禮次之。學之大經無速於好近賢人若無其人則隆禮爲次之○王念孫曰經讀爲徑即下文所謂蹊徑言入學之蹊徑莫速乎好賢而隆禮次之脩身篇云治氣養心之術莫徑由禮此徑字訓爲疾莫[illegible]本篇[illegible]莫速也漢書張騫傳從蜀宜徑如淳曰徑疾也見史記大宛傳集解莫要得師莫神一好語意略與此同學之經即學之徑古讀徑如經故與經通讀好立[illegible]爲其道莫[illegible]於此莫經即荀子之莫徑楊以爲學之大經失之郭嵩燾曰近其人謂得其

孫鏞曰安字終不得其解

人而師之好其人則是中心悅而誠服親炙之深者也隆禮謂自以禮檢束其身先謙案王讀經爲徑引脩身篇之莫徑謂郎本篇所謂莫速是學之速莫速乎好其人於詞爲複上文學莫便乎近其人亦無此複語其說非也呂覽當染有始知分驕恣諸篇高注竝云經道也學之經猶言學之道耳成相篇云治之經禮與刑又云聽之經明其請治之經聽之經猶言治之道聽之道與此學之經一例是荀書自有此文法

上不能好其人。下不能隆禮。安特將學雜識志。順詩書而已耳。則末世窮年。不免爲陋儒而已。安語助猶言抑也或作安或作案荀子多用此字禮記三年問作焉戰國策謂趙王曰秦與韓爲上交秦禍案移於梁矣秦與梁爲上交秦禍案攘於趙矣呂氏春秋吳起謂商文曰今置質爲臣其主安重釋璽辭官其主安輕蓋當時人通以安爲語助或方言耳特猶言直也雜識志謂雜志記之書百家之說也言旣不能好其人又不能隆禮直學雜說順詩書而已豈免爲陋儒乎言不知通變也○郝懿行曰安猶肰也焉也特直也猶言但也學雜識者識記也所謂記醜而博也志順詩書者志與幟同謂幖題也如今學僮課讀用紙爲號記也順者順其文也謂陋儒但能幖志順讀詩書末世窮年不知理解也王引之曰此文本作安特將學雜志順詩書而已耳志郎古識字也今本竝出識志二字者校書者旁記識字而寫者因誤入正文耳學雜志順詩書皆三字爲句多一識字則重複而累於詞矣楊注本作雜志謂雜記之書百家之說今作雜識志謂雜志記之書百家之說皆後人據已誤之正文加之下注云直學雜說順詩書而已文義甚明足正後人竄改之謬先謙案學雜識志王說是安猶案也特猶直也此云安特將學雜志順詩書猶解蔽篇云案直將治怪說玩奇辭也安案竝猶則也荀書用安案字或爲語詞或作則字用其用則字亦然彊國篇云秦使左案左使右案右[illegible]楚謂使左則左使右則右也臣道篇云是案曰是非案曰非謂是則曰是非則曰非也正論篇云暴國獨侈安能誅之[illegible]字謂暴國獨侈則誅之也又云今子宋子案不然謂子宋子則不然也解蔽篇云學者以聖王爲師案以聖王之制爲法謂以聖王爲師則以聖制爲法也此竝以安案代則字餘皆語詞富國篇則案以爲利也仲尼篇云至於成王則安以無誅已大略篇云至成康則案無誅已臣道篇云凡人非賢則案不肖也以則案則安連用安案亦語詞彊國篇云是何也則小事之至也數又云是何也則其殆無儒邪天論篇生於今而志乎古則是其在我者也數則字語詞則亦猶安案也

將原先王本仁義則禮正其經緯蹊徑也。所成所出皆在於禮也

若挈裘領詘五指而頓之順者不可勝數也。言禮亦爲人之綱領挈舉也詘與屈同頓挈也順者不可勝數言禮皆順矣○盧文弨曰頓猶頓挫提舉高下之狀若頓首然注挈也疑誤順者不

可勝數言全裘之毛皆順矣王念孫曰楊訓頓爲挈於古無據且上文已有挈字此不得復訓爲挈盧以頓爲頓挫於義尤迂頓者引也言挈裘領者詘五指而引之則全裘之毛皆順也廣雅曰扽引也曹憲音頓古無扽字借頓爲之鹽鐵論詔聖篇曰今之治民者若拙御馬行則頓之止則擊之頓之引之也釋名曰掣制也制頓之使順己也掣亦引也鹽鐵論散不足篇曰吏捕索掣頓不以道理褚少孫續史記滑稽傳曰當道掣頓人車馬

不道禮憲以詩書爲之。道言說也憲標表也○王念孫曰道者由也俔禮言作事不由禮法而以詩書爲之則不可以得之也故脩身篇曰由禮則治通不由禮則勃亂提優楊云道言說也失之又富國篇不足以持國安身明君不道也道亦由也楊云明君不言亦失之

譬之猶以指測河也，以戈舂黍也，以錐飡壺也。○謝本從盧校飡作飧盧文弨曰飧同餐王念孫曰呂錢本作飡元刻作飧案說文飧餔也從夕食思魂切餐吞也從食奴聲或從水作湌七安切玉篇廣韻飧作飧而飧餐二字皆異音異義古音餐屬寒部飧屬魂部故魏風伐檀首章之餐與檀干漣廛貆爲韻三章之飧與輪漘淪囷鶉爲韻兩字判然不同自爾雅釋文始誤以餐爲飧而集韻遂合餐飧爲一字矣今俗書飧字作飡而錢本作湌自是湌之俗字非飧字也盧從元刻作飧云飧同餐非是先謙案王說是今依呂錢本正作飡以錐飡壺言以錐代箸也古人貯食以壺中山策君

按文義注釋當以法士為句
漢書無統出語無章皆散儒也
申時行曰佳言格論層見疊出

〔下壺飡臣父韓非子晉文公出亡箕鄭挈壺飡以從皆其證〕不可以得之矣故隆禮雖未明法士也〔○先謙案法士即好禮之士修身篇云學也者禮法也非禮是無法也又云好法而行士也皆可互證下文散儒楊注云散謂不自檢束是以散儒為無禮法之儒正與法士對文〕不隆禮雖察辯散儒也〔散謂不自檢束莊子以不材木為散木也〕問楛者勿告也〔楛與苦同惡也問楛謂所問非禮義也凡器物堅好者謂之功濫惡者謂之楛國語曰辨其功苦韋昭曰堅曰功脃曰苦故西京賦曰鬻良雜苦史記曰器不苦窳或曰楛讀為沽儀禮有沽功鄭玄曰沽麤也〕告楛者勿問也說楛者勿聽也有爭氣者勿與辯也

故必由其道至然後接之非其道則避之〔道不至則不接〕故禮恭而後可與言道之方辭順而後可與言道之理色從而後可與言道之致〔致極也此謂道至而後接之也〕故未可與言而言謂之傲〔傲亦戲傲也論語曰言未及而言謂之躁〕可與言而不言謂之隱不觀氣色而言謂之瞽故君子不傲不隱不瞽謹順其身〔瞽者不識人之顏色○盧文弨曰順宋本作慎今從元刻與呂東萊讀詩記所〕

失一世德堂本作一失
此一字指一貫
言與前之專
一不同

引同郝懿行曰傲與敖同敖者謂放散也謹順其身身猶人也此謂君子言與不言皆順其人之可與不可所謂時然後言人不厭其言也

詩曰匪交匪舒天子所予此之謂也詩小雅采菽之篇匪交當爲彼交言彼與人交接不敢舒緩故受天子之賜予也○盧文弨曰匪亦有彼義左傳襄二十七年引詩桑扈匪交匪敖成十四年引仍作彼交匪敖襄八年引小旻如匪行邁謀杜注匪彼也匪舒宋本與詩攷合元刻及讀詩記所引皆作匪紓此段自昔者瓠巴鼓瑟起至此皆論爲學之效與爲學之要末亦引詩以證之應爲一節宋本分段頗不明今更正王引之曰此引詩匪交匪舒正申明上文之不傲不隱不瞽則作匪者正字作彼者借字也交讀爲姣廣雅曰姣嫿侮也言不侮慢不怠緩也說見經義述聞小雅桑扈篇

百發失一不足謂善射千里蹞步不至不足謂善御未能全盡倫類不通仁義不一不足謂善學通倫類謂雖禮法所未該以其等倫比類而通之謂一以貫之觸類而長也一仁義謂造次不離他術不能亂也學也者固學一之也一出焉一入焉涂巷之人也或善或否其善者少不善者多桀紂盜跖也盜跖柳下季之弟聚徒九

此乃最後目的

于人於太山之傍侵諸侯孔子說之而不入者也。盧文弨曰築柳下季在魯僖公時與孔子年數懸遠莊子所載亦寓言耳全之盡之，然後學者也。學然後全盡君子知夫不全不粹之不足以爲美也，故誦數以貫之，使習禮樂詩書之數以貫穿之。俞樾曰誦數猶誦說也詩擊鼓篇與子成說毛傳曰說數也說爲數故數亦爲說禮記儒行篇遽數之不能終其物正義曰數說也荀子王霸篇曰不足數於大君子之前仲尼篇曰固曷足稱乎大君子之門哉稱與數文異而義同凡稱說必一一數之故卽謂之數誦數以貫之猶云誦說以貫之與下句思索以通之一律誦數思索皆兩字平列楊注非隱十一年穀梁傳猶言同時也累數皆至也范注曰累數總言之也言卽說也先謙案俞說是正名篇亦云誦數之儒思索以通之，思求其意也爲其人以處之，爲擇賢人與之處也。劉台拱曰雖誦數思索而不體之於身則無以居之故必自爲其人以居其道也郭嵩燾曰爲其人以處之猶言設身處地取古人所已行者爲之程式而得其所處之方也先謙案劉郭說是除其害者以持養之。使目非是無欲見也，使耳非是無欲聞也，使口非是無欲言也，使心非是無欲慮也。是猶此也謂學也或曰是謂正道也及至其致好之也，目

王納諫曰酣遜至此

姚姬傳曰言目之甚好于五色也下

三句義同是乃爲致好之耳

好之五色。耳好之五聲。口好之五味。心利之有天下。致極也謂不學極恣其性欲不可禁也心利之有天下之富也或曰學成之後必受榮貴故能盡其欲也○劉台拱曰言耳目口之好之與五色五聲五味同心利之與有天下同俞樾曰上文皆言君子爲學之道及至其三字直接上文安得云謂不學者乎若云學成榮貴義更粗矣古之字於字通用大戴禮事父母篇曰養之內不養於外則是越之也養之外不養於內則是疏之也之內之外卽於內於外也廣雅釋言曰諸之也又曰諸於也則之與於義固得通矣此文四之字並猶於也目好於五色耳好於五聲口好於五味心利於有天下言所得於學者深他物不足以尚之也下文曰是故權利不能傾也羣衆不能移也天下不能蕩也生乎由是死乎由是正申明此數句之誼先謙案俞說是是故權利不能傾也。羣衆不能移也。天下不能蕩也。蕩動也覆說爲學學則物不能傾移矣生乎由是。死乎由是。夫是之謂德操。死生必由於學是乃德之操行○郝懿行曰德操謂有德而能操持也生死由乎是所謂國有道不變塞國無道至死不變者庶幾近之故云德操然後能定能定然後能應德操然後能定。能定然後能應。我能定故能應物也能定能應。夫是之謂成人。內自定而外應物乃爲成就之人也天

錢犢曰收尾雄振

見其明。地見其光。君子貴其全也。見顯也明謂日月光謂水火金玉天顯其日月之明而地顯其水火金玉之光君子則貴其德之全也○劉台拱曰光廣古通用王念孫曰劉讀光爲廣是也明者大也小雅車牽正義曰明亦大也中庸曰高明所以覆物也成十六年左傳夏書曰怨豈在明不見是圖將愼其細也今而明之其可乎是明與大同義大者天之全體廣者地之全體繫辭傳廣大配天地承上文大生廣生而言謂大配天廣配地也中庸言博厚配地高明配天博亦廣也明亦大也故君子之德貴其全也儒效篇曰至高謂之天至下謂之地宇中六指謂之極塗之人百姓積善而全盡謂之聖人語意略與此同楊注皆失之俞樾曰按兩見字竝當作貴蓋貴字漫漶止存其下半之貝因誤爲見耳光與廣通言天貴其明地貴其廣君子貴其全貴誤作見則與君子句不一律失荀子語意矣

修身篇第二

見善修然必以自存也。修然整飭貌言見善必自整飭使存於身也○王念孫曰爾雅在存省察也周官司尊彝大喪存奠彝注存省也大傳五曰存愛注存察也察有仁愛者大戴記曾子立事篇存往者在來者在存皆察也見善必以自存者察己之有善與否也見不善必以自省者察己之有不善與否也楊解自存失之見不善愀然必以自省也。愀然憂懼貌自省其過也善在

孫鑛曰用致字佳

身介然必以自好也介然堅固貌易曰介如石焉自好自樂其善也不善在身菑然必以自惡也菑讀爲災災然災害在身之貌○謝本從盧校身下增也字盧文弨曰上句也字宋本無王念孫曰元刻也字乃涉上下文而衍上文見善見不善及善在身下皆無也字呂錢龔本竝無郝懿行曰輪人注鄭司農云泰山平原所樹立物爲菑聲如截博立梟棊亦爲菑詩皇矣毛傳云木立死曰菑然則菑者植立之意楊注非相篇是此讀菑然爲災然非先謙案王說是今依宋本刪上句也字故非我而當者吾師也是我而當者吾友也諂諛我者吾賊也故君子隆師而親友以致惡其賊致猶極也下同好善無厭受諫而能誡雖欲無進得乎哉小人反是致亂而惡人之非己也致不肖而欲人之賢己也心如虎狼行如禽獸而又惡人之賊己也諂諛者親諫爭者疏修正爲笑至忠爲賊雖欲無滅亡得乎哉至忠反以爲賊詩曰噏噏呰呰亦孔之哀謀之其臧則具是違謀之不臧則具是依此之謂也詩小雅小旻之篇毛云噏噏然患其上呰呰然

不思稱乎上鄭云臣不事君亂之階也故甚可哀噏許急反呰音紫○盧文弨曰噏噏呰呰元刻與詩攷合宋本作潝潝訿訿注同

扁善之度。以治氣養生。則後彭祖。以修身自名。則配堯禹。扁讀爲辨韓詩外傳曰君子有辨善之度言君子有辨別善之法卽謂禮也言若用禮治氣養生壽則不及於彭祖若以修身自爲名號則壽配堯禹不朽矣言禮雖不能治氣養生而長於修身自名以此辨之則善可知也彭祖堯臣名鏗封於彭城經虞夏至商壽七百歲也○盧文弨曰案扁外傳作辯則扁當訓平尚書平章平秩古作辯章辯秩此謂隆禮之人有平善之度不當作辨別解後彭祖則得年亦永矣然壽身之益尚小壽世之益更大也郝懿行曰扁當爲辯韓詩外傳一作辯是也辯訓平也治也楊讀爲辨而訓別非荀書多以辨爲辯王念孫曰扁讀爲徧韓詩外傳作辯亦古徧字也[illegible]曰徧善者無所往而不善也君子依於禮則無往而不善故曰徧善之度下文以治氣養生六句正所謂徧善之度也楊讀扁爲辨而訓爲辨別則與之度二字不貫盧讀扁善爲平善亦非下六句意王引之曰以修身自名文義未安當有脫誤楊云以修身自爲名號則所見本已同今本韓詩外傳作以治氣養性[illegible]生則身後彭祖以修身自強則名配堯禹於義爲長王霸篇云名配堯禹又云名配今本脫以字禹舜宜於時通。利以處窮。禮信是也。信誠也言所用修身及時通處窮禮誠是也孟子曰君子窮則獨善其身達則兼善天下○盧文弨曰案韓詩外傳作宜於時則達厄於窮則處○王引之曰時亦處也言既宜於處通而又利以處窮也莊子逍遙遊篇猶時女也司馬彪曰時女猶處女也是時與處同義大雅緜篇曰止曰時時猶言爰居爰處耳賦經義述聞韓詩外傳作宜於時則達厄於窮則處未達時字之義而增改其文蓋失之矣凡用血氣志意知慮。由禮則治通。○王引之曰下文以節疾爲韻雅野爲韻生成當爲韻唯此二句韻不相協通疑當依外傳作達謝止宜於通而敘時達與優爲合韻凡願月二部之字古聲或相通若勞心怛怛之怛齊甫田字從旦聲而與桀爲韻故事可勸也之勸禮與列藝爲韻爲藝臬貼讀不賞而民勸與鉞爲韻以按徂旅之按狀雝孟子引作遏琭惠皆其例也外傳作不由禮則悖亂亂與達亦合韻不由禮則勃亂提優。提舒緩也爾雅媞媞安也詩曰好人提提皆舒緩之義○郝懿行曰勃與悖優與嫚竝同嫚謂相侮易也荀書多以優爲嫚或以爲優慢謂惰也提者詩小弁傳提提羣貌箋云提提然樂然則提者羣居相樂優者狎侮相輕皆不由禮使然先謙案下文難進曰偍注云偍與提媞皆同謂弛緩也是提優二字義同故與勃亂對文言不由禮則血氣強者多悖亂弱者多弛慢也郝說非食飲衣服。居處動靜。由禮則和節。

孫鑛曰排而錯

○先謙案：和節，猶和適。不由禮則觸陷生疾。容貌態度進退趨行，由禮則雅，不由禮則夷固僻違，庸衆而野。夷，倨也。論語曰：原壤夷俟。固，陋也。庸，凡庸。衆，衆人。野，郊野之人。○郝懿行曰：雅對野言，則兼正也、嫺也二義。野者反是。王引之曰：楊分夷固爲二義，非也。夷固猶夷倨也。夷固僻違，猶言倨傲僻違。不苟篇云倨傲僻違以驕溢人是也。修身篇又云體倨固而心埶詐，今本埶詐譌作執詐，辯見後。是固與倨同義。楊注固鄙陋也，亦非。祭義曰：孝子之祭也，立而不詘，固也。詘，卑詘也。固，倨也。立而不詘，是倨傲也。鄭注詘充詘，形容喜貌也；固猶質陋也。皆失之。大戴禮曾子立事篇曰：弗知而不問焉，固也。固亦倨也。不肯下人，是倨傲也。曾子制言篇曰：今之弟子病下人，不能事賢，恥不知而又不問。故人無禮則不生，事無禮則不成，國家無禮則不寧。詩曰：禮儀卒度，笑語卒獲。此之謂也。詩小雅楚茨之篇。卒，盡也。獲，得也。

以善先人者謂之教，以善和人者謂之順。先謂首唱也。和，胡臥反，下同。以不善先人者謂之諂，以不善和人者謂之諛。諂之言陷也，謂以佞言陷之。諛與俞義同，故爲不善和人也。○王念孫曰：楊說諂字之義未確。諂之言導也，導人以不善也。故曰以不善先人者謂之諂。而莊子漁父篇亦曰希意道言謂之諂道與導同不苟篇非諂諛也賈子先醒篇君好諂諛而惡至言韓詩外傳並作道諛是諂諛即導諛也導與諂聲之轉諂諛之爲導諛臽及之爲導及禫服之爲導服皆聲轉而字異也說見史記趙世家是是非非謂之知。能辨是爲是非爲非謂之智也非是是非謂之愚。以非爲是以是爲非則謂之愚傷良曰讒。害良曰賊。是謂是。非謂非。曰直。竊貨曰盜。匿行曰詐。易言曰誕。趣舍無定。謂之無常。不恒之人保利弃義。謂之至賊。保安。謝本從盧校作保利非義盧文弨曰非義元刻作弃義王念孫曰盧本作非者爲影鈔宋本所誤也刻本正作弃弃與保義正相反作非者字之誤耳呂錢本元刻及世德堂本皆作弃先謙案王說是今正多聞曰博。少聞曰淺。多見曰閑。閑習也能習其事則不迫遽也少見曰陋。難進曰偍。偍與提媞皆同謂弛緩也易忘曰漏。少而理曰治。多而亂曰秏。少謂舉其要而有條理謂之治秏虛竭也凡物多而易盡曰秏。郝懿行曰漏與扁同扁之爲言猶漉也屋下水穿俄頃滲漉故易忘者似之秏猶暴也耗涯傷敗之名詩雲漢釋文引韓詩云秏惡也然則多而雜亂斯之謂惡矣王念孫曰楊讀秏爲虛秏之秏則與多而亂之義不合故又爲之說曰凡物多而易盡曰秏其失也鑿矣今案秏

孫鑛曰是匡丞相疏自出

讀爲眊眊亂也漢書董仲舒傳曰天下眊亂是也眊與秏古同聲而通用續史記日者傳曰官秏亂不能治漢書景帝紀不事官職秏亂者師古曰秏不明也讀與眊同食貨志官職秏廢酷吏傳贊寖以秏廢師古竝曰秏亂也音莫報反董仲舒傳秏矣哀哉師古曰秏虛也言誅殺甚眾天下空虛也音呼到反或曰秏不明也言刑罰闇亂音莫報反淮南原道篇精神日秏而彌遠精神篇志氣日秏高注竝曰秏亂也少而理曰治多而亂曰秏秏與治正相反則秏爲眊亂之眊明矣呂刑耄荒釋文耄作秏賈昌朝羣經音辨曰秏老也書王秏荒鄭康成讀賈音本於文釋文是釋文耄字本作秏也今作耄者陸錫依衛包所定今文改之耳秏荒亦昬亂之義故昭元年左傳老將知而耄及之杜注曰八十曰耄耄亂也字亦作眊漢書刑法志曰穆王眊荒秏耄眊古竝同聲耄荒之耄通作秏猶眊亂之眊通作秏矣

治氣養心之術。言以禮修身是亦治氣養心之術不必如彭祖也。先謙案此與上言扁善之度各自爲義上言治氣養生故以後彭祖爲說然其道不外由禮故下文曰禮信是也此自論治氣養心之術與上不相蒙楊適云以禮修身不必如彭祖謬矣

血氣剛強。則柔之以調和。知慮漸深。則一之以易良。漸進也或曰漸浸也子廉反詩曰漸車帷裳言智慮深則近險詐故一之以易良也。郝懿行曰漸與潛古字通韓詩外傳二作潛是良作諒亦古字通用樂記云易直子諒之心生易諒卽易良也王念孫曰漸讀爲潛洪範沈潛剛克文五年左傳及史

卑溼重遲頽相
像貪客

記宋世家潛竝作漸漢書谷永傳忘湛漸之義漢山陽太守祝睦後碑漸心於道太尉劉寬碑演策沈漸漸竝與潛同楊訓漸爲進又訓爲浸而音子廉反皆失之**勇膽猛戾。則輔之以道順。**膽有膽氣戾忿惡也此性多不順故以道順輔之也○郝懿行曰膽字疑誤韓詩外傳二作勇毅强果兪樾曰順當讀爲訓古順訓字通用周語能導訓諸侯者史記魯世家訓作順此文道順正與彼同道順卽導訓也楊注非**齊給便利。則節之以動止。**爾雅云齊疾也齊給便利皆捷速也懼其太陵遽故節之使安徐也○先謙案注給各本作急據宋台州本改正**狹隘褊小。則廓之以廣大。卑溼重遲貪利。則抗之以高志。**卑謂謙下溼亦謂自卑下如地之下溼然也方言溼憂也自關而西凡志而不得欲而不獲高而有墜行而中止皆謂之溼卑溼謂過謙恭而無禮者重遲寬緩也夫過恭則無威儀寬緩常不及機事貪利則苟得故皆抗之高志也或曰卑溼亦謂遲緩也言遲緩之人如有卑溼之疾不能運動也○盧文弨曰溼元刻作濕注憂也作優也又卑溼謂過謙恭舊本作亦謂之過謙恭訛今改正郝懿行曰卑溼猶卑下也韓詩外傳二作卑攝貪利王念孫曰卑溼謂志意卑下也說文𡒄讀若墊下入也論衡氣壽篇曰兒生號啼之聲鴻朗高暢者壽嘶喝濕下者夭是濕爲下也𡒄濕古字通抗舉也觀賓之初筵傳考工記梓人注鼓禮下篇注文王世子注士志意卑下故舉之以高志也楊注

刦之可議

王納諫曰字字蒼淵字字有益

姚姬傳云一好者專精也

皆失之庸衆駑散則刦之以師友庸衆已解上駑謂材下如駑馬者也散不拘檢者也刦奪去也言以師友去其舊性也怠慢僄弃則炤之以禍災僄輕也謂自輕其身也音匹妙反方言楚謂相輕薄爲僄炤之以禍災謂以禍災照燭之使知懼也炤與照同愚款端慤則合之以禮樂通之以思索款誠款也說文云款意有所欲也愚款端慤多無潤色故合之以禮樂此皆言修身之術在攻其所短也○俞樾曰自血氣剛强則柔之以調和以下八句文法皆同此獨多通之以思索五字與上文不一律據韓詩外傳無此五字當爲衍文楊注不及思索之說是其所見本未衍也凡治氣養心之術莫徑由禮莫要得師莫神一好徑捷速也神神明也一好謂好善不怒惡也○盧文弨曰案俗本不怒惡作不好惡今從宋本作怒元李治古今黈所引正同王念孫曰一好謂所好不二也儒效篇曰并一而不二則通於神明成相篇曰好而壹之神以成皆其證非好善不怒惡之謂夫是之謂治氣養心之術也志意修則驕富貴道義重則輕王公內省而外物輕矣傳曰君子役物小人役於物此之謂矣君子能役物小人爲物所役凡言傳曰皆舊所傳聞之言也○

謝本從盧校首次句末並有矣字省下 盧文弨曰正文前兩矣字宋本無又下一則字作而今皆從元刻王念孫曰元刻於富貴王公下各加一矣字以對下文又改下文之而字爲則字以對上文而盧本從之案元刻非也內省而外物輕乃申明上文之詞非與上文作對句也今皆改爲對句則失其旨矣先謙案王說是今正

身勞而心安爲之利少而義多爲之事亂君而通不如事窮君而順焉

窮君小國迫脅之君也言事大國暴亂之君違道而通不如事小國之君順行其道也○顧千里曰窮順二字疑當互錯順君亂君對文也而通而窮亦對文也荀子每以通與窮爲對文如本篇上文及不苟篇榮辱篇儒效篇皆有之可以相證楊注已互錯望文說之非也俞樾曰荀子之意以爲事亂君則不順矣事窮君則不通矣然與其事亂君而通不如事窮君而順正上文身勞而心安爲之利少而義多爲之之意若從顧校則全失其旨矣王氏采其說入雜志補誤也郭嵩燾曰通則言聽計從恣其所欲爲順則委身以從之而已文義在亂君窮君之分亂君爲暴而窮君不能爲暴者也先謙案仕能得君曰通仲尼篇云以事君則必通

故良農不爲水旱不耕良賈不爲折閱不市

折損也閱賣也謂損所閱賣之物價也賈音古○盧文弨曰案說文云閱具數於門中也史記積日曰閱此當謂計數歲月之所得有折損耳折常列切

士君子

孫鑛曰排絶似論腹

王納諫曰縱横有章法

姚姬傳云墨如昏墨之墨順墨言循其貪欲也

某按順愼同字墨默同字順墨者愼默也

不爲貧窮怠乎道。

體恭敬而心忠信。術禮義而情愛人。術法也○王引之曰人讀爲仁言其體則恭敬其心則忠信其術則禮義其情則愛仁也愛仁猶言仁愛[illegible]也恭敬忠信禮義愛仁皆兩字平列下文之倨固執詐順墨雜汙亦兩字平列古字仁與人通此人字即仁愛之仁非節用而愛人之人

横行天下。雖困四夷。人莫不貴。横行不順理而行也困窮也言所至皆貴也○盧文弨曰横行天下猶書所云方行天下言周流之廣注謬甚王引之曰横讀爲廣堯典光被四表今文尚書作横被漢成陽靈臺碑作横被成陽令唐扶頌並作廣被

勞苦之事則爭先。饒樂之事則能讓。端慤誠信。拘守而詳。拘守謂守而勿失詳謂審於事也

横行天下。雖困四夷。人莫不任。體倨固而心執詐。術順墨而精雜汙。倨傲也固鄙固順墨當爲愼墨愼謂齊宣王時處士愼到也其術本黄老歸刑名先申韓其意相似多明不尚賢不使能之道著書四十一篇墨翟宋人號墨子墨子著書三十五篇其術多務儉嗇精當爲情雜汙謂非禮義之言也○盧文弨曰墨子書本七十一篇今在者尚有五十四篇此云三十五篇反少於今所傳者疑三十五當是五十五之訛蓋有分并之故也王引之曰執詐當爲埶詐字之誤也埶

兵篇曰兵之所貴者埶利也所行者變詐也又曰隆埶詐尙功利又曰焉慮率用賞慶刑罰埶詐險阸其下獲其功用而已矣埶與詐義相近後漢書崔駰傳范蠡錯埶於會稽李賢曰埶謂謀略也

橫行天下。雖達四方。人莫不賤。勞苦之事。則偸儒轉脫。偸謂苟避於事儒亦謂懦弱畏事皆懶惰之義或曰偸當爲輸揚子雲方言云儒輸愚也郭璞注謂愞撰也又云轉脫者謂偸儒之人苟求免於事之義。盧文弨曰此注多訛脫今案文義改正郝懿行曰注引或說失之儒者柔也弱也選儒畏事之意故下又云偸儒憚事注義甚明不必改此爲輸而援方言爲訓

饒樂之事。則佞兌而不曲。兌悅也言佞悅於人以求饒樂之事不曲謂直取之也。俞樾曰不字涉下不慤不錄而衍曲者委曲也言遇饒樂之事必委曲以取之楊注誤先謙案俞說非也兌與銳同字史記天官書兌漢書天文志作銳議兵篇云兌則若莫邪之利鋒亦兌兌爲銳佞兌即佞銳也佞是口才捷利之名左成十三年傳疏銳亦利也廣雅釋詁文選五等論云夫進取之情銳李善注銳猶疾也疾與捷義亦同此言遇勞苦之事則偸侻以避之遇饒樂之事則身口捷利以取之不畏人言無所委曲故曰不曲楊訓不曲爲直取之是也而言佞悅於人以求饒樂之事則非其義矣不苟篇見由則兌而倨兌亦當讀爲銳注佞各本誤接據日本影宋台州本改正

辟違而不慤。辟乖僻違背不能端慤誠信辟讀爲僻。王念孫曰楊分僻違爲二義非也僻違皆邪

也周語動匱百姓以逞其違晉語若有違質教將不入韋注並曰違邪也堯典靜言庸違史記五帝紀作共工善言其用僻是僻卽違也上文曰不由禮則夷固僻違庸眾而野不苟篇曰倨傲僻違以驕溢人非十二子篇曰甚僻違而無類昭二十年左傳曰動作辟違從欲厭私義並與此同成相篇曰邪枉辟回失道途辟回卽僻違小雅鼓鍾篇其德不回毛傳曰回邪也大雅大明篇厥德不回毛傳曰回違也堯典靜言庸違文十八年左傳作靜譖庸回杜注曰回邪也昭二十六年左傳君無違德論衡變虛篇作回德

程役而不錄，程功程役勞役錄檢束也於功程及勞役之事怠惰而不檢束言不能拘守而詳也

橫行天下，雖達四方，人莫不棄。

行而供冀，非漬淖也。供恭也冀當爲翼儿行自當恭敬非謂漬於泥淖也人在泥淖中則兢兢然或曰李巡注爾雅冀州曰冀近也恭近謂不敢放誕也○盧文弨曰供疑是張拱之義郝懿行曰供與拱冀與覬俱音同字通其義則冀覬俱訓望也此言行而張拱顧望乃是恭敬審諦非恐漸漬於泥淖也先謙案楊前說是釋名恭拱也自拱持也是供訓爲恭而拱義卽在其中釋詁翼敬也論語鄉黨篇趨進翼如也孔注言端好賈子容經趨以微磬之容飄然翼然肩狀若流足如射箭以此文推供冀之義正狀其趨走疾速是爲禮之容非因有泥淖漬之也若張拱顧望非所以爲禮矣

行而俯項，非擊戾也。擊戾謂項曲戾不能仰者也擊戾猶言了戾也○盧文弨曰案方言三軫戾也郭注云相了戾也與

[illegible]

馬理曰瀟灑神奇出塵超俗

此段重要在止之二字

顧鼎臣曰文逸如驥足逐遺風

此正同此書宋本世德堂本皆作了戾元刻譌作子戾形尙相近至俗間本竟改作乖戾謬之甚矣了戾乃屈曲之意豈可云乖戾乎王念孫曰淮南主術篇曰木擊折轊水戾破舟又曰文武備具動靜中儀舉動廢置曲得其宜無所擊戾無不畢宜然則擊戾者謂有所抵觸也行而俯項非擊戾也者謂非懼其有所抵觸而俯項以避之也與上下文同一例楊說失之俞樾曰擊戾者拂戾也考工記弓人和弓轂摩鄭注曰轂拂也擊與轂通郭仲奇碑鷹偫電轂轂郎擊字也先謙案王說是偶視而先俯，非恐懼也。偶視對視也然夫士欲獨修其身，不以得罪於比俗之人也。

夫驥一日而千里，駑馬十駕則亦及之矣。郝懿行曰駑馬日可百里十日則亦可及千里遲速先後不同其歸一也將以窮無窮、逐無極與？其折骨絕筋，終身不可以相及也。將有所止之，則千里雖遠，亦或遲或速，或先或後，胡爲乎其不可以相及也？不識步道者，將以窮無窮、逐無極與？意亦有所止之與？步行夫堅白同異、有厚無厚之察，非不察也，此言公孫龍惠施之曲說異理不可為法也堅白謂離堅白也公孫龍堅白論曰堅白石三可乎曰不可二可乎曰可謂目視石但見白不知其堅則謂之白石手觸石則知其堅而不知其白則謂之堅石是堅白終不可合為一也司馬彪曰堅白謂堅石非石白馬非馬也同異謂使異者同同者異或曰即莊子所謂大同而與小同異此之謂小同異言同在天地之間故謂之大同物各有種類所同故謂之小同是大同與小同異也此略舉同異故曰此之謂小同異莊子又曰萬物畢同畢異此之謂大同異言萬物總謂之物莫不皆同是萬物畢同若分而別之則人耳目鼻口百體草木枝葉花實無不皆異是物畢異也此具舉同異故曰此之謂大同異莊子又曰無厚不可積也其大千里無厚謂厚之極不可為厚薄也不可積言其委積至多不可使復積也凡無厚不可積因於有厚可積故得其大千里千里者舉大之極也

然而君子不辯、止之也。止而不為。○先謙案楊注非也止與大學止於至善之止同意言君子之辯之行皆不止乎此解蔽篇云故學也者固學止之也惡乎止之曰止諸至足與此止之義合

倚、魁、之行。非不難也。然而君子不行、止之也。倚奇也奇讀為奇偶之奇方言云秦晉之間凡物體全而不具謂之倚魁大也倚魁皆謂偏僻狂怪之行莊子曰南方有倚人曰黃繚也。○盧文弨曰今方言作凡全物而體不具謂之倚郝懿行曰倚與奇魁與傀俱聲近假借字奇傀言其事譎觚不常

兩而字世德堂本無
孫鑛曰跛鼈是六驥對山是河對卻互借用之
某按焉字屬下讀

也先謙案不苟篇申徒狄行之難爲者也惠施鄧析說之難持者也然而君子不貴亦卽此義文可互證 故學曰遲彼止而待我我行而就之 吏反○郝懿行曰古人名遲字須遲待也直者待也故遲之訓爲待音直吏切學曰者蓋古學佀虛設此言以相警厲必曰遲者猶云寡君須矣彼前行之人方止而待我我當遄行而就之學如不及之意也王念孫曰學曰疑當作學者謂學者或遲或速或先或後皆可同至也下今本者作曰爲者脫其半耳楊云學曰謂爲學者傳此言也此不得其解而爲之詞 則亦或遲或速或先或後胡爲乎其不可以同至也 故蹞步而不休跛鼈千里累土而不輟丘山崇成○盧文弨曰兩而字宋本有元刻無此下俗間本有重意一段引老子九層之臺起於累土四句係後人妄羼入書內又有所謂互注者特少異其名耳皆取它書語近似者注其下竝非楊氏本文今一概削去之 厭其源開其瀆江河可竭 厭塞也音一涉反瀆水竇也 一進一退一左一右六驥不致 言不齊故不能致道路也 彼人之才性之相縣也豈若跛鼈之與六驥足哉然而跛鼈致之六驥不致是無他故焉或爲之或不爲爾

王云出入當爲出人
夫我則不暇暇者
學之蠹

○謝本從盧校作或不爲之耳盧文弨曰宋本作或不爲爾王念孫曰呂錢本並作或不爲爾盧從元刻於不爲下增之字爾改耳案下句無之字者蒙上而省也羣書治要亦無之字耳爾古字通當從宋本先謙案王說是今改正

道雖邇，不行不至；事雖小，不爲不成。其爲人也多暇日者，其出入不遠矣。多暇日謂怠惰出入謂道路所至也○郝懿行曰爲善惟日不足多暇日者遊閒不事事也出入疑當作出人言不能出人前也王念孫曰出入當爲出人言爲學而多暇日則或作或輟其出人必不遠也下文云好法而行士也篤志而體君子也齊明而不竭聖人也正謂聖人之出人遠也若云出入不遠則義不可通文選登樓賦注引此已誤韓詩外傳曰道雖近不行不至事雖小不爲不成日多者此句有誤出人不遠矣義本荀子今據以訂正先謙案道雖邇下宋台州本提行分段謝本原刻同浙局本誤連上今正

好法而行，士也。○好法而能行則謂之士士事也謂能治其事也先謙案法即禮也好法以下文義不連上宋台州本提行今從之別爲一段

篤志而體，君子也。厚其志而知大體者也○王念孫曰爾雅篤固也說見經義述聞體讀爲履篤志而體謂固其志以履道非謂厚其志而知大體也衞風氓篇體無咎言韓詩體作履坊記引詩亦作履管子內業篇戴大圜而履大方心術篇履作體是履體古字通

齊明而不竭，聖人也。齊謂無偏無頗也不竭不

王納諫曰精洽

窮也書曰成湯克齊聖廣淵○王引之曰齊者智慮之敏也故以齊明連文楊說失之說見毛詩述聞小雅人之齊聖下

人無法則倀倀然倀倀無所適貌言不知所措履禮記曰倀倀乎其何之有法而無志其義則渠渠然渠讀為遽古字渠遽通渠渠不寬泰之貌志識也不識其義謂但拘守文字而已○陳奐曰案渠渠猶瞿瞿齊風傳云瞿瞿無守之貌楊注失之依乎法而又深其類然後溫溫然深其類謂深知統類溫溫有潤澤之貌舉類君子所難故屢言之也○先謙案几荀書法類竝言者解依勸學篇

禮者所以正身也師者所以正禮也無禮何以正身無師吾安知禮之為是也禮然而然則是情安禮也師云而云則是知若師也情安禮知若師則是聖人也情安禮謂若天性所安不以學也行不違禮言不違師則與聖人無異言師法之效如此也故非禮是無法也非師是無師也無師謂不以師為師不是師法而好自用譬之是猶以盲辨色以聾辨聲也舍亂妄無為也舍除也除亂妄之人孰肯為此也○王念孫曰舍亂妄無為言所為皆亂妄耳楊說非故學也者

此段重在加字

禮法也。夫師以身爲正儀。而貴自安者也。效師之禮法以爲正儀如性之所安斯爲貴也禮或爲體詩云。不識不知。順帝之則。此之謂也。詩大雅皇矣之篇引此以喻師法暗合天道如文王雖未知已順天之法則也

端愨順弟。則可謂善少者矣。弟與悌同加好學遜敏焉。則有鈞無上。既好學遜敏又有鈞平之心而無上人之意則可以爲君子矣或曰有鈞無上四字衍耳可以爲君子者矣。〇俞樾曰有鈞無上謂但有與之齊等無更在其上者也故謂之君子楊注非偷儒憚事。無廉恥而嗜乎飲食。則可謂惡少者矣。偷儒憚事皆謂懦弱怠惰畏勞苦之人也加惕悍而不順險賊而不弟焉。韓侍郎云惕與蕩同字作心邊易謂放蕩兇悍也則可謂不詳少者矣。雖陷刑戮可也。詳當爲祥〇盧文弨曰案二字古通用先謙案不詳少承上惡少言之謂少年而不祥者猶言不祥人矣知其將陷刑戮也老老而壯者歸焉。老老謂以老爲老而尊敬之也孟子曰伯夷太公二者天下之大老是天下之父也其父歸之其子焉往矣〇盧文弨曰大老宋本作達老不窮窮而通者積焉。

窮者則寬而容之不迫蹙以苛政謂惠恤鰥寡窮匱也積塡委也既然則通者歸亦多矣覆巢毁卵則鳳凰不至竭澤涸魚則蛟龍不游義與此同○俞樾曰楊注非也窮通以賢不肖言孔晁注周書常訓篇曰窮謂不肖之人是也不窮窮者不强人以所不知不能中庸所謂矜不能也若以窮爲鰥寡則通者豈不鰥寡之謂乎非十二子篇曰聽明聖知不以窮人郎可說此文不窮窮之義**行乎冥冥而施乎無報而賢不肖一焉**行乎冥冥謂行事不務求人之知施乎無報謂施不務報如此賢不肖同慕而歸之**人有此三行雖有大過天其不遂乎**若不幸而有過天亦祐之矣此固不宜有大災也○俞樾曰人有此三行則君子矣小過或有之安有大過乎過當爲禍漢書公孫宏傳雖陽與善後竟報其過史記過作禍是過與禍通遂成也言雖有大禍天必不成之也楊注大災二字正可以釋正文之大過特不知過爲禍之叚字故不得其解耳

君子之求利也略其遠害也早○謝本從盧校作遠思盧文弨曰遠思疑當是遠患王念孫曰呂錢本作遠害先謙案宋台州本亦作害又君子下台州本提行分段謝本原刻同浙局本誤連上今並正之**其避辱也懼其行道理也勇**○王引之曰懼者怯也故與勇對文呂氏春秋知度篇工拙愚智勇懼亦以懼對勇

此段重君子能公义處私欲

君子貧窮而志廣，富貴而體恭，安燕而血氣不惰，勞勌而容貌不枯。○王念孫曰：枯讀爲楛。天論篇楛耕傷稼，韓詩外傳作枯；鄉射禮注肅慎氏貢楛矢，釋文作楛。言君子雖安燕而血氣不解惰，雖勞勌而容貌不楛僈。楛僈猶苟且也。榮辱篇云其定取舍楛僈，富國篇云其於禮義節奏也芒軔僈楛，淮南時則篇云工事苦慢。苦僈與僈同。楛彊國篇云恭儉敦敬忠信而不楛，非十二子篇云君子佚而不惰，勞而不僈。此謂君子之容也，故動容貌斯遠暴僈矣。曰大略篇云君子勞倦而不苟。或言苟，或言楛，或言僈，或言楛僈，其義一而已矣。

怒不過奪，喜不過予。予，賜也。周禮八柄，三曰予，以馭其幸。君子貧窮而志廣，隆仁也。仁愛之心厚，故所思者廣。言務於遠大濟物也。富貴而體恭，殺埶也。減權埶之威，故形體恭謹。殺，所介反。安燕而血氣不惰，柬理也。柬與簡同。言柬擇其事理所宜，而不務驕逸，故雖安燕而不至怠惰。勞勌而容貌不枯，好交也。以和好交接於物，志意常泰也。○郝懿行曰：榮辱篇云：豢之而俞瘠者，交也。注云：所交接非其道，則必有患難，雖食芻豢而更瘠也。故此云然。以榮辱篇注互相參訂，原注殆不可易。王念孫曰：好交二字與容貌不枯無涉，楊說非也。交當爲文，隸書交字或作交，觀孔宙碑。與文相似而誤。上言柬理，下言好文[illegible]，理與文皆謂禮也。禮論篇云：孰知夫禮義文理之所以養情也。又云：貴本之謂文，親用之謂理。性惡篇云：出於辭讓，合於文理。辭讓之心也。賦篇

是世德堂本無

禮賦云非絲非帛文理成章几荀子書言文理者皆謂禮也故曰安燕而血氣不惰柬理也孏嬾也柬勞勌而容貌不枯好文也先謙案王說是怒不過奪喜不過予是法勝私也以公滅私故賞罰得中也書曰無有作好遵王之道無有作惡遵王之路此言君子之能以公義勝私欲也書洪範之辭也

荀子卷第一

孫鑛曰三比甚勁暢

荀子卷第二

唐登仕郎守大理評事楊倞注

臣王先謙集解

不苟篇第三

君子行不貴苟難，說不貴苟察，行如字。察，聽察。名不貴苟傳，唯其當之爲貴。當謂合禮義也。當，丁浪反。故懷負石而赴河，是行之難爲者也，而申徒狄能之。申徒狄恨道不行，發憤而負石自沈於河。莊子音義曰：殷時人。韓詩外傳曰：申徒狄將自投於河，崔嘉聞而止之，不從。○盧文弨曰：宋本正文負石上有故懷二字，案文不當有。或負字本有作故懷二字者，校者注異同於旁，因誤入正文耳。王念孫曰：案呂錢本並有故懷二字，是也。故字乃總目下文之詞。懷負石而赴河者，負，抱也。靦訥㯱讙謂抱石於懷中而赴河也。韓詩外傳曰：申徒狄抱石而沈於河，是其證。鄒陽獄中上梁王書：徐衍負石入海。亦謂抱石也。盧未曉負字之義，而誤以爲負攜之負，故以懷字爲不當有，而並刪故字。劉台拱曰：案服虔漢書注亦曰：殷之末世介士也。高誘說山訓注亦曰：殷末

錢檟曰語不凡

人然外傳及新序並載申徒狄事其答崔嘉有吳殺子胥陳殺泄治語據此言之則非殷時人先謙案謝本從盧校刪故據二字合案王說是仍從宋本增入**然而君子不貴者**○**非禮義之中也**禮義之中時止則止時行則行不必枯槁赴淵也揚子雲非屈原曰君子遭時則大行不遇則龍蛇何必沈身○盧文弨曰案注不遇下一本有時字子雲語見本傳此約取之**山淵平**○**天地比**○此謂齊等也莊子曰天與地卑山與澤平音義曰以平地比天則地卑於天若以宇宙之高則似天地皆卑天地皆卑則山與澤平矣或曰天無實形地之上空虛者盡皆天也是天地長親比相隨無天高地下之殊也在高山則天亦高在深泉則天亦下故曰天地比地去天遠近皆相似是山澤平也○盧文弨曰張湛注列子云地之上皆天也意亦與此同**齊秦襲**○襲合也齊在東秦在西相去甚遠若以天地之大包之則曾無隔異亦可合爲一國也**入乎耳**○**出乎口**○未詳所明之意或曰卽山出口也言山有耳口也凡呼於一山衆山皆應是山聞人聲而應之故曰入乎耳出乎口或曰山能吐納雲霧是有口也○盧文弨曰注未句宋本作是以有口訛**鉤有須**○未詳自齊秦襲入乎耳出乎口鉤有須皆淺學所未見或曰鉤有須卽丁子有尾也丁之曲者爲鉤須與尾皆毛類是同也莊子音義云夫萬物無定形形無定稱在上爲首在下爲尾世人謂右行曲波爲尾今丁子二字雖左行曲波亦是尾也○

孫鏞曰盜跖吟變文勢不得不爾然態味稍減

俞樾曰鉤疑姁之叚字說文女部姁嫗也嫗無須而謂之有須故曰說之難持者也惠氏棟校本引大元經婦人嗹鉤爲說謂鉤音拘與須音相近嗹鉤者須出乎口也案大元迎次四裳有衣襦男子目珠婦人嗹鉤范望及溫公集注竝無婦人須出乎口之說且謂鉤與須音近則嗹鉤卽嗹須也以說此文是爲須有須矣豈可通乎今讀鉤爲姁亦卽惠氏之意而說似較安

卵有毛。司馬彪曰胎卵之生必有毛羽雞伏鵠卵卵不爲雞則生類於鵠也毛氣成毛羽氣成羽雞胎卵未生而毛羽之性已箸矣故曰卵有毛也

是說之難持者也，而惠施鄧析能之。皆異端曲說故曰難持惠施梁相與莊子同時其書五車其道舛駁鄧析鄭大夫劉向云鄧析好刑名操兩可之說設無窮之辭數難子產爲政子產執而戮之案左氏傳鄭駟歂殺鄧析而用其竹刑而云子產戮之恐誤也○盧文弨曰正文能之俗本作能精之

然而君子不貴者，非禮義之中也。盜跖吟口，名聲若日月，與舜禹俱傳而不息。然而君子不貴者，非禮義之中也。吟口吟咏長在人口也說苑作盜跖凶貪○盧文弨曰見說苑說叢篇案韓詩外傳三亦作吟口與此同郝懿行曰案吟口說苑作凶貪此本必作貪凶轉寫形誤遂爲吟口楊氏據誤本作注不知其不可通耳韓詩外傳誤與此同可知此本相傳已久楊氏所以深信不疑俞樾曰吟蓋黔

以下皆以君子小人對說

之㞋字黚口郎黚喙周易說卦傳爲黚喙之屬釋文引鄭注曰謂虎豹之屬貪冒之類然則盜跖黚口乃以虎豹擬之正論篇所謂禽獸行虎狠貪也先謙案後漢梁冀傳口吟舌言章懷注謂語吃不能明了吟口當與口吟同義盜跖吟口三句與揚雄解嘲孟軻雖連蹇猶爲萬乘師文意近似諸說皆非

故曰君子行不貴苟難。說不貴苟察。名不貴苟傳。○盧文弨曰苟傳與上文同俗閒本作苟得非案外傳亦作苟傳 **唯其當之爲貴。詩曰物其有矣。唯其時矣。此之謂也。**詩小雅魚麗之篇言雖有物亦須得其時以喻當之爲貴也

君子易知而難狎。坦蕩蕩故易知不比黨故難狎○郝懿行曰韓詩外傳二知作和於義較長此形譌王念孫曰案外傳是也和與狎義相近濯與脅義相近故曰易和而難狎易懼而難脅今本和作知則於義遠矣俞樾曰案外傳作和字之誤也知者接也墨子經篇曰知接也古謂相交接曰知故後漢書宋宏傳貧賤之交不可忘羣書治要作貧賤之知是知有交接之義易知而難狎謂易接而難狎也詩芄蘭篇首章曰能不我知次章曰能不我甲毛傳訓甲爲狎蓋首章言不與我交接次章言不與我狎習也說詳羣經平議荀子以知狎對文正本乎詩韓嬰改知爲和失之王氏謂當從外傳非也 **易**

懼而難脅，小心而志不可奪也畏患而不避義死，欲利而不爲所非，心以爲非則捨交親而不比，親謂仁恩比謂暱狎言辯而不辭，辯足以明事不至於騁辭○郝懿行曰韓詩外傳二辭作亂其義較長此形譌王念孫曰不辭當作不亂楊加騁字以釋之其失也迂矣蕩蕩乎其有以殊於世也。與俗人有異

君子能亦好，不能亦好；小人能亦醜，不能亦醜。君子能則寬容易直以開道人，道與導同不能則恭敬縛絀以畏事人；縛與撙同絀與黜同謂自撙節貶損小人能則倨傲僻違以驕溢人，溢滿不能則妒嫉怨誹以傾覆人。故曰：君子能則人榮學焉，不能則人樂告之；小人能則人賤學焉，不能則人羞告之。是君子小人之分也。分異也如字

君子寬而不僈，僈與慢同怠惰也廉而不劌，廉稜也說文云劌利傷也但有廉隅不至於刃傷也○盧文弨曰注刃傷疑是刃傷本或作兩傷者訛辯而不爭，察而不激，但明察而不激切也寡立

而不勝。堅彊而不暴。雖寡立而不能勝，雖堅彊而不兇暴。○王念孫曰：楊說非也。寡立當爲直立，字之誤也[illegible]勝讀若升騰六四終莫之勝，虞翻曰：勝，陵也[illegible]陵也。毛管子侈靡篇：得近者高而不崩，得人者卑而不可勝。謂卑而不可陵也。此言君子雖特立獨行，而不以陵人，非謂人不能勝君子也。此文云君子廉而不劌，辯而不爭，直立而不勝。榮辱篇云：辯而不說者，爭也；直立而不見知者，勝也；廉而不見貴者，劌也。此小人之所務，而君子之所不爲也。足與此文互相證明矣。柔從而不流。恭敬謹慎而容。不至於孤介也。○王念孫曰：案楊說未確。容之言裕也。言君子敬慎而不局促，綽綽有裕也。非十二子篇：脩告導寬容之義。韓詩外傳作寬裕，是容、裕古字通[illegible]取[illegible]夫是之謂至文。言德備。詩曰：溫溫恭人，惟德之基。此之謂矣。詩大雅抑之篇。溫溫，寬柔貌。

君子崇人之德，揚人之美，非諂諛也。正義直指，舉人之過，非毀疵也。疵，病也。或曰讀爲訾。○盧文弨曰：正文美字，元刻作善。又舉人之過下，宋本有惡字，元刻無。王引之曰：案義讀爲議。韓詩外傳作正言直行，指人之過。言亦議也。韓策曰：嚴遂政議直指，舉韓傀之過。是其證[illegible]

孫鑛曰五非字章法亦可

辭作義又韓對屬備篇上不 與義之東周策秦王不聽羣 經數說義義並與議同舊

言己之光美擬於舜禹。盧文弨曰宋本各舊本俱作禹舜今從元刻參於天地非夸誕也與時屈伸柔從若蒲葦非懾怯也。蒲葦所以爲席可卷者也。郝懿行曰屈伸當作詘信荀書皆然俗妄改之此言君子屈伸隨時之宜當其屈也柔從若蒲葦當其伸也剛强猛毅靡所不信伸鄭其屈與伸以義知當曲直曲直卽屈伸又引詩言君子左宜右有然後總結之云此言君子能以義屈信變應故也謙案郝說當荀子之文往往反復申明欲令辭必達意不避重複爲使人易曉也剛强猛毅靡所不信非驕暴也。信讀爲伸下同古字通用以義變應知當曲直故也。以義隨變而應其所知當於曲直也。俞樾曰變讀爲辯周易文言曰由辯之不早辯也釋文曰辯荀作變禮記禮運篇大夫死宗廟謂之變鄭注曰變當爲辯是變與辯古通辯之言徧也儀禮鄉飲酒禮衆賓辯有脯醢燕禮大夫辯受酬鄭注竝云今文辯作徧是其證也變與辯通則亦可借爲徧以義變應者以義徧應也下文引詩曰左之左之君子宜之右之右之君子有之此言君子之能以義屈伸變應也左宜右有正以義徧應之謂楊注曰以義隨變而應增字以成其說失其旨矣君道篇曰竝遇變應而不窮變與竝對文可知變之爲徧也致士篇臨事接民而以義變應義與此同先謙案此文變應與非相儒

故字世德堂本無

孫錢樻曰兩扁字法也

效王制君道諸篇言應變者不同郎儒效富國二篇事變得應事變失應君道篇應待萬變與此義亦異以義變應者以義變通應事也義本無定隨所應爲通變故曰變應孔子言無適無莫義之與比孟子言言不必信行不必果惟義所在正以義變應之謂易繫辭精義入神以致用也入神變也致用應也下言以義屈伸變應增屈伸二字而變應之義愈顯不必如俞說改讀至君道篇之變應宋本作變態此元刻誤文又不足取以爲證矣詩曰。左之左之。君子宜之。右之右之。君子有之。此言君子能以義屈信變應故也。詩小雅裳裳者華之篇以能應變故左右無不得宜也。○盧文弨曰此言君子下一本有之字

君子小人之反也。與小人相反○盧文弨曰此段舊不提行今案當别爲一節君子大心則天而道。小心則畏義而節。天而道謂合於天而順道○盧文弨曰正文則天而道韓詩外傳四作郎敬天而道王念孫曰天而道三字文義不明當依韓詩外傳作敬天而道與畏義而節對文楊注失之知則明通而類。類謂知統類愚則端愨而法。愚謂無機智也法謂守法度也見由則恭而止。由用也止謂不放縱也或曰止禮也言恭而有禮也見閉則敬而齊。齊謂閉塞道不行也敬而齊謂自齊整而不怨也

喜則和而理。憂則靜而理。皆當其理。○謝本從盧校作憂則靜而違。盧文弨曰外傳四作喜卽和而治憂卽靜而違此作和而理避時諱下句舊本俱作靜而理當由誤會注文耳今從外傳改正劉台拱曰案注云皆當其理則楊氏所據本兩句竝是理字盧據外傳改下理字作違易曰樂則行之憂則違之此違字所本然易言出處此言性情義各有當外傳引荀頗多改竄恐不得徑據彼以易此也又仲尼篇云福事至則和而理禍事至則靜而理與此文義略同彼注云理謂不失其道和而理謂不充屈靜而理謂不隕穫也亦竝是理字則不當依外傳作違明矣竊疑荀子本文上句作治下句作理唐初避諱凡治字悉改作理中葉以後又復回改作治惟此兩處文義相混校書者不能定其孰爲本文故仍而不革楊氏作注時未能審正而從爲之辭耳今上句依外傳作和而治下句作靜而理庶幾得之仲尼篇放此王念孫曰宋呂錢本竝作兩理字劉說甚允先謙案劉王說是今改從宋本

通則文而明。有文而彰明也。窮則約而詳。隱約而詳明其道也。

小人則不然。大心則慢而暴。小心則淫而傾。以邪諂事人也。○盧文弨曰宋本淫上有流字今案元刻及外傳俱無

知則攫盜而漸。漸進也謂貪利不知止也。○郝懿行曰漸與潛同此言小人知則攫盜而潛深不敢發也愚則毒賊而爲亂不知懼也語意甚明荀書多以漸爲潛楊氏不知例以漸進

爲訓而不顧其安如此注亦以漸爲進則難通矣王引之曰漸詐欺也小人之智則攫盜而已矣詐欺而已矣議兵篇曰招近募選隆埶詐尚功利是漸之也正論篇曰上幽險則下漸詐矣楊訓漸爲進又讀漸漬皆失之訓義竝與此同呂刑曰民興胥漸言小民方興相爲詐欺也傳以漸爲漸化失之說見經義述聞莊子胠篋篇曰知詐漸毒李頤以漸爲漸漬失之此皆古人謂詐爲漸之證說者都不尋省望文生義失其傳久矣先謙案王說是**愚則毒賊而亂。**毒害也愚而無畏忌也**見由則兌而倨。**兌說也言喜於徼幸而倨傲也〇先謙案兌與銳同謂捷利也楊注非說見脩身篇**見閑則怨而險。**怨上而險賊也**喜則輕而翾。**輕謂輕佻失據翾小飛也言小人之喜輕佻如小鳥之翾然音許緣反或曰與懁同說文云懁急也**憂則挫而懾。通則驕而偏。**偏頗也**窮則弃而儑。**弃自弃也儑當爲濕方言云濕憂也字書無儑字韓詩外傳作弃而累也〇郝懿行曰玉篇儑五甘切不慧也廣韻五紺切云傝儑龍龕手鑑一云儑五盍反傝儑不著事也傝他盍反傝𩋗儑劣也又音儑不謹貌也然則諸義皆與此近此言小人窮則卑弃失志不能自振往往如此楊氏未見玉篇廣韻故云字書無儑字又云儑當爲濕竝非韓詩外傳四儑作累恐亦字形之譌累與濕皆俗字濕當作溼累當作纍與此字形音義遠**傳曰。君子兩進。小人兩廢。此之謂也。**

孫鏞曰辨中生辨
此數句可見荀子善
命手段

君子治治，非治亂也。曷謂邪？曰：禮義之謂治，非禮義之謂亂也。故君子者，治禮義者也，非治非禮義者也。然則國亂將弗治與？曰：國亂而治之者，非案亂而治之之謂也，去亂而被之以治。案據也。據舊亂而治之也。荀子安案多爲語助，與此不同也。人汙而修之者，人有汙穢之行，將修爲善。○俞樾曰：修當讀爲滌。周官司尊彝職曰"凡酒修酌"，鄭注曰"修讀如滌濯之滌"，是其證也。滌從條聲，條從攸聲，修亦從攸聲，同聲之字，故得通用。楊注失之。荀子書每以修與汙對文，並當讀爲滌。非案汙而修之之謂也，去汙而易之以修。故去亂而非治亂也，去汙而非修汙也。治之爲名，猶曰君子爲治而不爲亂，爲修而不爲汙也。治之名號如此。

君子絜其辯，而同焉者合矣；絜，修整也。謂不煩雜。○盧文弨曰：案韓詩外傳一亦有此文，彼辯作身。先謙案：外傳作身是也。絜其身，善其言，對文。若作辯，則與言複，絜辯二字亦不詞。荀子原文自作絜其身，傳寫誤辯。下文故新浴云云，正申言絜身之義。楊注謂不煩雜，似所見本已誤爲辯矣。善其言，而類焉者應矣。出其言善

孫鏘曰襲屈原漁父語
張榜曰詞意修潔

千里之外應之。故馬鳴而馬應之。○盧文弨曰外傳此下尙有牛鳴而牛應之六字非知也。其埶然也。知音智故新浴者振其衣。新沐者彈其冠。人之情也。言潔其身者懼外物之汙也猶賢者必不受不善人之汙者也其誰能以己之潐潐受人之掝掝者哉。潐潐明察之貌潐盡謂窮盡明於事易曰窮理盡性掝當爲惑惑掝掝惛也楚詞曰安能以身之察察受物之惛惛者乎潐子誚反○盧文弨曰案潐盡也本說文此脫也字郝懿行曰韓詩外傳一作莫能以己之皭皭容人之混汚然皭與潐古音同混汚與掝掝音又相轉此皆假借字耳楚詞作察察汶汶當是也又案上云故新浴者振其衣新沐者彈其冠亦與楚詞同先謙案焦爵雙聲故從焦從爵之字相通假而義皆訓盡如噍之與嚼禮記少儀釋文噍本作嚼說文噍或从爵醮之與釂說文醮冠娶禮祭釂飲酒盡也釋水旅醮曰醮釋文本書禮論利爵之不醮也及皆訓爲盡則借醮爲釂矣並是故皭皭亦爲潐潐也掝當爲惑楊說是也字書無掝字蓋惑亦作惐遂轉寫爲掝耳儒效篇云無所儗怎楊注怎與怍同惑之爲惐猶怍之爲怎矣

君子養心莫善於誠。無姦詐則心常安也○劉台拱曰誠者君子所以成始而成終也以成始則大學之誠其意是也以成終則中庸之至誠無息是也此言養心莫善於誠卽誠意之事故下文亦言愼獨致誠則無它

荀子言性惡故不得不言化由言化積由積至一由一以誠得焉此荀子之本怡也

事矣。致極也極其誠則外物不能害○王念孫曰君子非仁不守非義不行故曰無它事下文唯仁之爲守唯義之爲行是其明證楊説非先謙案王説是羣書治要引作致誠無它唯仁之守唯義之行删數字而語意倍顯是唐人解此文與楊注義異唯仁之爲守。唯義之爲行。致其誠在仁義誠心守仁則形。形則神。神則能化矣。誠心守於仁愛則必形見於外則下尊之如神能化育之矣化謂遷善也誠心行義則理。理則明。明則能變矣。義行則事有條理明而易人不敢欺故能變改其惡也變化代興。謂之天德。既能變化則德同於天馴致於善謂之化改其舊質謂之變言始於化終於變也猶天道陰陽運行則爲化春生冬落則爲變也天不言而人推高焉。地不言而人推厚焉。四時不言而百姓期焉。期謂知其時候夫此有常以至其誠者也。至極也天地四時所以有常如此者由極其誠所致君子至德。嘿然而喻。未施而親。不怒而威。君子有至德所以嘿然不言而人自喻其意也夫此順命以愼其獨者也。人所以順命如此者由愼其獨所致也愼其獨謂戒愼乎其所不睹恐懼乎其所不聞至誠不欺故人亦不違之也○郝懿行曰此語甚精楊氏不得其解而以謹愼其獨爲訓今正之云獨者人之所不見也愼者誠也誠者實也心不篤實則所謂獨者不可見勸學篇云無冥冥之志者無昭昭之明無惛惛之事者無赫赫之功此惟精專沈默心如槁木死灰而後髣髴遇焉口不能言人亦不能傳故曰獨也又曰不獨則不形者形非形於外也楊注形卽形此獨也又曰不形則雖作於心見於色出於言三句皆由獨中推出此方是見於外之事而其上說天地四時云夫此有常以至其誠者也說君子至德云夫此順命以愼其獨者也順命謂順天地四時之命楊注言化工默運自然而極其誠君子感人嘿然而人自喻惟此順命以愼其獨而已推尋上下文義愼當訓誠據釋詁云愼誠也非愼訓謹之謂中庸愼獨與此義別楊注不援爾雅而據中庸謬矣愼字古義訓誠詩凡四見毛鄭俱依爾雅爲釋大學兩言愼獨皆在誠意篇中其義亦與詩同惟中庸以戒愼愼獨爲言此別義乃今義也荀書多古義古音楊注未了往往釋以今義讀以今音每致舛誤此其一也餘不悉舉王念孫曰中庸之愼獨愼字亦當訓爲誠非上文戒愼之謂（莫見乎隱莫顯乎微[illegible]）[illegible]云故禮器說禮之以少爲貴者曰是故君子愼其獨也鄭注云少其牲物致誠慤是愼其獨卽誠其獨也愼獨之爲誠獨鄭於禮器已釋訖故中庸大學注皆不復釋孔沖遠未達此旨故訓爲謹愼耳凡經典中愼字與謹同義者多與誠同義者少訓謹訓誠原無古今之異（[illegible]）唯愼獨之愼則當訓爲誠故曰君子必愼其獨又

曰君子必誠其意禮器中庸大學荀子之愼獨其義一而已矣善之爲道者。不誠則不獨。無至誠則不能愼其獨也不獨則不形。不能愼其獨故其德亦不能形見於外○俞樾曰上文云致誠則無它事矣唯仁之爲守唯義之爲行所謂獨者卽無它事之謂唯仁唯義故無它事無它事是謂獨故曰不誠則不獨不獨則不形言不能誠實則不能專一於內不能專一則不能形見於外楊氏未達獨字之旨故所解均未得也不形則雖作於心。見於色。出於言。民猶若未從也。雖從必疑。若如也無至誠故雖出令民猶如未從者雖彊使之從亦必疑之也○王念孫曰若猶然也言雖出令民猶然未從非謂猶如未從也古謂猶然爲猶若說見釋詞若字下天地爲大矣。不誠則不能化萬物。聖人爲知矣。不誠則不能化萬民。父子爲親矣。不誠則疏。君上爲尊矣。不誠則卑。卑謂不爲在下所尊夫誠者。君子之所守也。而政事之本也。唯所居以其類至。所居所止也唯其所止至誠則以類自至謂天地誠則能化萬物聖人誠則能化萬民父子誠則親君上誠則尊也操之則得之。舍之則失之。操持操而得之則輕。持至誠也而得之則易舉也詩曰德輶如毛輕

操術二字亦荀子中之主要
後王即孟子之先王視晉庭宋陸爲尤
姜寶曰老莊則欲返之太古荀卿則欲法之後王持論亦正

則獨行。舉至誠而不難則慎獨之事自行矣獨行而不舍則濟矣。至誠在乎不已濟而材盡長遷而不反其初則化矣。既濟則材性自盡長遷不反其初謂中道不廢也

君子位尊而志恭心小而道大所聽視者近而所聞見者遠是何邪則操術然也。謂以近知遠以今知古所持之術如此也○盧文弨曰上文則字從元刻宋本作是故千人萬人之情一人之情是也。人情不相遠天地始者今日是也。百王之道後王是也。後王當今之王言後王之道與百王不殊行堯舜則是亦堯舜也君子審後王之道而論於百王之前若端拜而議。端玄端朝服也端拜猶言端拱言君子審後王所宜施行之道而以百王之前比之若服玄端拜揖而議言其從容不勞也時人多言後世澆醨難以爲治故荀明之○郝懿行曰端疑振書端書之端端者正也謂正容拜議非必衣元端也注言端拱又言元端二義似歧王念孫曰古無拜而議事之禮且端拜二字義不相屬拜當爲拜拜今拱字也說文拜斂手也从手廾聲楊以拜爲拜揖之拜也形與拜相似因訛爲拜端拱而議郎楊注所云從容不勞也楊云端拜猶言端拱近之乃又云拜揖而議則未知拜爲拜之譌耳先謙案王說是推禮義

孫鑛曰粹語

孫鑛曰荀公多用此等章法

之統分是非之分（上分如字下扶問反分之使當其分）總天下之要治海內之衆若使一人故操彌約而事彌大（約少也得其宗主也）五寸之矩盡天下之方也（矩正方之器也○郝懿行曰荀意當以句股法開方而言故以五寸盡之言操彌約也）故君子不下室堂而海內之情舉積此者則操術然也（舉皆也○盧文弨曰正文堂字上宋本有室字今從元刻刪王念孫曰室非衍字也內則曰灑埽室堂書傳中言室堂者多矣君子不下室堂而海內之情舉積此猶老子言不出戶知天下也元本無室字者後人以意刪之耳羣書治要引此有室字錢本世德堂本同先謙案謝本從盧校今依王說改從宋本）

有通士者有公士者有直士者有慤士者有小人者上則能尊君下則能愛民物至而應事起而辨若是則可謂通士矣（物有至則能應之事有疑則能辨之通者不滯之謂也○王念孫曰辨者治也謂事起而能治之非謂事有疑而能辨之也說文辯治也昭元年左傳主齊盟者誰能辯焉杜注與說文同王霸篇儒者為之必將曲辯楊注曰辯治也字或作辨議兵篇城郭不辨注

曰辨治也合言之則曰治辯儒效篇曰分不亂於上能不窮於下治辯之極也王霸篇曰有加治辯彊固之道焉有黄爲又舊本有加二字倒轉今據楊注乙正楊以辯爲分別失之又曰天下莫不平均莫不治辯議兵篇曰禮者治辯之極也或作治辨榮辱篇曰君子修正治辨正論篇曰上宣明則下治辨矣禮論篇曰君者治辨之主也以上凡言治辯者皆兩字同義倒言之則曰辯治小雅采菽傳曰平平辯治也荀子君道篇君者善班治人者也班亦與辯同韓詩外傳作辯治成相篇辯治上下不下比以闇上。不上同以疾下。闇上掩上之明也疾與嫉同。先謙案上同苟合於上成相篇云愚而上同國必禍分爭於中。不以私害之。若是則可謂公士矣。謂於事之中有分爭者不以私害之則可謂公正之士也身之所長。上雖不知。不以悖君。不怨君而違悖也。郝懿行曰悖者倍之假借字倍訓反與背同王引之曰悖讀若勃玉篇勃蒲突切蒲輩切廣韻同又悖怨懟也謂君雖不知而不怨君也仲尼篇曰君雖不知無怨疾之心是也方言悖懟也廣雅曰勃懟也悖怨懟恨也悖悖勃字異而義同莊十一年左傳其興也悖焉一作勃莊子庚桑楚篇徹志之勃勃本又作悖秦策秦王悖然而怒悖然即勃然楊注非身之所短。上雖不知。不以取賞。受祿不誣長短不飾。以情自竭。若是則可謂直士矣。不矜其長不掩其短但任直道而竭盡其情也。郝懿行曰情實也竭舉也言短長皆以實偁

說不加文飾所以爲直士王念孫曰郝說是也說文竭負舉也揭高舉也廣雅揭舉也禮運釋文竭本亦作揭是揭竭古字通

庸言必信之。庸行必愼之。庸常也謂言常信行常愼畏法流俗。而不敢以其所獨甚。法效也畏效流移之俗又不敢以其所獨善而甚過人謂不敢獨爲君子也○王念孫曰甚當爲是言不從流俗而亦不敢用其所獨是也隸書甚字作甚是字作昰二形相似故是譌爲甚荀子賦篇嫫母力父是之喜楚策是之喜譌作甚喜之韓詩外傳詩曰瞻彼日月悠悠我思道之云遠曷云能來急時辭也是故稱之日月也說苑辯物篇作甚焉故稱日月也漢書司馬相如傳閑雅甚都史記甚作是說文尟是少也從是少今俗作尠皆其證也楊注非若是則可謂愨士矣。端愨不貳言無常信。行無常貞。唯利所在。無所不傾。利之所在皆傾意求之○俞樾曰文選孫子荆詩傾城遠追送李善注傾猶盡也無所不傾卽無所不盡楊注非若是則可謂小人矣。

公生明。偏生闇。端愨生通。詐僞生塞。多窮塞也誠信生神。誠信至則通於神明中庸曰至誠如神夸誕生惑。矜夸妄誕則貪惑於物也此六生者。君子愼之。而禹桀

孫鑛曰章句法好

救偏之法莫善于公慮。荀子言性惡，故必言慮，故慮字在荀子為重要

所以分也。（所以分賢愚也）欲惡取舍之權。（舉下事也）見其可欲也，則必前後慮其可惡也者；見其可利也，則必前後慮其可害也者，而兼權之，孰計之。（權所以平輕重者。孰，甚也，猶成孰也）然後定其欲惡取舍。（顧千里曰：案欲惡取舍之權，疑當作欲惡利害句，取舍之權句，脫利害二字。然後定其欲惡取舍，疑當作然後定其取舍，衍欲惡二字。榮辱篇其定取舍楛僈，上下文皆卽此義，明甚。楊注已脫衍，非也）如是則常不失陷矣。凡人之患，偏傷之也。（偏謂見其一隅）見其可欲也，則不慮其可惡也者；見其可利也，則不顧其可害也者。是以動則必陷，為則必辱，是偏傷之患也。

人之所惡者，吾亦惡之。（賢人欲惡之不必異於衆人也。盧文弨曰：正文首疑當有人之所欲者吾亦欲之人字，注賢人欲惡之下疑脫一字。王念孫曰：案盧以注云賢人欲惡不必異於衆人，故疑正文當有人之所欲者云云也，不知注言欲惡不異者，加一欲字以通其義，非正文所有也。下文皆言惡不言欲，是其證）夫富貴者則類傲

孫鑛曰中今時弊

也富貴之類不論是非皆傲之也○先謙案荀書用夫字俱訓彼宅篇並同夫貧賤者則求柔之見貧賤者皆柔屈就之也○俞樾曰注不釋求字禮記曲禮篇曰君子行禮不求變俗鄭注曰求猶務也求柔之猶言務柔之矣是非仁人之情也○俞樾曰仁字衍上文蓋言遇富貴者率傲慢之遇貧賤者務柔屈之此非人情也正與上文人之所惡者吾亦惡之相應上文泛言人則此文亦不當言仁人後人因下云是姦人將以盜名於晻世者也故於上句加仁字以對下姦字而不知其義之非耳是姦人將以盜名於晻世者也險莫大焉姦人盜富貴貧賤之名於昏闇之世晻與暗同故曰盜名不如盜貨田仲史鰌不如盜也田仲齊人處於陵不食兄祿辭富貴爲人灌園號曰於陵仲子史鰌衛大夫字子魚賣直也○盧文弨曰田與陳古多通用郝懿行曰陳仲之廉史鰌之直雖未必合於中行衡之末俗固可以激濁流揚清波荀之此論將無苛歟夫名生於不足盜生於有欲盜不可有名不可無程子有言古之學者爲己今之學者爲人古之仕者爲人今之仕者爲己推此而論夫苟行以實心錢穀兵刑何非爲己假令心本近名割股廬墓豈非爲人然則荀卿此論蓋欲鍼砭於流俗而非持論於衡平矣

榮辱篇第四

姚姬傳云詩無然泄了不必與媟同

孫鏞曰併五六殆不可解

偋宴世德堂本作僻宴

顧充曰詩云無易由言

憍泄者人之殃也。泄與媟同嫚也殃或爲祆○謝本從盧校作憍泄盧文弨曰憍元刻作憍劉台拱曰憍當從元刻作憍王念孫曰呂錢本亦作憍憍泄即驕泰之異文荀子他篇或作汏或作忲或作泰皆同古字世大通用大室亦爲世室大子亦爲世子大叔亦爲世叔漏泄之泄古多與外大害敗等字爲韻聲與泰亦相近也賈子曰簡泄不可以得士亦以泄爲汏先謙案劉王說是今改從呂錢本元刻恭儉者偋五兵也。偋當爲屛卻也說文有偋字偋寠也與此義不同偋防正反○盧文弨曰五兵元刻與俗間本俱作併五六今從宋本先謙案偋當爲併彊國篇併己之私欲君道篇併耳目之樂併皆讀屛是荀書例以併爲屛也此言屛卻五兵其文亦必作併安人誤加尸爲偋耳五兵說見儒效篇雖有戈矛之刺不如恭儉之利也。言入人深故與人善言煖於布帛傷人之言深於矛戟。王念孫曰傷人之言之本作以謂以言傷人較之以矛戟傷人者爲更深也今本以作之則與下句不甚貫狂矣非相篇故贈人以言重於金石珠玉勸人以言美於黼黻文章聽人以言今本以字亦誤作之辨見非相篇樂於鐘鼓琴瑟三以字與此文同一例藝文類聚人部三太平御覽兵部八十四引此竝作傷人以言故薄薄之地不得履之。非地不安也。危足無所履者凡在言也。薄薄謂旁薄廣大之貌危足側

言為榮辱之主
姚姬傳云讓讀如攘
巨涂則與人觸而搶攘
小涂則危易跌可使
不謹也
孫鏘曰殆字訓危
險
姚姬傳云快、讀若易
夬夬

足也凡皆也所以廣大之地側足無所容者皆由以言害身也○盧文弨曰正文危足無所履者下宋本有也字今據元刻去之與注合

巨塗則讓，小塗則殆，雖欲不謹，若云不使。殆近也凡行前遠而後近故近者亦後之義謂行於道塗大道竝行則讓之小道可單行則後之若能用意如此雖欲爲不謹敬若有物制而不使之者儒行曰道塗不爭險易之利○王念孫曰楊說迂回而不可通余謂殆讀爲待言共行於道塗大道可竝行則讓之小道只可單行則待其人過乃行也作殆者叚借字耳俞樾曰讓當讀爲攘攘之攘說文女部孃煩擾也經典無孃字多以讓爲之禮記曲禮篇鄭注曰攘古讓字故此又以讓爲之也文選舞賦擾攘就駕李善引埤蒼曰攘疾行貌巨塗人所共行故擾攘而不止小塗人所竝由故危殆而不安是塗無巨小皆不可不謹故曰雖欲不謹若云不使也先謙案俞說是

快快而亡者，怒也。肆其快意而亡由於忿怒也○先謙案快快即肆意之義大略篇云賤師而輕傳則人有快人有快則法度壞楊注云人有肆意是快猶肆也快快與有快同義肆意而亡其身者由怒害之下文所謂行其少頃之怒而喪終身之軀矣

察察而殘者，忮也。至明察而見傷殘者由於有忮害之心也

博而窮者，訾也。言詞辯博而見窮蹙者由於好毀訾也

淸之而俞濁者，口也。欲求其淸而俞濁者在口說之過謂

趙瑤曰句句的着似莊子

言過其實也或曰絜其身則自清也但能口說斯愈濁也愈讀爲愈○先謙案或說是豢之而俞瘠者交也所交接非其道則必有患難雖食芻豢而更瘠也故上篇云勞勸而容貌不枯好交也○先謙案以利交者利盡則絕故曰豢養之而愈瘠也此言小人之交故下文以小人總結之好交乃好文之誤說見上篇楊引以證本文非辯而不說者爭也不說不爲人所稱說或讀爲悅○王念孫曰後說是俞樾曰楊注二義皆非淮南子俶眞篇辯者不能說也高誘注曰說釋也斯得之矣辯而不說謂辯而人不解說由其好與人爭而不能委曲以曉人也直立而不見知者勝也直立謂己直人曲勝謂好勝人也廉而不見貴者劌也劌傷也刻己太過不得中道故不見貴也○王念孫曰廉而劌謂有廉隅而傷人也如此則人不貴之矣不苟篇注云廉稜也劌利傷也較此注爲勝勇而不見憚者貪也貪利則委曲求人故雖勇而不見憚信而不見敬者好剸行也剸與專同專行謂不度是非好復言如白公者也此小人之所務而君子之所不爲也

鬭者忘其身者也忘其親者也忘其君者也行其少頃之怒而

孫鑛曰意亦只平平以三然且為之見態

姚姬傳云人也屬下讀

孫鑛曰气古逸

王納諫曰詞繁而不殺愈宕可喜

喪終身之軀然且爲之是忘其身也室家立殘親戚不免乎刑戮然且爲之是忘其親也蓋當時禁鬬殺人之法戮及親戚尸子曰非人君之用兵也以爲民傷鬬則以親戚徇一言而不顧之也君上之所惡也刑法之所大禁也然且爲之是忘其君也憂忘其身遭憂患刑戮而不能保其身是憂忘其身也或曰當爲下忘其身誤爲夏又夏轉誤爲憂字耳○王念孫曰案後說爲長內忘其親上忘其君是刑法之所不舍也○盧文弨曰俗本舍作赦今從宋本聖王之所不畜也乳彘觸虎○先謙案觸虎者蓋衞其子當時有此語耳乳狗不遠遊不忘其親也人也○盧文弨曰人也各本作小人今從宋本先謙案人也二字下屬爲句憂忘其身內忘其親上忘其君則是人也而曾狗彘之不若也凡鬬者必自以爲是而以人爲非也己誠是也人誠非也則是己君子而人小人也以君子與小人相賊害也憂以忘其身內以忘其親上以忘其君豈不過甚矣哉是人也所謂

以狐父之戈钃牛矢也時人舊有此語喻以貴而用於賤也狐父地名史記伍被曰吳王兵敗於狐父徐廣曰梁碭之間也蓋其地出名戈其說未聞管子曰蚩尤爲雍狐之戟狐父之戈豈近此邪钃刺也之欲反故良劒謂之屬鏤亦取其利也或讀斸爲斫斫○郝懿行曰斸斫音讀不同斸雖訓斫而不讀爲斫也玉篇斸或作钃與斫音異不如楊氏何故同之正文又無斸字此注當有脫誤钃訓刺亦未聞將以爲智邪則愚莫大焉將以爲利邪則害莫大焉將以爲榮邪則辱莫大焉將以爲安邪則危莫大焉人之有鬭何哉我欲屬之狂惑疾病邪則不可聖王又誅之屬託也之欲反我欲屬之鳥鼠禽獸邪則不可其形體又人而好惡多同視其形體則又人也其好惡多與賢人同但好鬭爲異耳人之有鬭何哉我甚醜之其禍如此何爲鬭也

有狗彘之勇者有賈盜之勇者狗彘勇於求食賈盜勇於求財賈音古有小人之勇者有士君子之勇者小人勇於舉士君子勇於義言人有此數勇也爭飲食無廉恥

不知是非。不辟死傷。不畏衆彊。恈恈然唯利飲食之見。是猶彘之勇也。辟讀爲避恈恈愛欲之貌方言云牟牟愛也宋魯之間曰牟○王引之曰飲食上本無利字唯飲食之見言猶彘唯見有飲食也下文恈恈然唯利之見與此文同一例今本作利飲食之見利字卽涉下文利字而衍爲事利。爲事及利也爲于僞反爭貨財。無辭讓。果敢而振。猛貪而戾。恈恈然唯利之見。是賈盜之勇也。振動也戾乖背也春秋公羊傳曰葵丘之會桓公振而矜之何休云亢陽之貌也○王引之曰振當爲很字之誤也果敢而很猛貪而戾二句一意相承故廣雅曰戾很也若振則非其類矣楊注非輕死而暴。是小人之勇也。義之所在。不傾於權。不顧其利。舉國而與之。不爲改視。重死持義而不橈。是士君子之勇也。雖重愛其死而執節持義不橈曲以苟生也儒行曰愛其死以有待也○俞樾曰此本作重死而持義不橈故楊注曰雖重愛其死而執節持義不橈曲以苟生也是楊氏所據本而字在持義之上

鯈䱁者。浮陽之魚也。鯈䱁魚名浮陽謂此魚好浮於水上就陽也今字書無䱁字葢當爲鮍說文云卽鱣

鮪鮍鱴字蓋鯈魚一名鯈鮍莊子與惠子遊於濠梁之上鯈魚
出遊是亦浮陽之義或曰浮陽勃海縣名也鯈音稠鮍布末反
○郝懿行曰鮴不成字鮍非魚名疑當為鱧俗書體或作体然
則鯈鮴即鯈鱧矣王念孫曰衛風碩人篇鱣鮪發發說文作鱍
鱍則鱍非魚名且鯈魚亦無鯈鮍之名楊說非也竊疑鮴為魾
字之誤爾雅云魴魾魾即魴之異名則鯈魾為二魚也隸書丕
字或作平［見漢隸劉衡碑］相本字或作本［見白石神君碑］二形相似故魾誤為鮴與胠於沙而思水則無逮矣［胠與
袪同揚子雲方言云袪去也齊趙之總語夫於沙謂失水去在
沙上也莊子有胠篋篇亦取去之義也○盧文弨曰案方言袪
作祛王引之曰魚去沙上不得謂之去於沙楊說非也案胠當
為俗［字從人谷聲谷其虐反風俗之俗從谷者不同］與玉篇俗渠戟切倦也集韻倃方
言俗也［俗與倦同］或作御俗漢司馬相如子虛賦徼御受詘郭璞曰
御疲極也上林賦與其窮極倦御郭曰窮極倦御疲憊者也說
文御微御受屈也御御御並與俗同窮極倦御其義一也廣雅
曰困疲羸券［鄭注考工記輈人曰券今倦字也］御窮備［與憊同遯象傳有疾憊也鄭注憊困也］極
也［趙注孟子離婁篇曰極困也呂刑曰人極于病］困疲羸倦御窮憊極其義一也然則
俗者窮困之謂言魚困於沙而思水則無及也隸書亻旁或從
篆作刀［見隸］與月相似谷或作去［漢冀州刺史王純碑卻字兩見皆作却今俗書卻郤二字］
［亦作郤辟］與去相似故俗字譌而為胠俞樾曰胠當作阹文選吳都
賦曰阹以九疑注曰阹闌也因山谷以遮䟫也阹於沙義亦同
此言遮闌於沙而思水則無及矣下云挂於患而欲謹則無益

以榮人爲迂闊

矣陸於沙挂於患文義一律先謙案俞說是挂於患而欲謹則無益矣人亦猶魚也自知者不怨人知命者不怨天怨人者窮從怨憤於人不自修者則窮迫無所出怨天者無志有志之士但自修身遇與不遇皆歸於命故不怨天○王念孫曰志讀爲知識之識古知識字通作志說見經義述聞左傳昭二十六年不知命而怨天故曰無識法行篇正作怨天者無識楊注云無識不知天命是也此注以志爲志氣之志失之失之己反之人豈不迂乎哉迂失也反責人也○王念孫曰失與迂義不相近古無此訓也廣雅曰迂遠也韓詩外傳曰身不善而怨他人不亦遠乎語意正與此同先謙案三句與法行篇同反之人與君道篇反之民反之政同意言反求也

榮辱之大分○盧文弨曰舊本不提行今案當分段安危利害之常體先義而後利者榮先利而後義者辱榮者常通辱者常窮通者常制人窮者常制於人受制於人是榮辱之大分也其中雖未必皆然然其大分如此矣材慤者常安利蕩悍者常危害材慤謂材性原慤也蕩悍已解於修身篇○注中曰材疑當作朴字之誤也朴

孫鑛曰排而率
王納諫曰離合出入
姿態橫生
卋

（慤愿與蕩悍、安利與危害、樂易與幽險、壽長與夭折皆對文。王念孫曰：《大戴記·王言篇》「士信民敦，工璞商慤，女憧婦空空」，《家語》作「士信民敦而俗樸（樸與璞並通），男慤而女貞」。王肅云：「樸慤，愿貌。」）安利者常樂易○危害者常憂險○（樂易，歡樂平易也，《詩》所謂愷悌者也。○王念孫曰：險以心言，非以境言。憂險猶憂危，謂中心憂危之也，故與樂易對文。下文「樂易者常壽長，憂險者常夭折」，亦以心言之也。《周語》云：「君子將險哀之不暇，而何樂易之有焉？」亦以險哀對樂易，說見《經義述聞·周語》。）樂易者常壽長○憂險者常夭折○是安危利害之常體也○（亦大率如此。）

夫天生蒸民○有所以取之○（言天生眾民，其君臣上下職業皆有取之道，非其道所以敗之也。○盧文弨曰：案注「取之道」當重一「之」字，「之也」之「字」衍。）志意致修○德行致厚○智慮致明○是天子之所以取天下也○（致，極也。言如此是乃天子之所以取天下之道也。）政令法○舉措時○聽斷公○（舉措時，謂興力役不奪農時也。○盧文弨曰：元刻首句作「政法令」，注首云「當作政令法，或曰政當爲正」，多十一字，今從宋本。）上則能順天子之命○下則能保百姓○是諸侯之所以取國家也○志行修○臨官治○上則能順上○下則能保其職○是士大夫之所以取田邑也。循法則度量刑辟圖籍，度尺丈量斗斛刑法之書左氏傳曰先王議事以制不爲刑辟圖謂模寫土地之形籍謂書其戶口之數也○盧文弨曰正文循元刻作修各本同今從宋本先謙案注刑法之書上當有刑辟二字不知其義，謹守其數，慎不敢損益也。若制所然父子相傳，以持王公。世傳法則所以保持王公言王公賴之以爲治者也○王念孫曰持猶奉也言官人百吏謹守其法則度量刑辟圖籍娊上父子相傳以奉王公也廣雅奉持也是持與奉同義楊以持爲保持未確是故三代雖亡，治法猶存，是官人百吏之所以取祿秩也。○先謙案君道篇云官人守數正論篇云官人以爲守注官人守職事之官也王霸篇注官人列官之人荀書每以官人百吏竝言猶周官所云府史胥徒之屬耳孝弟原愨，軥錄疾力，以敦比其事業，而不敢怠傲，是庶人之所以取煖衣飽食，長生久視，以免於刑戮也。軥與拘同拘錄謂自檢束也疾力謂速力而作也敦厚也比親也言不敢怠惰也○盧文弨曰淮南子主術訓人之性莫貴於仁莫急於智兩者爲本而加之以勇力辨慧捷疾劬錄正與此軥錄疾力語相似軥錄葢勞身苦體之意孝弟原愨以行言軥錄疾力以事言楊訓爲拘錄非也郝懿行曰原與愿同原愨皆訓謹也鞫與局同錄與逯同逯者行謹逯逯也鞫錄猶局促竝疊韻字也君道篇作拘錄王引之曰敦比皆治也魯頌閟宮箋云敦治也孟子公孫丑篇使虞敦匠事謂治匠事也比讀爲庀襄二十五年左傳子木使庀賦魯語子將庀季氏之政焉韋杜注竝云庀治也周官遂師庀其委積故書庀爲比鄭司農讀爲庀大司馬比軍衆比或作庀是庀與比通敦比其事業猶云治其事業耳彊國篇敦比於小事義與此同楊注以爲精審躬親亦失之

飾邪說。文姦言。

爲倚事。倚己解上倚事怪異之事

陶誕突盜。陶當爲檮杌之檮頑嚚之貌突淩突不順也或曰陶當爲逃隱匿其情也○郝懿行曰陶古讀如謠謠者毀也離騷云謠諑謂予以善淫陶誕卽謠諑謂好毀謗誇誕也突盜謂好侵突掇盜也每二字爲一義注似失之王念孫曰楊釋陶字之義未安余謂陶讀爲謟謟謟誕雙聲字謟亦誕也性惡篇曰其言也謟其行也悖謂其言誕也卽上所謂飾邪說文姦言也作陶者借字耳凡從舀從匋之字多相通小爾雅縚索也縚卽詩宵爾索綯之綯小雅菀柳篇上帝甚蹈一切經音義五引韓詩蹈作陶楚辭九章滔滔孟夏史記屈原傳作陶陶說文搯搯搯也一切經音義引通俗文曰搯出曰掏皆其證也彊國篇曰陶誕比周以爭與汙漫突盜以爭地陶誕突盜四字義竝與此同

惕悍憍暴。惕與蕩同○郝懿行曰憍卽驕字經典俱借驕爲憍耳此皆姦人邪說誠行之事

以偷生反側於亂世之閒。是姦人之所以取危辱死刑也。其慮之不深。

其擇之不謹其定取舍楛僈是其所以危也小人所以危亡由於計慮之失也楛惡也謂不堅固也材性知能君子小人一也好榮惡辱好利惡害是君子小人之所同也若其所以求之之道則異矣小人也者疾爲誕而欲人之信己也疾爲詐而欲人之親己也○王念孫曰疾猶力也言力爲誕力爲詐也上文云軥錄疾力以敦比其事業仲尼篇云疾力以申重之是疾與力同義臣道篇云事人而不順者不疾者也言事上不力也呂氏春秋尊師篇疾諷誦高注云疾力也禽獸之行而欲人之善己也慮之難知也行之難安也持之難立也慮之難知謂人難測其姦詐行之難安言易顛覆也持之難立謂難扶持之也○王念孫曰此言小人慮事不能知也蓋公生明私生暗小人之思慮不足以知事故曰慮之難知下文行之難安持之難立與此文同一例楊注難測其姦詐則與下二句不合成則必不得其所好必遇其所惡焉雖使姦詐得成亦必有禍無福○俞樾曰楊說非也尚書皋陶謨篇簫韶九成鄭注曰成猶終也古謂終爲成言終則必不得其所好必遇其所惡焉下文於君子曰成則必得其所好必不遇其所惡焉並以其終竟言之臣道篇曰

李攀龍曰味以淡而愈永

成於尊君安國彊國篇曰道德之威成乎安彊暴察之威成乎危弱狂妄之威成乎滅亡諸成字竝當訓終故君子者信矣而亦欲人之信己也忠矣而亦欲人之親己也修正治辨矣而亦欲人之善己也慮之易知也行之易安也持之易立也成則必得其所好必不遇其所惡焉是故窮則不隱通則大明不隱謂人不能隱蔽身死而名彌白白彰明也小人莫不延頸舉踵而願曰知慮材性固有以賢人矣願猶慕也賢人謂賢過於人也夫不知其與己無以異也則君子注錯之當而小人注錯之過也注錯謂所注意錯履也亦與措置義同也○王念孫曰楊後說得之注錯二字同義廣雅措錯置也措錯即注錯是注錯同訓爲置非注意錯履之謂也下文曰是注錯習俗之節異也又曰在注錯習俗之所積耳韉鞦雜灊眭擸𢾰文朮𢿌今儒效篇曰注錯習俗所以化性也又曰謹注錯愼習俗注錯二字皆上下平列故孰察小人之知能足以知其有餘可以爲君子之所爲也譬之越人安越楚人安楚君子安雅雅正也正而有美德者謂

之雅詩曰弁彼鷽斯歸飛提提鷽斯雅鳥也○盧文弨曰楊引詩之意當以提提爲安舒之貌與魏風好人提提之義同鄭注禮記檀弓吉事欲其折折爾云折折安舒貌詩云好人提提蓋折折與提提音義並同鳥之飛以安舒而得雅名故舉以爲況然亦太迂曲矣王引之曰雅讀爲夏夏謂中國也故與楚越對文儒效篇居楚而楚居越而越居夏而夏是其證古者夏雅二字互通故左傳齊大夫子雅韓子外儲說右篇作子夏楊云正而有美德謂之雅下詩曰非五字乃後人妄增非楊注原文則與上二句不對矣

是非知能材性然也。是注錯習俗之節異也。習俗謂所習風俗節限制之也○盧文弨曰注制下之字宋本有元刻無王念孫曰習俗雙聲字俗即是習非謂所習風俗也說文俗習也廣雅周官大司徒注曰俗謂土地所生習也性惡篇曰上不循於亂世之君下不俗於亂世之民不俗不習也楊注俗謂從其俗說誤又儒效篇習俗移志安久移質[illegible]大略篇曰政教習俗相順而後行史記秦始皇紀宣省習俗漢書食貨志同巧拙而合習俗習俗二字皆上下平列先謙案節異猶言適異也非謂節限制之節與適同義說見彊國篇

仁義德行，常安之術也，然而未必不危也。汙僈突盜，常危之術也，然而未必不安也。僈當爲漫漫亦汙也水冒物謂之漫莊子云北人無擇曰舜以其辱行汙漫我漫莫半反莊子又曰澶漫爲樂崔云淫衍也李云縱逸也

此与奇不佳惡之義類關連

一曰漫欺詛之也故君子道其常。而小人道其怪。道語也怪謂非常之事取以自比也○盧文弨曰元刻故下有曰字宋本無又曰道語下當有也怪二字文脫耳先謙案宋台州本有也怪二字謝本無今增入注凡人有所一同。飢而欲食。寒而欲煖。勞而欲息。好利而惡害。是人之所生而有也。是無待而然者也。是禹桀之所同也。目辨白黑美惡。耳辨音聲淸濁。口辨酸鹹甘苦。鼻辨芬芳腥臊。骨體膚理辨寒暑疾養。膚理肌膚之文理養與癢同是又人之所常生而有也。是無待而然者也。是禹桀之所同也。○先謙案常字以文義求之不當有上下文所生而有句竝無常字此常字緣上下文而衍可以爲堯禹。可以爲桀跖。可以爲工匠。可以爲農賈。在埶注錯習俗之所積耳。在所積習○先謙案埶字無義以上文言注錯習俗證之則埶字爲衍文是又人之所生而有也。是無待而然者也。是禹桀之所同也。○王念孫曰案此二十三字涉上文而衍下文爲堯禹則常安榮爲桀紂則常危辱云云與上文在注錯習俗之所積句緊相承接若加此二十三字則隔斷上下語脈故知爲衍文爲堯禹則常安榮爲桀跖則常危辱爲堯禹則常愉佚爲工匠農賈則常煩勞然而人力爲此而寡爲彼○俞樾曰力乃多字之誤與寡對文成義下同何也曰陋也言人不爲彼堯禹而爲此桀跖由於性之固陋也堯禹者非生而具者也夫起於變故成乎修修之爲待盡而後備者也變故患難事故也言堯禹起於憂患成於修飾也於待盡物理然後乃能備之孟子曰天將降大任於是人也必先苦其心志勞其筋骨窮餓其體膚空乏其身行拂亂其所爲所以動心忍性增益其所不能也智生於憂患死於安樂爲于僞反○俞樾曰修之二字衍起於變故成乎修修爲二語相對成文下文曰非孰修修爲之君子莫之能知也正以修爲二字連文可證人之生固小人○先謙案生性字通用此即性惡意無師無法則唯利之見耳人之生固小人又以遇亂世得亂俗是以小重小也以亂得亂也君子非得埶以臨之則無由得開內焉開小人之心而內善道也今是人之口腹安知禮義安知辭讓安知廉恥隅積言口腹無

所知隅一隅謂其分也積積習○王念孫曰今是猶言今夫也說見釋詞是字下先謙案楊釋隅積之義未晰隅積與禮義辭讓廉恥相配爲文皆人所不可不知者隅道之分見者也積道之貫通者也解蔽篇云道者體常而盡變一隅不足以舉之曲知之人觀於道之一隅以爲足而飾之惟孔子不蔽於成積此即隅積之義天論篇云萬物爲道一偏一物爲萬物一偏愚者爲一物一偏而自以爲知道無知也荀子因時人蔽於一偏肆爲曲說故作解蔽以明之此以隅積與禮義辭讓廉恥並舉亦其義也

亦呥呥而噍鄉鄉而飽已矣○呥呥噍貌如鹽反噍嚼也才笑反鄉鄉趨飲食貌許亮反○先謙案楊讀鄉爲向故訓爲趨飲食貌但呥呥是噍貌則鄉鄉當是飽貌若解爲趨飲食貌文義不一律且趨飲食反在噍嚼之後未免倒置楊說非也鄉當爲薌之消薌亦香字也重言之則曰鄉鄉猶美之爲美美漢鐃歌上陵苾苾芬芬之爲苾苾芬芬[illegible][illegible]正飽食甘美意

人無師無法○則其心正其口腹也○人不學則心正如口腹之欲也今使人生而未嘗睹芻豢稻粱也○惟菽藿糟糠之爲睹○則以至足爲在此也○俄而粲然有秉芻豢稻粱而至者○則瞲然視之曰○此何怪也○粲然精絜貌牛羊曰芻犬豕曰豢豢圈也以穀食於圈中瞲然驚視貌與獝同禮記曰故鳥不獝許聿反○盧文弨

曰宋本注作與賊狘同禮記曰故鳥不狘許聿反賊或爲狘與元刻微異彼臭之而無嗛於鼻臭許又反嗛當爲慊厭也苦廉反或下忝反○盧文弨曰案下忝元刻作胡簟郝懿行曰臭今作嗅嗛不足也與歉同言嗅之而無歉於鼻與嘗之而甘於口句相儷王念孫曰臭之而無嗛於鼻無衍字也嗛苦簟反快也莊子盗跖篇口嗛於芻豢醪醴之味趙策曰衣服之便於體膳啗之嗛於口魏策曰齊桓公夜半不嗛易牙乃煎熬燔炙和調五味而進之高注嗛快也臭之而嗛於鼻嘗之而甘於口食之而安於體三句文同一例若嗛上有無字則與下文不合矣楊讀嗛爲慊而訓爲厭失之汪說同先謙案王說較長嘗之而甘於口食之而安於體。則莫不弃此而取彼矣。今以夫先王之道仁義之統。以相羣居。以相持養。以相藩飾。以相安固邪。持養保養也藩飾藩蔽文飾也以夫桀跖之道○先謙案鄉射禮鄭注以猶與也是其爲相縣也。幾直夫芻豢稻粱之縣糟糠爾哉。言以先王之道與桀跖相縣豈止糟糠比芻豢哉幾讀爲豈下同然而人力爲此而寡爲彼何也。曰陋也。陋也者。天下之公患也。公共有此患也人之大殃大害也。故曰。仁者好告示人。○王念孫曰人者人與仁同說見脩身篇愛人下先謙案各本皆作仁者與王所見本異告之、示之、靡之、儇之、鉛之、重之。靡順從也儇疾也火緣反靡之儇之猶言緩之急之也鉛與沿同循也撫循之中重之也○王引之曰楊說非也靡之儇之郎賈子所云服習積貫也儒效篇曰居楚而楚居越而越居夏而夏是非天性也積靡使然也楊注靡順也順其積習故能然非是故人相謹注錯慎習俗大積靡則爲君子矣性惡篇曰身日進於仁義而不自知者靡使然也方言曰還積也還與儇聲近而義同是靡之儇之皆積貫之意也則夫塞者俄且通也。陋者俄且僩也。愚者俄且知也。僩與憪同猛也方言云晉魏之間謂猛爲憪陋者俄且僩言鄙陋之人俄且矜莊有威儀也詩曰瑟兮僩兮鄭云僩寬大也下板反○盧文弨曰注憪字宋本作僩今從元刻與方言合案此注說頗歧出竊疑僩當爲嫺雅之義賈誼書傳職篇云明僩雅以道之文又道術篇云容志審道謂之僩反僩爲野此以僩與陋相對義亦合又曰注陋者俄且僩之上當本有或曰二字郝懿行曰注前說謬後說引詩瑟兮僩兮鄭云僩寬大也此說是矣盧疑僩當爲嫺雅之義引賈誼書傳職篇文義亦相近而非本義今詳賈子之僩爲假借荀子之僩爲本義何以明之陋爲陝隘僩爲寬大故以僩陋相儷證以修身篇云多聞曰博少聞曰淺多見曰閑少見曰陋又以閑陋相儷閑亦僩之段借閑謂寬閑郎僩訓寬大之義楊注訓爲閑習亦非王念孫曰盧說是也修身篇多見曰閑少見曰陋閑與陋對文是

孫鑛曰此又淌水之洸

臣補曰語之真切

馬理曰借客形主

不磨之論

孫鑛曰气勢亦勁

其證僩閑古字同耳楊後說以僩爲寬大近之[illegible]是若不行。則湯武在上曷益。桀紂在上曷損。若不行告示之道則湯武紂益於天下桀紂何損於百姓所以貴湯武賤桀紂以行與不行耳○王念孫曰是若不行是字承上文告之示之四句而言言民從告示故湯武在上則治桀紂在上則亂若民不從告示則湯武在上何益桀紂在上亦何損乎楊注失之湯武存。則天下從而治。桀紂存。則天下從而亂。如是者。豈非人之情固可與如此。可與如彼也哉。○王念孫曰豈本作幾古豈字也今作豈者後人不識古字而改之耳案上文幾直夫芻豢稻粱之縣糟糠爾哉注云幾亦讀爲豈下同下文幾不甚善矣哉注云幾亦讀爲豈後注既言幾亦讀爲豈則前注不須更言下同所謂下同者正指此幾字而言今改幾爲豈則前注所謂下同者竟不知何指矣

人之情。食欲有芻豢。衣欲有文繡。行欲有輿馬。又欲夫餘財蓄積之富也。皆人之所貴也然而窮年累世。不知不足。是人之情也。不知不足當爲不知足剩不字或曰不足猶不得也今人之生也。方知蓄雞狗猪彘。○盧文弨曰注文方

本作
紛作
理知
長慮顧後而取

鼎顧臣曰一喻一意幾及百言彼以意盡為快不以簡妙為工

知元刻作方多郝懿行曰說文豕三毛叢居謂之豬後蹏廢謂之豨是豬豨異故此分別言之又蓄牛羊然而食不敢有酒肉。餘刀布有囷窌。刀布皆錢也刀取其利布取其廣囷廩也圓曰囷方曰廩窌窖也地藏曰窖窌匹貌反然而衣不敢有絲帛。約者有筐篋之藏。然而行不敢有輿馬。約儉嗇也筐篋藏布帛者也言又富於餘刀布也。俞樾曰楊注曰約儉嗇也既云儉嗇則不敢有輿馬固無足怪不必更用然而字作轉矣楊注非也淮南子主術篇所守甚約高注曰約要也漢書禮樂志洽本約師古曰約讀曰要是約與要一聲之轉古亦通用約者猶云要者孝經先王有至德要道疏引殷仲文曰以一管衆爲要蓋物之藏於筐篋者必是貴重之物觀上文所云餘刀布有囷窌爲尤要矣故特以要者言之非儉嗇之謂也是何也。非不欲也。幾不長慮顧後。而恐無以繼之故也。○王念孫曰案非不欲也二句文意緊相承接中不當有幾不二字蓋涉下文幾不甚善而衍[illegible]於是又節用御欲。御制也或作禦禦止也收斂蓄藏以繼之也。是於己長慮顧後。幾不甚善矣哉。幾亦讀爲豈今夫偷生淺知之屬。曾此而不知也。偷者苟且也糧食大侈。不顧其張之象曰：歸結正文義之統，收斂有神。

後。俄則屈安窮矣。大讀爲太。屈，竭也。安，語助也。猶言屈然窮矣。安已解上也。○盧文弨曰：正文大，宋本作太，無大讀爲太四字注，今從元刻。是其所以不免於凍餓，操瓢囊爲溝壑中瘠者也。乞食羸瘦，於溝壑者言不知久遠生業，故至於此也。○王念孫曰：瘠讀爲掩骼埋胔之胔。露骨曰骼，有肉曰胔。胔、䠧、胑同。言凍餒而轉死於溝壑，故曰爲溝壑中胔。作瘠者，借字耳。楊以瘠爲羸瘦，失之。況夫先王之道，仁義之統，詩書禮樂之分乎。爲生業尚不能知，況能知其遠大者。分，制也。扶問反。彼固天下之大慮也。將爲天下生民之屬長慮顧後，而保萬世也。其㳌長矣。其溫厚矣。其功盛姚遠矣。㳌，古流字。溫猶足也。言先王之道於生人，其爲溫足也亦厚矣。姚與遙同。言功業之盛，甚長遠也。○郝懿行曰：溫與蘊同。蘊者，積也。左傳蘊利生孽。經典通作蘊，此作溫，皆叚借耳。如禮器云溫之至也，溫讀爲蘊，亦其例。楊注非。王引之曰：楊讀盛爲茂盛之盛，非也。盛讀爲成。成亦功也。言其功甚遠也。成與盛古同聲而通用。說卦傳：終萬物始萬物者莫盛乎艮，言莫成乎艮也。呂氏春秋悔過篇：我行數千里以襲人，未至而人已先知之矣，此其備必已盛矣。言其備已成也。

一云蜀綆孫、

方孟儒曰文勢亦宕

辭傳成象之謂乾蜀才本成作盛左氏春秋莊八年師及齊師圍郕公羊郕作成隱五年十年文十二年竝作盛秦策今王使成橋守事於韓史記春申君傳成作盛封禪書七曰日主祠成山漢書郊祀志成作盛皆其證也王霸篇曰論一相陳一法明一指以兼覆之兼炤之以觀其盛言觀其成也楊注讀爲盛臣道篇曰明主尚賢使能而饗其盛闇主妬賢畏能而滅其功盛讀爲成成亦功也楊注讀盛大失之故說苑臣術篇作上賢使能而享其功正名篇曰心憂恐則口銜芻豢而不知其味耳聽鐘鼓而不知其聲目視黼黻而不知其狀輕煖平簟而體不知其安故嚮萬物之美而盛憂兼萬物之利而盛害言美反成憂利反成害也

非孰修爲之君子。莫之能知也。孰甚也甚修飾作爲之君子也○王念孫曰禮論篇曰非順孰修爲之君子莫之能知也楊彼注云順從也孰精也修治也爲作也此文脫順字楊望文生義當從禮論篇補順字故曰

短綆不可以汲深井之泉。知不幾者。不可與及聖人之言。綆索也幾近也謂不近於君也夫詩書禮樂之分。固非庸人之所知也。故曰。一之而可再也。既知一則務知二有之而可久也。不可中道而廢廣之而可通也。知禮樂廣博則於事可通慮之而可安也。思慮禮樂則無危懼反鈆察之而愈可好也。鈆與沿同

先王仁义能富溪胡矣
可以修辞敬畏

循也既知禮樂之後卻循察之愈可好而不厭愈音愈○先謙案楊反字無注而以卻字代釋之非也反者反復也反鉛察之者反復沿循而察之禮論篇則必反鉛過故鄉反鉛二字義與此同非十二子篇反紃察之注云紃與循同又云反覆紃察其義當矣 **以治情則利。** 利益也禮記曰聖人之所以治人七情修十義捨禮何以治之 **以爲名則榮。以羣則和。以獨則足。** 知詩書禮樂羣居則和同獨處則自足也 **樂意者其是邪。** 樂意莫過於此○王念孫曰此當讀以獨則足樂爲句言獨居而說禮樂敦詩書則致足樂也以羣則和以獨則足樂樂與和義正相承則樂字上屬爲句明矣意者其是邪自爲一句意者語詞也其是邪指詩書禮樂而言呂氏春秋重言篇曰日之役者有執蹠瘠而上視者意者其是邪句法正與此同先謙案呂覽文義與此不同此文若作意者其是邪爲懸擬之詞則上下文理不相貫注雖有呂覽句例不得取以爲比且上文以羣則和以獨則足句法一律語意亦完足若於足下加樂字反爲贅設仍當從楊注斷讀 **夫貴爲天子。富有天下。是人情之所同欲也。然則從人之欲。則埶不能容。物不能贍也。** ○王念孫曰案然則猶言然而也說見釋詞則字下先謙案從讀爲縱 **故先王案爲之制禮義以分之。** 以禮義分別上下也 **使有貴賤之等。**

與孔語相同
必從生產消費互
相關劑

孫鑛曰盡字好
王納諫曰古色蒼
然

長幼之差。知愚能不能之分。○謝本從盧校知下有賢字王念孫曰元刻無賢字是也知讀爲智智對愚能對不能則不得有賢字明矣下文以仁厚知能盡官職知能二字正與此相應是其證宋本有賢字者蓋誤讀知爲知識之知故於愚上加賢字而以爲知賢愚能不能之分也不知使有二字直貫至智愚能不能之分而止若讀知爲知識之知則與使有二字不相聯屬矣先謙案王說是今改從元刻皆使人載其事。而各得其宜。載行也任之也然後使愨祿多少厚薄之稱。愨實也謂實其祿使當其才稱尺證反○郝懿行曰載如大車以載之載載猶任也愨者謹也謹謂謹其多少厚薄之數使祿各稱其事不失均平楊注載行愨實古無此訓載其事二語又見君道篇俞樾曰愨當作穀孟子滕文公篇穀祿不平趙注曰穀所以爲祿也此文言穀祿正與彼同作愨者聲之誤也楊以本字讀之失其旨矣王霸篇曰心好利而穀祿莫厚焉此穀祿二字見於本書者先謙案俞說是是夫羣居和一之道也。故仁人在上。則農以力盡田。賈以察盡財。百工以巧盡械器。盡謂精於事察謂明其盈虛說文云有盛爲械無盛爲器士大夫以上。至於公侯莫不以仁厚知能盡官職。夫是之謂至平。各當其分雖貴賤不同然謂之至平也

此節論制自當
物之不齊物之情也
有賢愚貴賤必須
制中有出力者異
力用智者用智然
後輝里分稱而服
理得也

故或祿天下。而不自以爲多。謂爲天子以天下爲祿也或監門御旅。抱關擊柝而不自以爲寡。監門主門也御讀爲迓迓旅逆旅也抱關門卒也擊柝擊木所以警夜者皆知其分故雖賤而不以爲寡也故曰。斬而齊。枉而順。不同而一。夫是之謂人倫。舊有此語引以喻貴賤雖不同不以齊一然而要歸於治也斬而齊謂強斬之使齊若漢書之一切者枉而順雖枉曲不直然而歸於順也不同而一謂殊塗同歸也夫如此是人之倫理也○劉台拱曰斬讀如儳說文儳儳互不齊也周語冒沒輕儳韋注云儳進退上下無列也言多儳互不齊乃其所以爲齊也王念孫曰僖二十三年左傳鼓儳可也杜注儳巖未整陳義與此同儳而齊卽正名篇所謂差差然而齊先謙案劉王說是詩曰。受小共大共。爲下國駿蒙。此之謂也。詩殷頌長發之篇共執也駿大也蒙讀爲厖厚也今詩作駿厖言湯執小玉大玉大厚於下國言下皆賴其德也○先謙案厖作蒙魯詩也方言秦晉之間凡大貌謂之朦或謂之龐明厖蒙聲近通用

荀子卷第二

荀子講人為故反对天然物以相之作

此篇可與天論篇參看

荀子卷第三

唐登仕郎守大理評事楊　倞　注

臣　王先謙集解

非相篇第五

相視也視其骨狀以知吉凶貴賤也妄誕者多以此惑世時人或矜其狀貌而忽於務實故荀卿作此篇非之漢書形法家有相人二十四卷○盧文弨曰形法宋本作刑法又二十四卷作二十四篇雖皆可通今從元刻以與漢志合故也

相人古之人無有也學者不道也。道說○王念孫曰元刻相下無人字宋龔本同案無人字者是此謂古無相術非謂古無相人也謂學者不道相術非謂不道相人也下文云長短小大善惡形相古之人無有也學者不道也是其證宋本作相人者涉下相人之形狀而誤先謙案有相人即有相術王說似泥下云古者有姑布子卿是古明有相術相人矣荀子以爲無有者世俗所稱學者不道故雖有直以爲無有耳因當時崇尚儒者惑焉故極論之古者有姑布子卿○姑布姓子卿名相趙襄子者或本無姑字今之世○梁有唐舉○相李兌蔡澤者相人

荀墨二氏皆主人爲而實不同墨子講天志賞善罰惡天志上帝也荀子講好利惡害故一信天一不信天

術方法也

王納諫曰複出愈君

孫鏞曰或詳或略全以無意出之而奇气橫溢自是動人

之形狀顏色而知其吉凶妖祥世俗稱之古之人無有也學者不不道也（再三言者深非之也）故相形不如論心論心不如擇術（術道術也）形不勝心心不勝術術正而心順之則形相雖惡而心術善無害爲君子也形相雖善而心術惡無害爲小人也君子之謂吉小人之謂凶故長短小大善惡形相非吉凶也古之人無有也學者不道也蓋帝堯長帝舜短文王長周公短仲尼長子弓短（子弓蓋仲弓也言子者著其爲師也漢書儒林傳馯臂字子弓江東人受易者也然馯臂傳易之外更無所聞荀卿論說常與仲尼相配必非馯臂也馯音寒○俞樾曰楊注子弓蓋仲弓是也又曰言子者著其爲師也則恐不然仲弓稱子弓猶季路稱子路耳子路也子弓也其字也曰季曰仲至五十而加以伯仲也）昔者衞靈公有臣曰公孫呂身長七尺面長三尺（句）焉廣三寸鼻目耳具而名動天下（面長三尺廣三寸言其狹而長甚也鼻目耳雖皆具而相去疏遠所以爲異名動天下言天下皆知其賢或曰狹長如此不近人情恐文句訛脫也）

○盧文弨曰案焉字古多以爲發聲如周禮焉使則介之淮南子天子焉始乘舟是也荀書或用焉或用案或用安字異語同皆以爲發聲

楚之孫叔敖。期思之鄙人也。杜元凱云期思楚邑名今弋陽期思縣鄙人郊野之人也突禿長左。軒較之下。而以楚霸。突謂短髮可凌突人者故莊子說趙劍士蓬頭突鬢長左左腳長也軒較之下而以楚霸言修文德不勞甲兵遠征伐也說文云軒曲輈也鄭注考工記云較兩輢上出式者詩曰倚重較兮○盧文弨曰今毛詩本倚誤作猗正義則云倚此重較之車則本作倚字宋本足利本皆不誤

葉公子高。微小短瘠。行若將不勝其衣。葉公楚大夫沈尹戌之子食邑於葉名諸梁字子高楚僭稱王其大夫稱公白公亦是也微細也葉音攝○郝懿行曰白公之亂子高入國門不介冑蓋由微小短瘠行不勝衣故耳然白公之亂也。令尹子西。司馬子期。皆死焉。白公楚太子建之子平王之孫子西楚平王長庶子公子申子期亦平王子公子結葉公子高入據楚。誅白公。定楚國如反手爾。仁義功名善於後世。○王引之曰善字文義不明疑著字之譌隸書著字或作著形與善相似[illegible]祜著本作○俞樾曰善乃蓋字之誤隸書蓋字或作盖見北海相景君銘善字或作善見張遷碑兩形相似而誤

故事不

錢欑曰各以三字寫生如對其人

揣長，不揳大，不權輕重，亦將志乎爾。揳與絜同約也謂約計其大小也絜戶結反莊子匠石見櫟社樹絜之百圍權稱也輕重體之輕重也言不論形狀長短大小肥瘠唯在志意修飭耳○盧文弨曰案注以志意二字訓志字增一字成文耳宋本作亦將志乎心爾心字衍先謙案廣雅釋言將且也此承上文言古之聞人不以相論故事不揣絜長大輕重亦且有志於彼數聖賢也楊注非長短、小大、美惡形相，豈論也哉。且徐偃王之狀，目可瞻馬。徐國名僭稱王其狀偃仰而不能俯故謂之偃王周穆王使楚誅之瞻馬言不能俯視細物遠望纔見馬尸子曰徐偃王有筋而無骨也○盧文弨曰馬元刻作焉注同今按楊注正謂不能見小物而但見馬耳可者僅可之詞瞻說文云臨視也莊子云不辨牛馬今從宋本仲尼之狀，面如蒙倛。倛方相也其首蒙茸然故曰蒙倛子虛賦曰蒙公先驅韓侍郎云四目為方相兩目為倛倛音欺慎子曰毛嬙西施天下之至姣也衣之以皮倛則見之者皆走也周公之狀，身如斷菑。爾雅云木立死曰椔椔與菑同○郝懿行曰皇矣詩傳木立死曰菑菑者植立之貌周公背傴或曰韈僂其形曲折不能直立故身如斷菑矣皋陶之狀，色如削瓜。如削皮之瓜青綠色閎夭之狀，面無見膚。閎夭文王臣在十亂之中言多鬢髯蔽其膚也○盧文弨曰注鬢一作鬚傅說之狀，身如植鰭。植立也，如魚之立也。○郝懿行曰：鰭在魚之背，立而上見，駝背人似之。然則傅說亦背僂歟。伊尹之狀，面無須麋。麋與眉同。禹跳，湯偏。尸子曰：禹之勞，十年不窺其家，手不爪，脛不生毛，偏枯之病，步不相過，人曰禹步。鄭注尚書大傳：湯半體枯。呂氏春秋曰：禹通水濬川，顏色黎黑，步不相過。堯舜參牟子。牟與眸同。參眸子，謂有二瞳之相參也。史記曰：舜目重瞳。重瞳蓋堯亦然。尸子曰：舜兩眸子，是謂重明，作事成法，出言成章。當時傳聞，今書傳亦難盡詳究所出也。從者將論志意，比類文學邪？直將差長短，辨美惡，而相欺傲邪？從者，荀卿門人。問將論志意文學邪，但以好醜相欺傲也。○盧文弨曰：從者猶言學者，注非。古者桀紂長巨姣美，天下之傑也；筋力越勁，百人之敵也。姣，好也。倍萬人曰傑。越，過人也。勁，勇也。○王念孫曰：案如楊說，則越勁二字義不相屬。今案越者，輕也，言筋力輕勁也。說文云：趫，輕勁有材力，是也。越字本作娍，說文曰：娍，輕也。孅同。玉篇音于厥切。娍與越古字通。呂氏春秋本味篇注曰：越越，輕易之貌。緇衣引大甲曰：毋越厥命以自覆。言毋輕發厥令以自傾覆也。鄭注以越爲顚蹷，是說見經義述聞。非。說文：跋，輕足也。義亦與越同。然而身死國亡，爲天下大僇，後世言惡則必稽焉。僇與戮同。稽，考也。後世言

孫鏘曰此段全用韻

惡必考桀紂爲證也○盧文弨曰稽止也此卽天下之惡皆歸焉之意稽猶歸也注非是郝懿行曰稽者同也後世凡言惡者比之桀紂是與之同楊訓稽考疏矣正論篇句義同先謙案王霸篇正論篇文與此同楊並訓稽爲考儒效篇是大儒之徵也又云是大儒之稽也楊注徵驗也稽攷也稽徵對文義當訓考卽尚書稽古之義荀書它篇用稽字亦無二義當從楊說是非容貌之患也。聞見之不衆。論議之卑爾。亦非以容貌害身言美惡皆非所患但以聞見不廣論議不高故致禍耳今世俗之亂君。鄉曲之儇子。方言云儇疾也慧也與喜而翾義同輕薄巧慧之子也儇火玄反○俞樾曰按下文云中君羞以爲臣則此不應言君且與婦人莫不願得以爲夫處女莫不願得以爲士及求乎有司幾乎大市諸語皆不合疑本作世俗之亂民傳寫誤耳莫不美麗姚冶。奇衣婦飾。血氣態度。擬於女子。說文曰姚美好貌冶妖奇衣珍異之衣婦飾謂如婦人之飾言輕細也擬於女子言柔弱便辟也婦人莫不願得以爲夫。處女莫不願得以爲士。士者未娶妻之稱易曰老婦得其士夫○郝懿行曰女士對言如詩之氓易之大過皆是古以士女爲未嫁娶之稱棄其親家而欲奔之者。比肩並起。然而中君羞以爲臣。中父羞以爲子。中

錢檟曰五湖
王紳陳曰三必窮叙
致較宕
此節與榮辱篇爲反
與修身之同

兄羞以爲弟。中人羞以爲友。不必上智皆知惡也俄則束乎有司而戮乎大市。犯刑罰爲有司所束縛也莫不呼天啼哭苦傷其。今而後悔其始。苦傷今之刑戮悔其始之所爲是非容貌之患也。聞見之不衆。論議之卑爾。然則從者將孰可也。問從者形相與志意孰爲益乎○盧文弨曰非相篇當止於此下文所論較大並與相人無與疑是榮辱篇錯簡於此先謙案謝本衆下有而字案文不當有今從宋台州本删

人有三不祥。幼而不肯事長。賤而不肯事貴。不肖而不肯事賢。是人之三不祥也。言必有禍災也人有三必窮。爲上則不能愛下。爲下則好非其上。是人之一必窮也。鄉則不若。偝則謾之。是人之二必窮也。鄉讀爲向若如也謾欺毀也莫干反○先謙案若順也向則不順背又謾之故必窮下文方言與人相縣則此若字不得訓爲如楊注非知行淺薄。曲直有以相縣矣。然而仁人不能推。知士不能明。是人之三必窮也。曲直猶能不也言智慮德行至淺薄其能不與人又相縣遠不能推

世德堂本作見晛聿
消莫肯下遺式居婁
驕

讓明白之言不知己之不及也知音智行下孟反縣讀爲懸○王念孫曰曲直有䫉又以相縣矣呂錢本並如是元刻脫相字盧依元刻刪相字非楊以明爲明白非也明者尊也言不能尊智士也仁人不能推智士不能明明與推皆尊崇之謂也古者多謂尊爲明禮運故君者所明也非明人者也大傳庶子不祭明其宗也鄭注並曰明猶尊也祭義明命鬼神鄭注曰明命猶尊名也晉語曰晉公子可謂賢矣而君蔑之是不明賢也管子牧民篇曰明鬼神祗山川墨子明鬼篇曰鬼神不可不尊明也皆其證矣先謙案王說有相字是今從宋本補正

人有此三數行者。○王引之曰三數行文不成義當作有此數行數行謂上文之三不祥與三必窮也其三字卽涉上文而衍

以爲上則必危。爲下則必滅。詩曰。雨雪瀌瀌。宴然聿消。莫肯下隧。式居屢驕。此之謂也。詩小雅角弓之篇今詩作見晛曰消作宴然益聲之誤耳晛日氣也隧讀爲隨屢讀爲婁婁斂也言雨雪瀌瀌然見日氣而自消喻欲爲善則惡自消矣幽王曾莫肯下隨於人用此居處斂其驕慢之過也○郝懿行曰毛詩本出荀卿荀所引詩多與毛合毛詩見晛曰消韓詩曣晛聿消毛云晛日氣也韓云曣晛日出也二說義相成廣雅釋詁曣晛煗也段氏玉裁說文注云荀卿引詩作宴然卽曣晛也宴晏曣古通用玉篇曰曣同晛如段氏說然則毛詩見晛之見應讀爲現現宴雙聲肰晛疊韻亦兼雙聲俱音近假借字耳聿曰二

孫鏞曰二达無毛亦傷大雅

字古亦假借通用荀引詩與韓毛本無不合也下隧毛作下遺古讀遺隧音同如旞字或作䆳見於說文可證矣隧與隊同隊墜古今字也下隧者以言小人莫肯降下引退如雪宴肰消藏方用居位而數以驕人也屢當作婁婁者亟也數也毛詩傳自荀卿今推荀義以補毛傳義或當然鄭箋遺讀曰隨婁斂也與毛異不當援以注荀楊注失檢先謙案此詩毛作見晛韓作曣晛魯作宴然宴然曣晛之渻文宴燕古文通用字廣雅曣晛煗也正用魯訓漢書劉向傳引詩雨雪麃麃見晛聿消顏注見無雲也晛日氣也案見不得訓爲無雲據說文曣姓無雲也晛日見也依顏注是劉向引詩見正作晉顏所見本不誤後人妄改作見耳向用魯詩尤可證合玉篇廣韻皆云晛曣二形同韓之曣晛即魯之曣晛耳麃瀌渻文屢婁古今文之異荀子傳詩浮邱伯伯傳申公爲魯詩之祖荀書引詩異毛者皆三家義而郝氏强爲毛傳合失之遠矣餘詳余所撰三家詩義疏不復出

人之所以爲人者何已也。已與以同問何以謂之人而貴於禽獸也曰以其有辨也。辨別也飢而欲食。寒而欲煖。勞而欲息。好利而惡害。是人之所生而有也。是無待而然者也。不待學而知也是禹桀之所同也。然則人之所以爲人者非特以二足而無毛也。以其有辨也。今夫狌狌形

欺本性
辨人即知

笑。亦二足而毛也。狌狌獸似人而能言出交阯形笑者能言笑也。郝懿行曰狌狌人形言笑如人亦二足惟有毛爲異耳兪樾曰形笑二字甚爲不詞注云形笑者能言笑也望文生義未足爲據笑疑當作狀傳寫者失爿旁但存犬字而俗書笑字亦或從犬後人以形犬二字難通因猩猩能笑遂改作笑字耳毛上當有無字上文云然則人之所以爲人者非特二足無毛也下文云故人之所以爲人者非特以其二足而無毛也則此文亦當作無毛明矣先謙案狌狌卽猩猩宋羅願爾雅翼說猩猩云其狀皆如人與狒狒不甚相遠荀卿曰今夫猩猩形相二足無毛也既言二足而又言無毛則去人不遠矣據此宋人所見荀子本形笑作形相而毛作無毛李時珍本草綱目言猩猩黃毛如猨白耳如豕人面人足長髮頭顔端正是猩猩身非無毛其面如人無毛耳李又引荀子言猩猩能言笑[illegible][illegible]二足無毛是李所見荀子已作笑字而云無毛則同此文當作無毛兪說是也自來說狌狌者謂其能言能嘑無謂其能笑者能笑迺狒狒食人之物也疑注形笑者七字後人據誤本荀子加之非楊氏元文荀子固不當云狌狌笑也然而君子啜其羹、食其胾。胾臠也禽獸無辨故賤而食之胾側吏反故人之所以爲人者。非特以其二足而無毛也。以其有辨也。夫禽獸有父子。而無父子之親。有牝牡。而無男女之別。

言禮則有師法
姚姬傳云息字為句
孫鏞曰節族即節湊注誤

故人道莫不有辨。辨莫大於分。有上下親疏之分也。分莫大於禮。分生於有禮也。禮莫大於聖王。聖王制禮者，言其人存其政舉。聖王有百，吾孰法焉。問聖王至多，誰可為法也。故曰：文久而息，節族久而絕。文，禮文。節，制度也。言禮文久則制度滅息，節奏久則廢也。○盧文弨曰：注節奏，宋本作宗族。案楊以節奏訓族字，與以制度訓節字無涉，今從元刻。郝懿行曰：族者，聚也，湊也。湊與奏古今字。漢律志：族，奏也。是其義也。奏湊族族並聲義同，然則節族即節奏矣，楊注是也。王念孫曰：故，衍字。自曰文久而息以下，皆與上文聖王有百，吾孰法焉二句自相問荅，則曰上不當有故字明矣，蓋涉下文三故曰而衍。下文曰：是以文久而滅，節族久而絕。滅與絕爲韻，則此亦當然，今本滅作息，則失其韻矣。息字蓋涉注文滅息而誤。守法數之有司，極禮而褫。褫，解也。有司世世相承，守禮之法數，至於極久，亦下脫也。易曰：或錫之鞶帶，終朝三褫之。言此者，以喻久遠難詳，不如隨時與治。褫，直吏反。○劉台拱曰：極，疲極也。王念孫曰：褫之言弛也，言疲於禮而廢弛也。俞樾曰：極禮而褫文不可通，疑禮字衍文也。極而褫三字爲句，上云文久而息，節族久而絕，此云極而褫，正與久而息、久而絕一律。楊注曰：褫，解也。有司世世相承，守禮之法數，至於極久，亦下脫也。是楊氏所見本尚未衍禮字，故云至於極久亦下脫，是極下無禮字也。所云守禮之法數者，此禮字乃楊氏增出以解法數之誼非正文有禮字也今作極禮而褫郎因注文而衍先謙案俞說是也法郎禮也法數郎禮數也守法數之有司郎榮辱篇所謂不知其義謹守其數之官人百吏也極下自不當有禮字

故曰欲觀聖王之跡則於其粲然者矣後王是也後王近時之王也粲然明白之貌言近世明王之法則是聖王之跡也夫禮法所興以救當世之急故隨時設教不必拘於舊聞而時人以爲君必用堯舜之道臣必行禹稷之術然後可斯惑也孔子曰殷因於夏禮所損益可知也故荀卿深陳以後王爲法審其所貴君子焉司馬遷曰法後王者以其近己而俗相類議卑而易行也○劉台拱曰後王謂文武也楊注非汪中曰史記引法後王蓋如賦詩之斷章耳此注承其誤名爲解荀子而實汨之王念孫曰後王二字本篇一見不苟篇一見儒效篇二見王制篇一見正名篇三見成相篇一見皆指文武而言楊注皆誤俞樾曰劉汪王三君之說皆有意爲荀子補弊扶偏而實非其雅意也據下文云彼後王者天下之君也舍後王而道上古譬之是猶舍己之君而事人之君也然則荀子生於周末以文武爲後王可也若漢人則必以漢高祖爲後王唐人則必以唐太祖太宗爲後王設於漢唐之世而言三代之制是所謂舍己之君而事人之君矣豈其必以文武爲後王乎蓋孟子言法先王而荀子言法後王亦猶孟子言性善而荀子言性惡各成其是初不相謀比而同之斯惑矣呂氏春秋察今篇曰

此荀子相世法與西政刑同法家言韓非所本說後王

上胡不法先王之治非不賢也爲其不可得而法又曰世易時移變法宜矣譬之若良醫病萬變藥亦萬變病變而藥不變鄉之壽民今爲殤子矣蓋當時之論固多如此其後李斯相秦廢先王之法一用秦制後人遂以爲荀卿罪不知此固時爲之也後人不達此義於數千年後欲胥先王之道而復之而卒不可復吾恐其適爲秦人笑矣。彼後王者，天下之君也。舍後王而道上古，譬之是猶舍己之君而事人之君也。故曰：欲觀千歲，則數今日。○盧文弨曰數字從宋本俗本亦作審 欲知億萬，則審一二。欲知上世，則審周道。欲知周道，則審其人所貴君子。謂己之君也審謂詳觀其道也○劉台拱曰案其人荀卿自謂也所貴君子其人之所宗仰若仲尼子弓也 故曰：以近知遠，以一知萬，以微知明。此之謂也。

夫妄人曰：古今異情，其以治亂者異道，而衆人惑焉。○謝本從盧校作以其治亂者異道王念孫曰此文本作其所以治亂者異道謂古今之所以治亂者其道不同也呂錢本以其作其以而脫去所字盧本又誤作以其則義不可通韓詩外傳正作其所以治亂異道先謙案王說是今改從呂錢本作其以 彼衆人

王納諫曰精明果決

此類推法與演繹所謂此心同此理同則有虛實之分焉師法之荀子講經驗歷史傳道觀

者。愚而無說。陋而無度者也。言其愚陋而不能辨說測度度大各反下同其所見焉。猶可欺也。而況於千世之傳也。傳傳聞也妄人者。門庭之閒。猶可誣欺也。而況於千世之上乎。○俞樾曰可字衍文涉上文猶可欺也而衍誣乃挾字之誤挾字右旁之夾與巫相似故誤也上言眾人乃受欺者此言妄人乃欺人者若云猶可誣欺則與眾人之可欺者同矣且誣欺二字連文亦爲不倫韓詩外傳作彼詐人者門庭之間猶挾欺而況乎千歲之上乎可據以訂正聖人何以不欺。曰。聖人者。以己度者也。以己意度古人之意故人不能欺亦不欺人也。○王念孫曰不欺當作不可欺聖人不可欺正對上文眾人可欺而言下文鄉乎邪曲而不迷云云正所謂聖人不可欺也今本脫可字則失其義矣楊注云人不能欺亦不欺人則因所見本已脫可字故曲爲之說而不知與上下文不合也外傳正作不可欺故以人度人。以情度情。以今之人情度古之人情既云欲惡皆同豈其治亂有異以類度類。類種類謂若牛馬也以說度功。以言說度其功業也以道觀盡。以道觀盡物之理儒效篇曰涂之百姓積善而全盡謂之聖人也古今一度也。古今不殊盡可以此度彼安在其古今異情乎○王念孫曰古今一度也當作古今一也言自以人度人

荀子之不法先王重
後王蓋為此也

以下皆無古今之異故曰古今一也彊國篇治必由之古今一
也正論篇有擅國無擅天下古今一也君子篇故尊聖者王貴
賢者霸敬賢者存慢賢者亡古今一也文意竝與此同則一下
不當更有度字葢涉上數度字而衍楊注云古今不殊盡可以
此度彼則所見本已有度字外傳無類不悖雖久同理言種類不乖悖雖久而理同今之牛馬與古不殊何
至人而獨異哉故鄉乎邪曲而不迷觀乎雜物而不惑以此度之以測度之
道明之故向於邪曲不正之道而不迷雜物炫燿而不惑鄉讀爲向五帝之外無傳人外謂已前也無傳人
謂其人事跡後世無傳者非無賢人也久故也五帝之中無傳政非無善政
也久故也中間也五帝少昊顓頊高辛唐虞也禹湯有傳政而不若周之察也非
無善政也久故也傳者久則論略近則論詳略則舉大詳則舉
小略謂舉其大綱詳周備也○俞樾曰兩論字皆俞字之誤俞讀爲愈榮辱篇淸之而俞濁者口也參之而俞瘠者交也楊
注曰俞讀爲愈是也俞誤作侖因誤作論矣韓詩外傳正作久則愈略近則愈詳可據訂愚者聞其略而不
知其詳聞其詳而不知其大也惟聖賢乃能以略知詳以小知大也○王念孫曰聞其詳本作

先王即後王也

道家講無用不言辯而法家墨家則喜辯如墨子荀子是然荀子辯重在而墨子則只以荀墨言辯之良也

聞其小略與詳對小與大對據楊注云惟聖賢乃能以略知詳以小知大則本作聞其小而不知其大明矣今本小作詳涉上句詳字而誤外傳作聞其細不知其大細亦小也 是以文久而滅節族久而絕

凡言不合先王不順禮義謂之姦言雖辯君子不聽。公孫龍惠施鄧析之屬

法先王順禮義黨學者。黨親比也。郝懿行曰注云黨親比非也方言黨知也郭注黨朗也解悟貌此則黨爲曉了之意法先王順禮義出言可以曉悟學者非朋黨親比之義也俞樾曰方言曰黨曉哲知也楚謂之黨或曰曉齊宋之間謂之哲郭注曰黨黨朗也解寤貌然則黨學者猶言曉學者蓋法先王順禮義以曉學者也荀卿居楚久故楚言耳

然而不好言不樂言則必非誠士也。言講說也誠士謂王誠好善之士 故君子之於言也志好之行安之樂言之故君子必辯也。辯謂能談說王引之曰故君子之於言也言當爲善善字本作善脫其半而爲言又涉上下文言字而誤也志好之行安之樂言之三之字皆指善而言下文云凡人莫不好言其所善而君子爲甚融駒凡是其明證矣下文又云故君子之行仁也無厭志好之行安之樂言之故君子必辯訡[illegible]仁即所謂善也今本善作言則下文三之字皆義不可通

凡人莫不好言其

所善而君子爲甚。所善謂己所好尚也。故贈人以言重於金石珠玉，觀人以言美於黼黻文章，觀人以言謂使人觀其言。黼黻文章皆色之美者，白與黑謂之黼，黑與青謂之黻，青與赤謂之文，赤與白謂之章。○王念孫曰：案觀本作勸。勸人以言，謂以善言勸人也，故曰美於黼黻文章。若觀人以言，則何美之有？楊注云謂使人觀其言，則所見本已譌作觀。太平御覽人事部三十一所引亦然。藝文類聚人部十五正引作勸人以言。聽人以言樂於鍾鼓琴瑟。使人聽其言。○謝本從盧校作聽人以之言。王念孫曰：呂錢本竝作聽人以言，元刻以作之，而盧本從之。案此與上二句文同一例。聽人以言者，我言之而人聽之也。我言而人聽，則是我之以善及人也，故曰樂於鍾鼓琴瑟。若聽人之言，則何樂之有？此後人不曉文義而妄改之耳。據楊注云使人聽其言，則本作聽人以言矣。藝文類聚、太平御覽竝引作聽人以言。先謙案：王說是，今改從宋本。故君子之於言無厭。無厭倦也。鄙夫反是，好其實，不恤其文，但好其質而不知文飾，若墨子之屬也。是以終身不免埤汙傭俗。埤汙皆下也，謂鄙陋也。埤與庳同。豬水處謂之汙，亦地之下者也。庳音婢。汙，一孤反。故易曰：括囊無咎無譽，腐儒之謂也。腐儒如朽腐之物，無所用也。引易以喻不談說者。

孫鑛曰此乃說難所自出

孫鑛曰此又原毁所祖

凡說之難以至高遇至卑以至治接至亂以先王之至高至治之道說末世至卑至亂之君所以爲難也說音稅未可直至也遠舉則病繆近世則病傭未可直至言必在接引古今也遠舉上世之事則患繆妄下舉近世之事則患傭鄙也○俞樾曰世字當作舉下同遠舉近舉相對爲文楊注曰遠舉上世之事則患繆妄下舉近世之事則患傭鄙蓋因正文有兩舉字故注亦云然也不曰近舉下世而曰下舉近世者避不詞耳今作近世者卽涉注文而誤善者於是閒也亦必遠舉而不繆近世而不傭與時遷徙與世偃仰緩急嬴絀嬴餘也嬴絀猶言伸屈也府然若渠匽檃栝之於己也府與俯同就物之貌或讀爲附渠匽所以制水檃栝所以制木君子制人亦猶此也○王引之曰正文注文渠字疑皆梁字之誤爾雅隄謂之梁鄭仲師注周官獻人云梁水偃也偃與匽通卽堰字也梁與匽同義故以梁匽連文梁渠形相似遂誤爲渠耳史記建元以來侯表鄉梁中侯漢表盧讀引風俗通渠作梁漢書地理志崖梁原水經渭水注作謝渠原後漢書安帝紀高渠谷注引東觀記作高梁谷曲得所謂焉然而不折傷言談說委曲皆得其意之所謂然而不折傷其道也故君子之度己則以繩接人則用抴抴牽引也度己猶正己也君子正己則以繩墨接人則牽引而致之言正己而馴致人也

或曰抴當爲枻，枻，楫也。言如以楫櫂進舟船也。度，大各反。枻，以世反。韓侍郎云：「枻者，檠枻也，正弓弩之器也。」○盧文弨曰：舊本抴枻多訛，今悉改正。韓說本攷工記。郝懿行曰：抴，余制切，與曳音義俱同。抴即枻字，枻俗作也。言君子裁度己身則以準繩，接引人倫則用舟楫，謂律己嚴而容物寬也。楚辭九歌「桂櫂兮蘭抴」，王逸注：「櫂，楫也；枻，船旁板也。」段氏玉裁說文注云：「按毛詩傳：楫所以擢舟也。故因謂楫爲擢，擢者，引也。船旁板曳於水中，故因謂之枻。俗字作櫂作枻，皆非是也。」劉台拱曰：韓說是也。淮南說山訓曰：「檠不正而可以正弓。」此即用枻之義。[illegible]同。王念孫曰：案攷工記弓人「恆角而達，譬如終紲」，鄭注曰：「紲，弓鞁也。」秦風小戎篇「竹閉緄縢」，毛傳曰：「閉，紲也。」小雅角弓傳曰：「不善紲檠巧用，則翩然而反。」士喪禮記「弓有柲」，注曰：「柲，弓檠，弛則縛之於弓裏，備損傷也，以竹爲之。」紲與枻同，閉與柲同，即淮南所謂「可以正弓」者也。枻與繩對文，若訓爲牽引，則與繩不對；若訓爲楫，則於義愈遠矣。

度己以繩，故足以爲天下法則矣；接人用抴，故能寬容，因求以成天下之大事矣。成事在衆。○王念孫曰：因求二字義不可通，求當爲衆，衆字之誤也。唯寬容故能因衆以成事。上文「與時遷徙，與世偃仰」，正所謂因衆也。楊注云「成事在衆」，言衆而不言求，則求爲衆之誤甚明。故君子賢而能容罷，罷，弱不任事者。音疲。知而能容愚，博而能容淺，粹而能容

莫貴於不說

雜。夫是之謂兼術。粹，專一也。兼術，兼容之法。詩曰：「徐方既同，天子之功。」此之謂也。詩大雅常武之篇。言君子容物，亦猶天子之同徐方也。

談說之術：矜莊以莅之，端誠以處之，堅彊以持之，分別以喻之，譬稱以明之，○王念孫曰：分別當在下句，譬稱當在上句。譬稱以喻之，所以曉人，故曰譬稱以喻之；分別所以明理，故曰分別以明之。今本譬稱與分別互易。韓詩外傳及說苑善說篇引此竝作譬稱以喻之，分別以明之。欣驩芬薌以送之，寶之珍之，貴之神之，如是則說常無不受。言談說之法如此，人乃信之。芬薌言至芳絜也。神之謂自神異其說，不敢慢也。說竝音稅。稱，尺證反。薌與香同。○王念孫曰：芬薌，和也。方言：芬，和也。郭璞曰：芬香和調。廣雅與方言同。周官鬯人注曰：鬯，釀秬為酒，芬香條暢於上下也。大雅鳧鷖篇曰：旨酒欣欣，燔炙芬芬。皆芬香和調之意。欣驩芬薌，皆謂和氣以將之也。議兵篇曰：其民之親我，歡若父母；其好我，芬若椒蘭。義與此同。雖不說人，人莫不貴。不說猶貴，況其說之。夫是之謂為能貴其所貴。不使人賤之也。○王引之曰：上為字涉下文為字而衍。韓詩外傳、說苑皆作夫是之謂能貴其所貴，無為字。傳曰：唯君子為能貴其所貴。此之謂也。

王納諫曰毋〻研入

姚姬傳云故言二字屬下爲句

君子必辯。凡人莫不好言其所善。所善謂所好也而君子爲甚焉。是以小人辯言險。而君子辯言仁也。仁謂忠愛之道言而非仁之中也。則其言不若其默也。其辯不若其吶也。吶與訥同或引禮記其言吶吶然非言而仁之中也。則好言者上矣。不好言者下也。故仁言大矣。起於上。所以道於下。正令是也。道與導同正或爲政起於下。所以忠於上。謀救是也。謀救謂嘉謀匡救此言談說之益不可以已也如是○王念孫曰謀救二字於義無取楊注以爲嘉謀匡救於謀上加嘉字以曲通其義其失也迂矣余謂謀救當爲諫救字之誤也管子立政九敗解篇諫臣死而諂臣尊今本諫誤作謀淮南主術篇救正避諫高注諫或作謀周官有司諫司救說文救止也論語八佾篇女弗能救與馬注與說文同然則諫止其君之過謂之諫救故曰起於下所以忠於上謀救是也故君子之行仁也無厭。無厭倦時志好之。行安之。樂言之。故言。所以好言說由此三者也行如字○王念孫曰楊讀故言爲一句而釋之曰所以好言說以此三者非也故君子必辯爲一句故下本無言字此言君子志好之行安之樂言之是以必辯也上文云故君子之於言也志好之行安之樂言之故君子必辯是其證今本作故言君子必辯言字乃涉上文而衍楊斷故言爲一句以結上文則君子必辯四字竟成贅語矣 君子必辯。小辯不如見端。端首 見端不如見本分。分上下貴賤之分小辯謂辯說小事則不如見端首見端首則不如見本分言辯說止於知本分而已○王引之曰本分上本無見字此涉上兩見端而衍本分者本其一定之分也楊注見端首不如見本分則所見本己衍見字下文小辯而察見端而明本分而理皆承此文言之而本分上無見字故知見爲衍文 小辯而察。見端而明。本分而理。聖人士君子之分具矣。此言能辯說然後聖賢之分具 有小人之辯者。有士君子之辯者。有聖人之辯者。不先慮。不早謀。發之而當。成文而類。言暗與理會成文理而不失其類謂不乖悖也 居錯遷徙。應變不窮。錯置也居錯安居也錯下故反○王念孫曰居讀爲舉言或舉或錯或遷徙皆隨變應之而不窮也王制篇曰舉錯應變而不窮君道篇曰與之舉錯遷移而觀其能應變也禮論篇曰將舉錯之遷徙之皆其證矣舉與居古字通史記越世家曰陶朱公約要父子耕畜廢居候時轉業仲尼弟子傳曰子貢好廢舉與時轉貨貲廢舉卽廢居司馬相如傳族舉遞奏漢書舉作居書大傳民能敬長憐孤取舍好讓舉事力者辯詩外傳舉作居 是聖人之辯者也。

某按均當依宋本作於噡唯疑當作諾唯節者謂合節也
孫鏘曰噡唯則節亦只是言对有節耳

先慮之，早謀之，斯須之言而足聽，斯須發言已可聽也文而致實，博而黨正，是士君子之辯者也。文謂辯說之詞也致至也黨與讜同謂直言也凡辯則失於虛詐博則失於流蕩故致實黨正為重也。郝懿行曰致緻黨讜並古今字讜言即昌言謂善言也此明士君子之辯文而緻密堅實博而昌明雅正斯辯之善者也王念孫曰致讀為質襄二十年左傳用兩珪質于河釋文質如字又音致昭十六年與蠻子之無質也釋文質之實反或音致淮南要略約重致剖信符重致即重質質致古同聲故字亦相通說見唐韻正質信也見昭十六年二十年左傳注魯語晉語注謂信實也致實與黨正對文楊注黨與讜同謂直言也楊注失之聽其言則辭辯而無統，無根本也用其身則多詐而無功，上不足以順明王，下不足以和齊百姓，然而口舌之均，噡唯則節，蓋謂騁其口舌之辯也噡唯則節四字未詳或剩少錯誤耳。盧文弨曰正文均宋本作於郝懿行曰均當依宋本作於噡唯猶唯諾也節謂節制之也凡與人言然諾不欺此蓋游俠之流盜名於世故曰姦人之雄聖王起所以先誅也俞樾曰之猶則也僖九年左傳曰東略之不知西則否矣晉語曰華則榮矣實之不知之亦則也互文耳說本王氏釋詞口舌之均噡唯則節相對成文詩皇皇者華篇毛傳曰均調也言雖上不足以順明主下不足以和齊百姓然而口舌則調均噡唯則中節故下文云足以為奇偉偃御之屬也噡字疑諾字之誤凡從

某按韓詩外傳只李
乃後付以子思孟為哥
非而芟削之耳
孫鑛曰突然起也奇
孫鑛曰八大比也暢
此句上有欺惑愚眾四
字
中間填數處殊妙絕

言之字亦得從口如詠之爲咏讀之爲嘖是也俗書諾字或作喏因誤爲噡矣先謙案說文詹多言也莊子齊物論小言詹詹釋文引李頤注詹詹小辯之貌俗加言作譫眾經音義十二引埤蒼云譫多言也從言之字或從口故譫又爲噡矣噡唯則節者或辯或唯皆中其節也義自分明不煩改字郝說尤非

足以爲奇偉偃卻之屬。奇偉誇大也偃卻猶偃仰卽偃蹇也言姦雄口辯適足以自誇大偃蹇而已

夫是之謂姦人之雄。聖王起所以先誅也。然後盜賊次之。盜賊得變。此不得變也。變謂教之使自新也

非十二子篇第六

○盧文弨曰韓詩外傳止十子無子思孟子此乃幷非之疑出韓非李斯所坿益

假今之世。假如今之世也或曰假借也今之世謂戰國昏亂之世治世則姦言無所容故十二子借亂世以惑眾也○王念孫曰彊國篇云假今之世益地不如益信之務也則前說爲是

飾邪說。文姦言。以梟亂天下。梟與撓同。○盧文弨曰梟宋本作澩注澩與僥同案澩字無攷僥亦撓之訛元刻作鴞亦未是莊子繕性篇澩醇散樸釋文云澩本亦作撓當從之

矞宇嵬瑣。矞與譎同詭詐也又余律反宇未詳或曰宇大也放蕩恢大也嵬謂狂險之行者也瑣者謂爲姦細之行者也說文云嵬高不下也今此言嵬者其行狂險亦猶山之高不平也周禮大司樂云大傀裁則

造語古王罕讀

去樂鄭云傀猶怪也晏子春秋曰不以上爲本不以民爲憂內不恤其家外不顧其游夸言傀行自勤於飢寒命之曰狂辟之民明王之所禁也嵬當與傀義同音五每反又牛彼反○郝懿行曰喬滿溢也宇張大也嵬者崔嵬高不平也瑣者細碎瞀也此謂飾邪說文姦言以欺惑人者喬宇所謂大言炎炎也嵬瑣所謂小言詹詹也此皆謂言矣注以行說失之嵬瑣又見儒效正論篇王念孫曰元刻無欺惑愚衆四字校欑元刻是也宋本有此四字者依韓詩外傳加之也楊注但釋喬宇嵬瑣而不釋欺惑愚衆至下文足以欺惑愚衆始釋之云足以欺惑愚人衆人則此處本無欺惑愚衆四字明矣外傳有此四字者欺惑愚衆下文凡五見而外傳皆無之故得移置於此處若據外傳增人則旣與下文重複又與楊注不合矣俞樾曰楊讀喬爲譎是矣訓宇爲大則與譎詭不倫宇當讀爲訏說文言部訏詭譌也然則喬宇猶言譎詭矣先謙案喬宇俞說是嵬瑣猶委瑣也嵬委聲近故相通借史記司馬相如傳嶊崣崛崎嶊崣即崔嵬異文嵬之爲崣猶嵬之爲委矣相如傳委瑣握齪索隱引孔文祥云委曲也委訓曲則嵬亦訓曲正論篇云夫是之謂嵬說嵬說猶曲說也下文云吾語女學者之嵬容又云是學者之嵬也謂其容如彼即是學者之嵬猶史記言曲儒也觀鑴正論篇又云堯舜者天下之英也朱象者天下之嵬一時之瑣也英與嵬瑣對文英爲俊選之尤則嵬瑣爲委曲瑣細之尤言小人極不足道者也謝本從盧校此句上有欺惑愚衆四字今案王說是從

元刻刪

使天下混然不知是非治亂之所存者有人矣混然無分別之貌存在也

縱情性安恣睢禽獸行恣睢矜放之貌言任情性所爲而不知禮義則與禽獸無異故曰禽獸行

睢許季反○謝本從盧校作禽獸之行盧文弨曰元刻作香萃反王念孫曰呂錢本皆無之字是也據楊注云與禽獸無異故曰禽獸行則無之字明矣性惡篇云禽獸行虎狼貪司馬法云外內禽獸行句法幷與此同先謙案王說是今從呂錢本刪之字

不足以合文通治不足合於古之文義通於治道然而其持之有故其言之成理足以欺惑愚眾妄稱古之人亦有如此者故曰持之有故又其言論能成文理故曰言之成理足以欺惑愚人眾人矣○郝懿行曰故者咨於故實之故謂其持論之有本也成理謂其言能成條理也故皆足以欺惑愚眾

是它囂魏牟也它囂未詳何代人世本楚平王孫有田公它成豈同族乎韓詩外傳作范魏牟牟魏公子封於中山漢書藝文志道家有公子牟四篇班固曰先莊子莊子稱之今莊子有公子牟稱莊子之言以折公孫龍據即與莊子同時也又列子稱公子牟解公孫龍之言公孫龍平原君之客而張湛以爲文侯子據年代非也說苑曰公子牟東行穰侯送之未知何者爲定也

忍情性綦谿利跂忍謂違矯其性也綦谿未詳蓋與跂義同也利與離同離跂違俗自絜之

貌謂離於物而跂足也莊子曰楊墨乃始離跂自以爲得離力智反跂巨氏反○郝懿行曰此謂矯異於人以爲高者綦谿者過於深隨利跂者使於走趨谿讀爲雞跂音爲企四字雙聲疊韻先謙案荀子多以綦爲極谿之爲言深也老子爲天下谿河上公注云人能謙下如深谿是谿有深義綦谿猶言極深耳利與離同楊說是也離世獨立故曰離跂跂企同字廣雅釋詁企立也曹憲注企即古文企字**苟以分異人爲高。**苟求分異不同於人以爲高行也**不足以合大眾。明大分。**既求分異則不足合大眾苟立小節故不足明大分大分謂忠孝之大義也**然而其持之有故。其言之成理。足以欺惑愚眾。是陳仲史鰌也。**已解上。盧文弨曰解見不苟篇彼作田仲田與陳通**不知壹天下、建國家之權稱。**不知齊一天下建立國家之權稱言不知輕重稱尺證反**上功用、大儉約、而僈差等。**功用功力也大讀曰太言以功力爲上而過儉約也僈輕也輕僈差等謂欲使君臣上下同勞苦也○王念孫曰上與尚同大亦尚也謂尊尚儉約也表記君子不自大其事不自尚其功亦以大與尚並言之性惡篇大齊信而輕貨財隱三年公羊傳故君子大居正並與此大字同義楊讀大爲太而以爲過儉約失之僈讀爲曼廣雅曰曼無也法言寡見篇曼是爲也五百篇行有之也病曼之也皆謂無爲曼文選四子講德論空柯無刃公輸不能以斲但懸曼矰蒲苴不能以射曼亦無也駢髗鮭之譏曼曼差等卽無差等作僈者借字耳富國篇曰墨子將上功勞苦與百姓均事業齊功勞正所謂無差等也故下文云曾不足以容辨異縣君臣楊以僈爲輕慢亦失之

曾不足以容辨異，縣君臣。上下同等則其中不容分別而縣隔君臣也○先謙案富國篇云羣眾未縣則君臣未立也無君以制臣無上以制下卽縣君臣之義

然而其持之有故，其言之成理，足以欺惑愚眾。是墨翟宋鈃也。宋鈃宋人與孟子尹文子彭蒙慎到同時孟子作宋牼牼與鈃同音口莖反

尙法而無法，下脩而好作。尙上也言所著書雖以法爲上而自無法以脩立爲下而好作爲言自相矛盾也○王念孫曰下脩而好作義不可通下脩當爲不循謂不循舊法也墨子非儒篇道儒者之言曰君子循而不作此則反乎君子之所爲故曰不循而好作也不與下術與脩字相似而誤隸書循脩二字相亂說見管子形勢篇楊注云以脩立爲下而好作爲失之

上則取聽於上，下則取從於俗。言苟順上下意也○王念孫曰取聽取從言能使上下皆聽從之耳楊云言苟順上下意失之

終日言成文典，反紃察之，則偶然無所歸宿。紃與循同偶然疏遠貌宿止也雖言成文典若反覆紃察則疏遠無所指歸也○謝本從盧校作及紃察之盧文弨曰注

申時行曰荀卿得意之文按是此篇首尾一先文字

反覆二字宋本無王引之曰元刻及作反是也反復也謂復紃察之也楊注云雖言成文典若反復紃察則疏遠無所歸則及爲反之誤明矣榮辱篇反鉛察之其字正作反紃鉛古聲相近故字亦相通禮論篇則必反鉛三年問鉛作巡祭義終始相巡注巡讀如沿漢之沿皆其例矣先謙案王說是今依元刻作反不可以經國定分。取聽於上取從於俗故法度不立也然而其持之有故。其言之成理。足以欺惑愚衆。是慎到田駢也。田駢齊人遊稷下著書十五篇其學本黃老大歸名法愼到已解上不法先王。不是禮義。不以禮義爲是而好治怪說。玩琦辭。玩與翫同琦讀爲奇異之奇甚察而不惠。惠順○王念孫曰惠當爲急字之誤也甚察而不急謂其言雖甚察而不急於用故下句云辯而無用也下文無用而辯不急而察急字亦誤作惠天論篇云無用之辯不急之察性惡篇云雜能旁魄而無用析速粹孰而不急皆其明證也楊訓惠爲順失之辯而無用。多事而寡功。不可以爲治綱紀。然而其持之有故。其言之成理。足以欺惑愚衆。是惠施鄧析也。略法先王而不知其統。言其大略雖法先王而不知體統統謂紀綱也猶然而材劇志大。聞見雜博。猶然舒遲貌禮記曰君子葢猶猶爾劇繁多也○盧文弨曰宋本正文作然而猶材劇志大無注郝懿行曰猶然而當依宋本作然而猶此誤本也案。往舊造說，謂之五行。案前古之事而自造其說謂之五行五行五常仁義禮智信是也甚僻違而無類，幽隱而無說，閉約而無解。約結也解說也僻違無類謂乖僻違戾而不知善類也幽隱無說閉約無解謂其言幽隱閉結而不能自解說謂㐌言堯舜之道而不知其興作方略也荀卿常言法後王治當世而孟軻子思以爲必行堯舜文武之道然後爲治不知隨時設教救當世之弊故言僻違無類孟子曰管仲曾西之所不爲解佳買反○王念孫曰楊說非也僻違皆邪也竊觀脩類者法也言邪僻而無法也方言類法也同廣雅齊曰類楚辭九章吾將以爲類兮王注與方言同大元毅次七觥羊之毅鳴不類測曰觥羊之毅言不法也是古謂法爲類儒效篇其言有類其行有禮謂言有法也楊注類善也謂此類於善失之王制篇飾動以禮義聽斷以類謂聽斷以法也楊注所聽斷之事皆得其善類失之富國篇誅賞而不類謂誅賞不法也楊注不以其類失之類之言律也律亦法也故樂記律小大之稱史記樂書律作類王制篇曰其有法者以法行無法者以類舉蓋法與類對文則異散文則通矣案，飾其辭而祗敬之，曰：此眞先君子之言也。言自敬其辭說先君子孔子也子思唱之，孟軻和之。子思孔子之孫名伋字子思孟軻鄒人字子輿皆著書七篇世俗之溝猶瞀儒嚾嚾然不知其所非也。溝讀爲怐怐愚也猶猶豫也不定之貌瞀闇也漢書五行志作區瞀與此義同嚾嚾喧囂之貌謂爭辯也怐音寇瞀音柚○盧文弨曰注怐舊譌作拘案怐愗愚貌楚辭九辯直怐愗以自苦五行志又作傋瞀與此書儒效篇同許慎作㲉瞀又作㝥務皆一物也今改正溝猶瞀儒合四字爲疊韻郝懿行曰儒效篇云愚陋溝瞀注云溝音寇是也溝猶瞀儒四字疊韻其義則皆謂愚蒙也漢五行志作傋霿注引作區瞀楚辭九辯作怐愗說文作㲉瞀廣韻既作怐愗又作嫯瞀又作瞀瞀竝上音寇下音茂此等皆以聲爲義不以字爲義也嚾者呼也玉篇廣韻音渙義與喚同集韻或作讙音歡則其義當爲讙譁矣先謙案溝猶瞀儒者溝瞀儒也溝瞀訓愚闇中不當有猶字溝猶疊韻語助耳儒效篇愚陋溝瞀無猶字是其明證楊釋猶爲猶豫非也遂受而傳之以爲仲尼子游爲茲厚於後世。仲尼子游爲此言垂德厚於後世也○郝懿行曰茲者益也多也與滋義同兪樾曰楊注仲尼子游爲此言垂德厚於後世則爲茲厚三字於文未足殆非也厚猶重也戰國策秦策曰其於敝邑之王甚厚注曰厚重也爲茲厚於後世者茲卽指子思孟子而言蓋荀子之意謂仲尼子游之道不待子思孟子而重而世俗不知以爲仲尼子游因此而後得重於後世故曰是則子思孟軻之罪也郭嵩燾曰荀子屢言仲尼子弓不及子游本篇後云子游氏之賤儒與子

既法後王復稱大古
是其見之駮也

張子夏同譏則此子游必子弓之誤是則子思孟軻之罪也若夫總方略齊言行壹統類而羣天下之英傑而告之以大古教之以至順總領也統謂綱紀類謂比類大謂之統分別謂之類羣會合也大讀曰太奧窔之閒簟席之上斂然聖王之文章具焉佛然平世之俗起焉西南隅謂之奧東南隅謂之窔言不出室堂之內也斂然聚集之貌佛讀爲勃勃然興起貌窔一弔反○王引之曰古無以斂然二字連文者斂當爲歛字之誤也歛然者聚集之貌言聖王之文章歛然皆聚於此也漢書韓延壽傳曰郡中歛然莫不傳相敕厲匡衡傳曰學士歛然歸仁字亦作翕史記自序曰天下翕然大安殿富義竝同也楊注亦當作歛然聚集之貌今隨正文而誤六說者不能入也十二子者不能親也謝本從盧校六上有則字王念孫曰元刻無則字宋本同是也上文若夫二字總領下文十九句而結之曰是聖人之不得埶者也此二十句皆一氣貫注若第十一句上加一則字則隔斷上下語脈矣韓詩外傳無則字下文六說者立息十二子者遷化六說上亦無則字先謙案王說是今從元刻刪則字無置錐之地而王公不能與之爭名在一大夫之位則一君不能獨畜一國不能獨容言王者之佐雖在下

位非諸侯所能畜一國所能容或曰時君不知其賢無得君一國能畜者故仲尼所至輕去也**成名況乎諸侯**
莫不願以爲臣○況此也言其所成之名比況於人莫與爲偶故諸侯莫不願得以爲臣或曰既成名之後則王者之輔佐也況諸侯莫不願得以爲臣乎未知其賢則無國能容也或曰況猶益也國語驪姬曰衆況厚之○盧文弨曰成名句卽上文王公不能與之爭名注宂而未當郝懿行曰況古作兄其訓滋也益也長讟上也此言聖人之名有所埤益增長於諸侯故莫不願得以爲臣也儒效篇亦有此言楊注不得其解王引之曰成名況乎下有脫文不可考楊注非儒效篇顯下有得字彼文因此而衍則此文當有得字也棶欉非相篇婦人莫不願得以爲夫處女莫不願得以爲士文義正與此同據楊注亦當有得字俞樾曰楊注讀諸侯莫不願以爲臣作一句則成名況乎四字文不成義又載或說以況乎屬下句則成名二字更不成義皆非也此當以成名況乎諸侯爲句成與盛通周易繫辭傳成象之謂乾蜀才本成作盛史記封禪書曰主祠成山漢書郊祀志成作盛然則成名猶盛名也況者賜也言以盛名爲諸侯賜也大賢所至莫不以爲榮幸若受其賜然漢書灌夫傳將軍迺肯幸臨況魏其侯卽此況字之義**是聖人之不得埶者也**○**仲尼子弓是也**○
一天下○**財萬物**○財與裁同○王念孫曰財如泰象傳財成天地之道之財財亦成也韱覼雕財萬物與長養人

長養世德堂本作養
長人民之人作生
荀子重在上則法舜禹下則法仲尼子弓
黃震曰其法何有類
東華然彼奇而如此
以奇而致矣今日更
易

民兼利天下連文是財萬物卽成萬物繫辭傳曰曲成萬物而不遺是也儒效篇曰通乎財萬物養百姓之經紀王制篇曰等賦政事財萬物所以養萬民也[illegible]又曰序四時裁萬物[illegible]兼利天下富國篇曰財萬物養萬民義竝與此同

長養人民。兼利天下。通達之屬。莫不從服。通達之屬謂舟車所至人力所通者也六說者立息。十二子者遷化。遷而從化則聖人之得埶者。舜禹是也。今夫仁人也。將何務哉。上則法舜禹之制。下則法仲尼子弓之義。以務息十二子之說。如是則天下之害除。仁人之事畢。聖王之跡著矣。盧文弨曰著宋本從竹作箸下竝同

信信。信也。疑疑。亦信也。信可信者疑可疑者意雖不同皆歸於信也貴賢。仁也。賤不肖。亦仁也。言而當。知也。默而當。亦知也。故知默猶知言也。論語曰知之為知之不知為不知是知也當丁浪反故多言而類。聖人也。少言而法。君子也。言雖多而不流湎皆類於禮義是聖人制作者也少言而法謂不敢自造言說所言皆守典法也多少無法而流

湎然雖辯，小人也。湎，沈也。流者不復返，沈者不復出也。○盧文弨曰：此數語又見大略篇，彼作「多言無法」，此少字，似訛。王念孫曰：而與如同。先謙案：流湎猶沈湎，說見勸學篇。故勞力而不當民務，謂之姦事；民務，四民之務。勞知而不律先王，謂之姦心；律，法。辯說譬諭，齊給便利，而不順禮義，謂之姦說。齊，疾也。給，急也。便利亦謂言辭敏捷也。此三姦者，聖王之所禁也。知而險，賊而神，用智於險，又賊害不測如神也。○郝懿行曰：小人雖有才智，而其心險如山川，賊害於物而其機變若鬼神，如曹孟德、司馬仲達之類。楊注未了。王念孫曰：知而險與賊而神對文，則知非美稱，知者巧也。淮南覽冥篇注「智故，巧詐也」，莊子胠篋篇「知詐漸毒」，淮南原道篇「偶𥇖智故，曲巧偽詐」，並與此知字同義。故下句即云「為詐而巧」，言既智巧而又險巇也。為詐而巧，巧於為詐。○俞樾曰：為與偽通。為詐即偽詐也。管子兵法篇「不可數則偽詐不敢嚮」，幼官篇作「為詐不敢鄉」，正與此同。楊注非是。言無用而辯，言辯而無用也。辯不惠而察，惠，順也。辭辯不順道理，不聽察也。○王念孫曰：此本作「無用而辯，辯不急而察」。辯者，智也，慧也。廣雅：「辯，慧也。」慧通作惠。晉語曰：「巧文辯惠則賢。」逸周書寶典篇曰：「辯惠千智。」商子說民篇曰：「辯慧，亂之贊也。」辯通作辯。大戴記文王官人篇曰：「不學而性辯。」荀子性惡篇曰：「性質美而心辯知。」東周策曰：「兩周辯知之士。」是辯與智慧同義。非辯論之辯。下文言辯而逆，乃及言論耳。無用而辯，即辯而無用，非謂言無用而辯也。今本言辯涉衍不急而察卽察而不急非謂辯不惠而察也坽鉢磷䃱湔上文云甚察而不急貽鯀懸綷礙誹懥辯辯而無用是其明證矣楊說皆失之治之大殃也。行辟而堅。辟讀爲僻飾非而好。好飾非也○王念孫曰飾非而好言其飾之工也好字當讀上聲不當讀去聲楊說非玩姦而澤。玩與翫同習姦而使有潤澤也言辯而逆古之大禁也。逆者乖於常理知而無法。騁其異見也知如字勇而無憚。輕死察辯而操僻淫。爲察察之辯而操持僻淫之事操七刀反○王念孫曰察辯二字平列駢字義言能察能辯而所操皆僻淫之術也勸學篇曰不隆禮雖察辯散儒也不苟篇曰君子辯而不爭察而不激荀子書皆以察辯對文不可枚舉大而用之。以前數事爲大而用之也○俞樾曰楊注讀察辯而操僻淫爲句誤也當以察辯而操僻五字爲句大略篇亦云察辯而操僻是其證大讀爲汏淫汏連文仲尼篇曰若是其險汙淫汏也是其證之者乏之之壞字襄十四年左傳曰匱神乏祀釋文曰本或作之祀蓋之乏形似故易誤耳淫汏而用之與察辯而操僻相對成文此文自知而無法勇而無憚至利足而迷負石而墜凡七句語皆一律而總之曰是天下之所棄也楊以大而用之四字爲句而釋之曰以前數事爲大而用之則上下文氣隔矣好姦而與衆。好姦而與衆人共之謂使人同之也利足而迷。苟求利足而迷惑不顧禍患也負石而墜謂申徒狄負石投河言好名以至此也亦利足而迷者之類也○郝懿行曰利足而迷所謂捷徑以窘步也負石而墜所謂力小而任重高位實疾顚也二句皆譬況之詞先謙案郝說是是天下之所棄也

兼服天下之心○先謙案宋台州本分段謝本它刻同浙局本誤連上今正高上尊貴不以驕人○在貴位不驕人聰明聖知不以窮人○盧文弨曰元刻知作智齊給速通不爭先人○王念孫曰不爭先人當依上下文作不以先人今本以作爭涉下文與人爭而誤也韓詩外傳作不以欺誣人說苑敬愼篇作無以先人文雖不同而以字則同先謙案羣書治要作爭與本書合剛毅勇敢不以傷人○不知則問○不能則學○雖能必讓然後爲德○然後爲聖賢之德也遇君則修臣下之義○遇鄉則修長幼之義○在鄉黨之中也遇長則修子弟之義○遇友則修禮節辭讓之義○遇賤而少者○則修告導寬容之義○無不愛也○無不敬也○無與人爭也○恢然如天地之苞萬物○如是則賢者貴之○不肖者親之○如是而不服者○則可謂訞怪狡猾之人矣○

孫鑛曰連用者也句此章法亦奇

訞與妖同雖則子弟之中。刑及之而宜。妖怪狡猾之人雖在家人子弟之中亦宜刑戮及之況公法乎詩云。匪上帝不時。殷不用舊。雖無老成人。尚有典刑。曾是莫聽。大命以傾。此之謂也。詩大雅蕩之篇鄭云老成人伊尹伊陟臣扈之屬也典刑常事故法也

古之所謂士仕者。厚敦者也。合羣者也。士仕謂士之入仕合謂和合羣衆也○王念孫曰士仕當爲仕士與下處士對文今本仕士二字倒轉郙文楊曲爲之說非樂富貴者也。樂其道也○俞樾曰樂富貴豈得爲樂其道正文樂字疑涉注文而誤下云羞獨富者也以獨富爲羞必不以富貴爲樂今雖不知爲何字之誤大要是不慕富貴之意故注以樂道說之也先謙案富字當是可字之誤正文言樂可貴者也故注以樂其道釋之惟道爲可貴也下文君子能爲可貴注云可貴謂道德也可互證樂分施者也。施或所宜反○先謙案君道篇云以禮分施均徧而不偏均徧不偏卽分施之義遠罪過者也。遠于願反務事理者也。務使事有條理羞獨富者也。使家給人足也

今之所謂士仕者。汙漫者也。賊亂者也。汙漫已解在榮辱篇恣雎者也。恣雎已解於上貪利者也。觸抵者也。恃權埶而忤人○王念孫曰觸抵謂觸罪

過也此對上文遠罪過而言楊云恃權埶而忤人失之 無禮義而唯權埶之嗜者也。古之所謂處士者。德盛者也。能靜者也。處士不仕者也易曰或出或處能靜謂安時處順也 修正者也。知命者也。箸是者也。明箸其時是之事不使人疑其姦詐也○劉台拱曰箸是疑當作著定與上文盛靜等字爲韻言有定守不流移也 今之所謂處士者。無能而云能者也。云能自言其能也愼子曰勁而害能則亂也云能而害無能則亂也蓋戰國時以言能爲云能當時之語也 無知而云知者也。利心無足而佯無欲者也。好利不知足而詐爲無欲者也 行僞險穢而彊高言謹愨者也。以不俗爲俗。以不合俗人自爲其俗也 離縱而跂訾者也。訾讀爲恣離縱謂離於俗而放縱跂恣謂跂足違俗而恣其志意皆違俗自高之貌或曰縱當爲縰傳寫誤耳縰與纚同步也離縰謂離於俗而步去跂訾亦謂跂足自高而訾毀於人離力智反跂巨氏反縰所綺反○郝懿行曰縰與躧同本作蹝謂車迹也俗作躧假借作縰耳離縰者謂離其尋常蹤迹而令人敬異也舉足望曰跂訾訓思也量也跂訾者謂跂望有所思量而示人意遠也此皆絕俗離羣矯爲名高之事故曰士君子所不能爲也王念孫曰楊有前後二說前說讀訾爲恣以離縱爲離

姚姬傳云此首字疑下章首目下事也元刻之而下無能字宋本皆然從宋本

於俗而放縱跂訾爲跂足違俗而恣其志意皆非也後說謂縱爲縱之誤是也莊子在宥篇儒墨乃始離跂攘背乎桎梏之間離跂疊韻字荀子云離縱而跂訾離縱跂訾亦疊韻字大抵皆自異於衆之意也楊訓縱爲步而以離縱爲離於俗而步去跂訾爲跂足自高而訾毁於人亦非凡疊韻之字其意卽存乎聲求諸其聲則得求諸其文則惑矣

士君子之所能不能爲。謝本從盧校作士君子之所不能爲劃屬上段盧文弨曰宋本之所下衍一能字今從元刻删或疑此句因下文首句而誤衍王念孫曰呂錢本並作士君子之所能不能爲世德堂本同案此文本作士君子之所能爲不能爲乃總冒下文之詞下文君子能爲可貴不能使人必貴己六句皆承此文而言宋本脫上爲字元刻又脫上能字盧旣依元刻删能字又不知此句爲冒下之詞而以爲承上之詞遂劃出此句爲上段之末句誤矣又疑此句因下文而衍則誤之又誤也先謙案宋台州本此句連上台州本卽祖呂本是分段之誤不自盧始也然王說自是今分屬下段君子能爲可貴。不能使人必貴己。可貴謂道德也能爲可信。不能使人必信己。能爲可用。不能使人必用己。可用謂才能也故君子恥不脩。不恥見汙。見汙爲人所汙穢也恥不信。不恥不見信。恥不能。不恥不見用。是

孫鏞曰洪甚字者古大抄

以不誘於譽。不恐於誹。虛譽不能誘毀謗不能動率道而行。端然正己。不爲物傾。側。夫是之謂誠君子。誠實也謂無虛僞也詩云。溫溫恭人。維德之基。此之謂也。已解在不苟篇

士君子之容。其冠進。其衣逢。其容良。進謂冠在前也逢大也謂逢掖也良謂樂易也○俞樾曰楊注以冠在前爲進不詞甚矣進讀爲峻峻高也言其冠高也下云其衣逢注曰逢大也於冠言高於衣言大義正相類進峻音近故得通用禮記祭統篇百官進徹之鄭注曰進當爲餕然則峻之爲進猶餕之爲進矣儼然。壯然。祺然。蕼然。恢恢然。廣廣然。昭昭然。蕩蕩然。是父兄之容也。儼然矜莊之貌壯然不可犯之貌或當爲莊祺然蕼然未詳或曰祺祥也吉也謂安泰不憂懼之貌蕼當爲肆謂寬舒之貌恢恢廣廣皆容衆之貌昭昭明顯之貌蕩蕩恢夷之貌其冠進。其衣逢。其容愨。謹敬儉然。恀然。輔然。端然。訾然。洞然。綴綴然。瞀瞀然。是子弟之容也。儉然自卑謙之貌恀然恃尊長之貌爾雅曰恀恃也郭云江東呼母爲恀恀音紙輔然相親附之貌端然不傾倚之貌訾然未詳或曰與孳同柔弱之貌洞然恭敬之

錢穀曰說學者嵬
引妙極形容

貌禮記曰洞洞乎其敬也綴綴然不乖離之貌謂相連綴也瞀
瞀然不敢正視之貌○俞樾曰漢書敘傳姼姼公主師古曰姼
姼好貌恀卽姼之叚字嚴威儼恪成人之道非所以
事親故子弟之容必姼姼然好也楊注失之迂曲 **吾語汝學**
者之鬼容○ 說學者爲嵬行之形狀嵬已解於上○盧文弨曰元
刻正文無容字今從宋本增郝懿行曰上嵬瑣狂嵬
與傀義同引大司樂鄭注傀猶怪也然則嵬容者怪異之容故
其下遂以重文疊句寫貌之先謙案學者之嵬容猶言學者之
嵬之容耳嵬容二字不連下文言是學者之嵬也卽其明
證楊注說學者爲嵬行之形狀亦不以嵬容連文郝說誤 **其冠**
絻其纓禁緩其容簡連○ 絻當爲俛謂太向前而低俯也纓冠之
繫也禁緩未詳或曰讀爲紟紟帶也言
其纓大如帶而緩也簡連傲慢不前之
貌紟其禁反連讀如往蹇來連之連 **填填然○狄狄然○莫莫然○**
瞡瞡然○瞿瞿然○盡盡然○盱盱然○ 填填然滿足之貌狄讀爲趯跳
躍之貌莫讀爲貊貊靜也不言
之貌或動而跳躍或靜而不言皆謂舉止無恆也瞡瞡未詳或
曰瞡與規同規規小見之貌瞿瞿瞪視之貌盡盡極視盡物之
貌盱盱張目之貌皆謂視瞻不平或大察也盱許于反○郝懿
行曰狄與逖同遠也填填者盈滿之容狄狄者疏散之容也莫
者大也瞡疑與嫢同嫢嫢者細也方言細而有容謂之嫢然
則莫莫者矜大之容瞡瞡者鄙細之容瞿瞿者左右顧望之容

歸有光曰語語用疊字法奇而頓

盡盡者閉藏消沮之容盱盱者張目直視之容也凡此皆以相反相儷爲義俞樾曰盡盡猶津津也莊子庚桑楚篇曰津津乎猶有忍也此作盡盡者聲近故叚用耳周官大司徒職曰其民黑而津釋文云津本作濜然則津津之爲盡盡猶津之爲濜矣

酒食聲色之中則瞞瞞然瞑瞑然瞞瞞閉目之貌瞑瞑視不審之貌謂好悅之甚佯若不視也瞞莫干反瞑母丁反禮節之中則疾疾然訾訾然謂憎疾毀訾也勞苦事業之中則儢儢然離離然偷儒而罔無廉恥而忍謑詢是學者之鬼也事業謂作業也儢儢不勉彊之貌離離不親事之貌陸法言云儢心不力也音呂偷儒謂苟避事之勞苦也罔謂罔冒不畏人之言也謑詢詈辱也此一章皆明視其狀貌而辨善惡也今之所解或取聲韻假借或推傳寫錯誤因隨所見而通之也○盧文弨曰正文謑詢元刻作謑詢案說文謑胡禮切重文謨實一字也洪興祖楚辭補注九思篇謑詢下引荀子作謑詢正與宋本合其引注詈辱也又與元刻同案漢書賈誼傳有奊詬亡節語同此彼奊音絜元刻詈辱也下有謑音奚三字宋本無郝懿行曰此言學者之嵬容也瞞瞞瞑瞑眠謂耽於酒食聲色惛瞀迷亂之容也疾疾訾訾謂苦於禮節拘迫畏憚惰嬾之容也儢儢離離謂不耐煩苦勞頓嬾散疏脫之容也皆以四字合爲雙聲狀其醜態爲學者戒偷儒已見修身篇謑詢楊注以

大謬

尊孔子而貶其徒何云尊也

爲詈辱是也本或作謑詢賈誼書所謂謑詬亡節亦其義也弟佗其冠，神禫其辭，弟佗其冠未詳神禫當爲沖澹謂其言淡薄也○盧文弨曰弟本或作弟集韻音徒回反莊子應帝王篇有弟靡此弟佗義當近之與上所云其冠絻亦頗相似俗間本俱作第作先謙案虞王本作第作與盧說合浙局本妄改作爲非禹行而舜趨，是子張氏之賤儒也。但宗聖人之威儀而已矣正其衣冠，齊其顏色，嗛然而終日不言，是子夏氏之賤儒也。嗛與慊同快也謂自得之貌終日不言謂務於沈默史記樂毅與燕惠王書曰先王以爲嗛於志也○郝懿行曰嗛猶謙也抑退之貌楊注非仲尼篇云滿則慮嗛注云嗛不足也與此嗛同偷儒憚事，無廉恥而耆飲食，必曰君子固不用力，是子游氏之賤儒也。偷儒已解上耆與嗜同此皆言先儒性有所偏愚者效而慕之故有此儆也○郝懿行曰此三儒者徒似子游子夏子張之貌而不似其眞正前篇所謂陋儒腐儒者故統謂之賤儒言在三子之門爲可賤非賤三子也彼君子則不然，佚而不惰，勞而不僈，雖逸而不懈惰雖勞而不弛慢宗原應變，曲得其宜，如是然後聖人也。宗原根本也言根本及應變皆曲得其宜也○先謙案王制篇云舉措應變而不窮夫是之謂

孫鑛曰暢達有勢
雖未甚工鍊自然有
有儒者之至
呂補曰說齊桓洋
燦明當

有原注云原本也宗原者以本原爲宗也應萬變而不離其宗各得其宜是謂聖人注以宗原爲根本又云根本應變皆得其宜失之

仲尼篇第七

仲尼之門人五尺之豎子言羞稱乎五伯。○王念孫曰仲尼之門人人字後人所加也郿文下文兩言曷足稱乎大君子之門皆與此門字相應則無人字明矣春秋繁露對膠西王篇仲尼之門五尺之童子言羞稱五伯爲其詐以成功苟爲而已也故不足稱於大君子之門[illegible]仲風俗通義窮通篇孫卿小五伯以爲仲尼之門羞稱其功語皆本於荀子而亦無人字文選陳情事表注解嘲注兩引荀子皆無人字是何也。曰然彼誠可羞稱也。齊桓五伯之盛者也。言盛者猶如此況其下乎伯讀爲霸或曰伯長也爲諸侯之長春秋傳曰王命內史叔興父策命晉侯爲侯伯也前事則殺兄而爭國。兄子糾也內行則姑姊妹之不嫁者七人。閨門之內般樂奢汏。般亦樂也汏侈也音太下同以齊之分奉之而不足。分半也用賦稅之半也公羊傳曰師喪分焉外事則詐邾襲莒并國

王紹蘭曰此章筆力雄肆

三十五詳郲未聞襲莒謂桓公與管仲謀伐莒未發爲東郭牙先知之是也幷國三十五謂滅譚滅遂滅項之類其餘所未盡聞也其事行也若是其險汙淫汏也事險而行汙也行下孟反彼固曷足稱乎大君子之門哉○王念孫曰呂錢本險污淫汏也下有如彼二字元刻無如字以彼字屬下讀元刻是也下文云彼固曷足稱乎大君子之門哉正與此句相應則彼字屬下讀明矣呂錢本彼上衍如字則以如彼與若是對文與楊注不合矣錢本及元刻事衍作衍事本與楊注不合先謙案宋台州本亦有如彼二字盧氏刪之謝本從盧校今依王說從元刻增彼字若是而不亡乃霸何也曰於乎夫齊桓公有天下之大節焉夫孰能亡之於乎讀爲嗚呼歎美之聲大節謂大節義也倓然見管仲之能足以託國也是天下之大知也倓安也安然不疑也大知謂知人之大也倓地坎反○俞樾曰說文覢暫見也睒暫覢貌二字音義俱近倓即其覢字也倓然暫見之謂暫見而即知其足以託國是以謂之大知楊注失之安忘其怒出忘其讎遂立以爲仲父是天下之大決也安猶內也出猶外也言內忘忿恚之怒外忘射鉤之讎仲者夷吾之字父者事之如父故號爲仲父大決謂斷決之大也○王念孫曰安語詞荀子書通以安案二字爲語詞說見釋詞安字下

世德堂本大德二字
在秩字之上
孫鑛曰是前重用
法

忘其怒忘其讎遂立以爲仲父三句文義甚明則忘其讎上不當有出字蓋衍文也楊注不得其解而爲之詞立以爲仲父。而貴戚莫之敢妬也。不敢妬其親密與之高國之位。而本朝之臣莫之敢惡也。高子國子世爲齊上卿今以其位與之本朝之臣謂舊臣也春秋傳管仲曰有天子之二守國高在與之書社三百。而富人莫之敢距也。書社謂以社之戶口書於版圖周禮二十五家爲社距與拒同敵也言齊之富人莫有敢敵管仲者也。盧文弨曰案注所引周禮出說文乃古周禮說也距古字拒俗字論語石經殘字其不可者距之郝懿行曰論語奪伯氏駢邑三百飯疏食沒齒無怨言朱子集注援此說之貴賤長少秩秩焉。莫不從桓公而貴敬之。是天下之大節也。秩秩順序之貌諸侯有一節如是。則莫之能亡也。桓公兼此數節者而盡有之。夫又何可亡也。其霸也宜哉。非幸也。數也。其術數可霸非爲幸遇也然而仲尼之門人。五尺之豎子。言羞稱乎五伯。是何也。曰。然。彼非本政教也。王引之曰五伯亦有政教不得言五伯非本政教本當爲平字之誤也隸書平字或作乎與本相似致士篇曰刑政平而百姓歸之孟子離

世德堂本心上無之字

孫鑛曰亦鍊

高五尺之子童而鑒予于聖門而作思孟又何自相矛盾也

孫鑛曰此段亦跌宕錯綜

婁爲曰君子平其政昭二十年左傳曰是以政平而不干周南芣苢序箋曰天下和政教平五伯猶未能平其政教故曰非平政教也平政教三字本篇一見王制篇兩見王霸篇兩見其誤爲本政教者四楊注王霸篇曰脩有政教未盡其本也此不得其解而爲之說修唯王制篇之一未誤今據以訂正非致隆高也致至極也非綦文理也非極有文章條理也非服人之心也非以義服之也鄉方略審勞佚鄉讀爲向趨也審勞佚謂審知使人之勞佚也畜積修鬬而能顛倒其敵者也畜積倉廩修戰鬬之術而能傾覆其敵也○王引之曰修鬬二字殊爲不詞楊注加數字以解之其失也迂矣王霸篇作鄉方略審勞佚謹畜積修戰備疑此亦本作謹畜積修鬬備而傳寫有脫文也此篇及王霸篇自鄉方略以下皆以三字爲句以是明之詐心以勝矣彼以讓飾爭依乎仁而蹈利者也爲讓所以飾爭非眞讓也行仁所以蹈利非眞仁也小人之傑也彼固曷足稱乎大君子之門哉前章言五霸救時故褒美之此章明王者之政故言其失孟子曰五霸者三王之罪人也彼王者則不然致賢而能以救不肖致彊而能以寬弱戰必能殆之而羞與之鬬必以義服不力服也委然成文以示之天下委然俯就之貌言俯就人

使成文理以示天下。王引之曰：楊說迂回而不可通。竊謂委然，文貌也。委讀如冠緌之緌。儒效篇「緌緌兮其有文章也」，楊彼注云「緌或爲葳蕤之蕤」。蕤與緌同音。此云委然成文，即所謂緌蕤有文章也。禮記多以綏爲緌，而說文飢餧字經典多作餧，是從委從妥之字古多相通。而暴國安自化矣，有災繆者然後誅之。有災怪繆戾者然後誅之，非顚倒其敵也。故聖王之誅也綦省矣。省，少也，所景反。○先謙案：羣書治要綦作甚。文王誅四，四謂密也，阮也，共也，崇也。詩曰「密人不恭，敢距大邦，侵阮徂共」，春秋傳曰「文王聞崇德亂而伐之，因壘而降」，史記亦說文王征伐，與此小異。誅者，討伐殺戮之通名。武王誅二，史記云武王斬紂與妲己。尸子曰：武王親射惡來之口，親斫殷紂之頭，手汙於血，不溫而食。當此之時，猶猛獸者也。○盧文弨曰：案溫字有誤，或是盥字。俞樾曰：楊注所引皆不足以爲二。所謂誅二者，殆即孟子所稱誅紂伐奄與？周公卒業，周公終王業，亦時有小征伐，謂三監、淮夷、商奄也。至於成王，則安以無誅矣。言其化行刑措也。○王念孫曰：安下本無以字，此後人不知安爲語詞，而誤以爲安定之安，故妄加以字耳。大略篇「至成康則案無誅已」，誅誅案下無以字，是其明證。故道豈不行矣哉！以此言之，道豈不行？人自不行耳。故又以下事胡之。文王載百里地而天下一，所載之地不過

王道開曰日用字深刻

百里而天下一以有道也○顧千里曰載下當有之字載之舍之對文二之字皆指道也富國篇以國載之是其證楊注載下已脫之字桀紂舍之厚於有天下之埶而不得以匹夫老○桀紂舍道雖有天下厚重之埶而不得如庶人壽終故善用之則百里之國足以獨立矣不善用之則楚六千里而爲讎人役○善用謂善用道也讎人秦也楚懷王死於秦其子襄王又爲秦所制而役使之也故人主不務得道而廣有其埶是其所以危也○

持寵處位○終身不厭之術○論人臣處位可終身行之之術主尊貴之○則恭敬而僔○僔與撙同卑退也主信愛之○則謹慎而嗛○嗛與歉同不足也言不敢自滿也春秋穀梁傳曰一穀不升謂之嗛○王引之曰嗛與謙同周易釋文曰謙子夏作嗛故與謹慎連文主專任之○則拘守而詳○謹守職事詳明法度主安近之○則慎比而不邪○謹慎親比於上而不回邪諂佞○王引之曰慎比即順比王制篇曰天下莫不順比從服順慎古多通用不煩弛言雖順比於君而不諂諛也楊分慎比爲二義失之主疏遠之○則全一而不倍○不以疏遠而懷離貳之心主損絀之○則恐懼而不怨○貴而不爲夸○

孫鏘曰忽插入長句亦自語妙

夸奢侈也信而不處謙。謙讀爲嫌得信於主不處嫌疑閒使人疑其作威福也○謝本依盧校不下有忘字盧文弨曰各本無忘字惟宋本有作不忘處謙下解未嘗不可通但注讀謙爲嫌云不處嫌疑閒則忘字衍當去之王念孫曰宋呂本如是錢及各本俱無忘字先謙案忘字依注不當有從各本刪任重而不敢專。財利至則善而不及也。必將盡辭讓之義然後受。善而不及而如也言己之善寡如不合當此財利也○謝本從盧校善上有言字王念孫曰元刻無言字是也據楊注云善而不及而如也則善上無言字明矣注又云言己之善寡如不合當此財利也此言字乃申明正文之詞非正文所有也宋本有言字卽涉注文而衍先謙案王說是今依元刻刪福事至則和而理。禍事至則靜而理。理謂不失其道和而理謂不充屈靜而理謂不隕穫也富則施廣。貧則用節。可貴可賤也。可富可貧也。可殺而不可使爲姦也。君雖寵榮屈辱之經不可使爲姦也是持寵處位。終身不厭之術也。雖在貧窮徒處之埶。亦取象於是矣。夫是之謂吉人。徒處徒行或日獨處也雖貧賤其所立志亦取法於此也詩曰。媚茲一人。應侯順德。永言孝思。昭哉嗣服。

孫鑛曰常語而有鍊方可玩

耐任大奇任人須知此

此之謂也。詩大雅下武之篇一人謂君也應當侯維服事也鄭云媚愛茲此也可愛乎武王武王能當此順德謂能成其祖考之功也服事也明哉武王之嗣行祖考之事謂伐紂定天下也引此者明臣事君亦猶武王之繼祖考也

求善處大重理任大事。大重謂大位也○俞樾曰理字衍文處大重任大事相對皆蒙善字爲義楊注曰大重謂大位也不釋理字之義知楊氏作注時尚無理字也理字蓋卽重字之誤而衍者擅寵於萬乘之國，必無後患之術。○先謙案求善處之術二十二字爲句與下必無後患之術也相應與前後持寵處位終身不厭之術天下之行術一律楊失其讀莫若好同之。好賢人與之同者也援賢博施，除怨而無妨害人。除怨不念舊惡○盧文弨曰正文人字元刻作之

能耐任之，則慎行此道也。耐忍也慎讀爲順言人有賢能者雖不欲用必忍而用之則順己所行之道耐乃代反○王念孫曰能耐任之能而不耐任兩能字皆衍文耐即能字也禮運故聖人耐以天下爲一家以中國爲一人者鄭注曰耐古能字傳書世異古字時有存者則亦有今誤矣樂記故人不耐無樂鄭注曰耐古書能字也後世變之此獨存焉成七年穀梁傳非人之所能也釋文能亦作耐管子入國篇聾盲喑啞跛躄偏枯握遞不耐自生者耐即能字耐任之則慎行此道者言能任國家之大事此承上理大事而言任則慎行此道也今作能耐任之者後人記能字於耐字之旁而傳寫者因誤合之也而不耐任云云者而讀爲如言如不能任其事則莫若推賢讓能

姚姬傳云上句能下句能而皆衍

也今作能而不耐任者傳寫者既能耐並錄而能字又誤在而不二字之上也楊氏不得其解故曲爲之詞能而不耐任。有能者不忍急用之且恐失寵則莫若早同之推賢讓能而安隨其後。如是有寵則必榮失寵則必無罪是事君者之寶而必無後患之術也。或曰荀子非王道之書其言駁雜今此又言以術事君曰不然夫荀卿生於衰世意在濟時故或論王道或論霸道或論彊國在時君所擇同歸於治者也若高言堯舜則道必不合何以拯斯民於塗炭乎故反經合義曲成其道若得行其志治平之後則亦堯舜之道也又荀卿門人多仕於大國故戒以保身推賢之術與大雅既明且哲豈云異哉。盧文弨曰正文也字元刻在寶字下案推賢讓能人臣之正道也以此爲固寵之術亦不善於持說矣注曲爲之解非是故知者之舉事也滿則慮嗛嗛不足也當其盈滿則思其後不足之時而先防之平則慮險安則慮危曲重其豫猶恐及其既是以百舉而不陷也委曲重多而備豫之猶恐其及既既與禍同孔子曰巧而好度必節勇而好同必勝知而好謙必賢此之謂也。巧者多作淫靡故好法度者必得其節勇者多陵物故好與人同者必勝之也。郭嵩燾曰勝

劉辰翁曰文气通篇疏朗

荀子之道至知者也近人修言中山

當讀爲識蒸切說文勝任也言勇而好同能盡人之力則可以任天下之大事愚者反是。處重擅權則好專事而妬賢能。抑有功而擠有罪。志驕盈而輕舊怨。擠推也言重傷之也輕舊怨謂輕報舊怨。王念孫曰輕謂輕忽也以其處重擅權驕上故志驕盈而輕忽舊怨以爲莫如予何也楊云輕報舊怨於輕下加報字失之以吝嗇而不行施道乎上。爲重招權於下以妨害人雖欲無危。得乎哉。施道施惠之道欲重其威福故招權使歸於已是以位尊則必危。任重則必廢。擅寵則必辱。可立而待也。可炊而傹也。炊與吹同傹當爲僵言可以氣吹之而僵仆傹音竟。盧文弨曰元刻作音僵郝懿行曰洪氏頤煊以傹爲澆引說文澆漸而行郭慶藩曰字書無傹字傹當讀爲竟說文樂曲盡爲竟引申之凡終盡之義皆謂之竟炊而竟猶言終食之間謂時不久也是何也。則墮之者衆而持之者寡矣。墮許規反。先謙案墮毀也持扶助也解蔽篇云鮑叔甯戚隰朋能持管仲召公呂望能持周公也

天下之行術。可以行於天下之術以事君則必通。以爲仁則必聖。立隆而

馮友蘭批也

勿貳也。仁謂仁人聖亦通也以事君則必通達以爲仁則必有聖知之名者在於所立敦厚而專一也此謂可行天下之術也。俞樾曰仁當作人言以事君則必通達以爲人則必聖知也楊注曰仁仁人失之矣先謙案以事君二句上屬爲義言行天下之術如此也立隆句下屬爲義隆猶中也立中道而無貳心然後從而行之是乃行術也楊注似未晰仁人古通俞說是然後恭敬以先之。忠信以統之。愼謹以行之。端愨以守之。頓窮則從之。疾力以申重之。以敦厚不貳爲本然後輔之以恭敬之屬頓謂困躓也疾力勤力也困戹之時則尤加勤力而不敢怠惰申重猶再三也君雖不知。無怨疾之心。功雖甚大。無伐德之色。省求多功。愛敬不勌。如是則常無不順矣。省少也少所求即多立功勞省所景反以事君則必通。以爲仁則必聖。夫是之謂天下之行術。

少事長。賤事貴。不肖事賢。是天下之通義也。有人也。埶不在人上。而羞爲人下。是姦人之心也。志不免乎姦心。行不免乎姦道。而求有君子聖人之名。辟之是猶伏而咶天。救經而引其足也。

辟讀爲譬咶與舐同經縊也伏而舐天愈益遠也救經而引其足愈益急也經音徑○俞樾曰舐天二字甚爲無誼人豈有能舐天者乎以此爲喻近於戲矣疑荀子原文作眡天眡即古視字也伏而視天則不可見故曰說必不行也眡誤爲舐傳寫者又改爲咶耳先謙案漢書云湯夢咶天而王後漢和熹鄧后紀湯夢及天而咶之咶天古有是語故荀子引以爲譬俞說非彊國篇亦有此二語說必不行矣○俞務而俞遠○俞讀爲愈故君子時詘則詘時伸則伸也○埶在上則爲上在下則爲下必當其分安有埶不在上而羞爲下之心哉

荀子卷第三

荀子集解

二

孫鑛曰首止提一句亦是法
孫鑛曰連用九天下字亦是故重及之
吳本子作下
知尊周公如何貶思孟

荀子卷第四

唐登仕郎守大理評事楊倞注
王先謙集解

儒效篇第八 效功也

大儒之效：武王崩，成王幼，周公屏成王而及武王以屬天下，惡天下之倍周也。屏蔽。及，繼。屬，續也。屬，之欲反。○王念孫曰：屬，繫也。天子者，天下之所繫。言周公屏成王而及武王以繫屬天下，故下句云「惡天下之倍周也」。楊訓屬爲續，「續天下」之語不詞。履天子之籍，籍謂天下之圖籍也。○謝本從盧校作「天下之籍」。王念孫曰：宋本作「天子」是也。世德同。文選江淹雜體詩注引此正作「履天子之籍」。淮南氾論篇「周公履天子之籍，聽天下之政」，語即本於荀子。籍者，位也，謂履天子之位也。下文言「周公反籍於成王」，是籍與位同義。彊國篇曰「夫桀紂埶籍之所存，天下之宗室也」，埶籍即埶位。故韓詩外傳作「履天子之位，聽天下之政」。楊以籍爲天下之圖籍，非也。圖籍不可以言履。高注淮南以籍爲圖籍，誤與楊同。先謙案：王說是，今改從宋本。聽天下之斷，偃然如固有之，而天下不稱貪焉。偃然猶安然固有之謂如固合有此位也殺管叔。虛殷國。而天下不稱戾焉。虛讀爲墟戾暴也墟殷國謂殺武庚遷殷頑民于洛邑朝歌爲墟也兼制天下。立七十一國。姬姓獨居五十三人。而天下不稱偏焉。左氏傳成鱄對魏獻子曰昔武王克商光有天下其兄弟之國者十有五人姬姓之國者四十人皆舉親也與此數略同言四十人蓋舉成數又曰昔周公弔二叔之不咸故封建親戚以蕃周室管蔡郕霍魯衞毛聃郜雍曹滕畢原酆郇文之昭也邗晉應韓武之穆也凡蔣邢茅胙祭周公之胤也餘國名淺學難盡詳究。郝懿行曰此總言之左傳稱鉗晰言之曰其兄弟之國者十有五人姬姓之國者四十人以校此數三當爲五或三五字形易於混淆故轉寫致誤耳教誨開導成王。使諭於道。而能揜迹於文武。開導謂開通導達揜襲也周公歸周。周公所封畿內之國亦名周春秋周公黑肩蓋其後也言周公自歸其國也。先謙案歸周者以周之天下歸之成王與反籍於成王文義一貫故下文又以歸周反籍連言非謂自歸其國周公歸政身在王朝郎使偶至其采邑固非事理所重不得以歸周爲詞也反籍於成王。而天下不輟事周。然而周公北面而朝之。待其固安之後北面爲臣明攝政非爲己也天子也

危哉言也作威作福玉食篋諸

孫鑛曰五非字文法亦有好勢

者不可以少當也，不可少頃當此位也不可以假攝爲也。周公所以少頃假攝天子之位蓋權宜以安周室也能則天下歸之，不能則天下去之。是以周公屛成王而及武王以屬天下，惡天下之離周也。成王冠成人，周公歸周反籍焉，明不滅主之義也。周公無天下矣，鄉有天下，今無天下，非擅也。鄉讀爲向下同擅與禪同言非禪讓與成王也成王鄉無天下，今有天下，非奪也。變埶次序節然也。節期也權變次序之期如此也○王引之曰節上有之字而今本脫之則文義不明此言周公鄉有天下而今無成王鄉無天下而今有皆變埶次序之節如此也據楊注云節期也權變次序之期如此則正文原有之字明矣榮辱篇曰是非知能材性然也是注錯習俗之節異也文義與此相似先謙案王說非也天論篇云君子啜菽飲水非愚也是節然也與此文一例節然猶適然說詳彊國篇楊注亦非故以枝代主而非越也，枝枝子周公武王之弟故曰枝主成王也以弟誅兄而非暴也，謂殺管叔管叔周公之兄也君臣易位而非不順也，時不得不然故易位非爲不順因天下之和，遂文武之業，明枝

吴本抑亦作仰易

主之義。抑亦變化矣。天下厭然猶一也。厭然順從之貌一涉反謝本從盧校抑亦變化矣作仰易變化注多仰易反易也五字盧文弨曰正文仰易變化宋本作抑亦變化矣無仰易反易也五字注今從元刻郝懿行曰厭者合也倉頡篇云伏合人心曰厭周語克厭天心韋昭注厭合也此厭字本義其音一剡切楊注厭然順從之貌義猶近之其音一涉反則非厭字古有二音二義說文厭笮也笮者迫也此厭音於輒切一曰合也此厭音一剡切荀書此厭訓合此篇下云猒猒兮其能長久也猒卽厭之叚借楊氏訓爲猒足失其義也王霸篇云厭焉有千歲之固亦與此厭音義俱同楊注引禮記曰見君子而後厭然鄭注厭讀爲黶黶閉藏貌楊蓋不知假借之義鄭欲借厭爲黶故訓閉藏荀書之厭自用本義無取閉藏何必依鄭讀厭爲黶邪王念孫曰抑亦變化矣宋呂錢本並如是世德堂本同承上文而言言周公以枝代主君臣易位然後反籍於成王以明枝主之義其事抑亦變化矣然而天下晏然如一也抑亦變化矣五字不須注釋故楊氏無注元刻抑亦變化矣作仰易變化而妄爲之注曰仰易反易也案諸書無謂反易爲仰易者盧從元刻非又曰厭然安貌字本作懕或作猒又作愔方言曰猒安也說文曰懕安也玉篇音於廉切爾雅曰懕懕安也秦風小戎篇厭厭良人毛傳曰厭厭安靜也小雅湛露篇厭厭夜飲韓詩作愔愔昭十二年左傳祈招之愔愔杜注曰愔愔安和貌皆其證也下文曰猒猒兮其能長久

孫鑛曰仍用前一句收

也王霸篇曰厭焉有千歲之固正論篇曰天下厭然與鄉無以異也義並與此同乃楊注於天下厭然猶一則云厭然順從之貌一涉反正論篇注又云順之貌古皆無此訓服於猒猒兮其能長久則云猒足也於厭焉有千歲之固則云厭讀爲饜饜然深藏千歲不變改皆由不知厭之訓爲安故望文生義而卒無一當矣先謙案宋本作抑亦變化矣是也今依王說改正厭然王說是**非聖人莫之能爲。夫是之謂大儒之效。**

秦昭王問孫卿子曰。儒無益於人之國。漢宣帝名詢劉向編錄故以荀卿爲孫卿也

孫卿子曰。儒者法先王。隆禮義。謹乎臣子。而致貴其上者也。謹乎臣子謂使不敢爲非致極也**人主用之。則埶在本朝。而宜。**言儒者得權埶在本朝則事皆合宜也○王念孫曰埶者位也言位在本朝也禮運在埶者去鄭注曰埶埶位也下文曰埶在人上仲尼篇曰埶不在人上而羞爲人下正論篇曰埶位至尊是埶與位同義楊以埶爲權埶失之**不用則退編百姓。而慤。必爲順下矣。**必不爲勃亂也**雖窮困凍餧。必不以邪道爲貪。無置錐之地。而明於持社稷之大義。嗚呼而莫之能應。然而通乎財萬物。養百姓**

道者致册犹出

之經紀嗚呼歎辭也財與裁同雖歎其莫己知無應之者而亦不怠惰困弃常通於裁萬物養百姓之綱紀也○郝懿行曰嗚俗字古止作烏烏呼而莫之應言儒雖困窮凍餧若不以禮聘致欲呼召之而必不能應也此對秦昭王輕儒而言必云烏呼者李斯諫逐客書擊甕叩缶歌呼烏烏眞秦之聲故以此言反之注以歎辭爲解不成文義王念孫曰嗚當爲嘄字之誤也嘄與叫同爾雅𧩙叫也周官大祝注叫作嘄小雅北山傳曰叫呼也周官銜枚氏曰禁嘂呼歎嗚於國中者淮南原道篇曰叫呼仿佛漢書息夫躬傳曰狂夫嘄謼於東崖莊字異而義同上言嘄呼故下言莫之能應若作嗚呼則與下文義不相屬矣新序雜事篇作叫呼而莫之能應是其明證也先謙案楊郝二說皆非也嗚呼而莫之能應言儒者窮困之時人不聽其呼召也與無置錐之地句相儷然而句與而明句相儷文義甚明財成也說見非十二子篇埶在人上則王公之材也在人之上謂爲人君也在人下則社稷之臣國君之寶也雖隱於窮閻漏屋人莫不貴之道誠存也窮閻窮僻之處閻里門也漏屋弊屋漏雨者也○王念孫曰廣雅曰閻謂之衖䢵巷窮閻即論語所云陋巷非謂里門也新序雜事篇作窮閻閻亦巷也故祭義弟達乎州巷鄭注曰巷猶閻也巷闠謝之閻闠亦攜謝之閻闠漏讀爲陋巷之陋說文曰陋阸陿也陋屋與窮閻同意非謂弊屋漏雨也爾雅曰陋隱也大雅

抑篇尙不愧于屋漏鄭箋曰漏隱也是陋與漏通羣書治要引作窮閻陋屋韓詩外傳作窮巷陋室皆其明證矣先謙案羣書治要作人莫不貴貴道誠存也言人所以莫不貴此人者其可貴之道在也文義爲長修身篇云雖困四夷人莫不貴非相篇云雖不說人人莫不貴句法一律俱無之字此作貴之不重貴字者下貴字或作〻轉寫者因誤爲之字耳君道篇云夫文王欲立貴道又云於是乎貴道果立正與此貴道同義

仲尼將爲司寇，魯司寇也

沈猶氏不敢朝飲其羊，公愼氏出其妻，愼潰氏踰境而徙。皆魯人家語曰沈猶氏常朝飲其羊以詐市人公愼氏妻淫不制愼潰氏奢侈踰法魯之粥六畜者飾之以儲賈

魯之粥牛馬者不豫賈，必蚤正以待之也。豫賈定爲高價也粥牛馬者不敢高價言仲尼必先正其身以待物故得從化如此賈讀爲價

○盧文弨曰正文以待之下俗本有者字郝懿行曰豫與序同古字通用早正市價以待之故鬻者不復論序也劉台拱曰孔子將爲司寇而魯之人蚤自修正以待之所謂不動而變無爲而成也王念孫曰蚤正以待之與下文孝弟以先之皆指孔子而言若謂魯人蚤自修正以待則與下文不類矣王引之曰豫猶誑也周官司市注曰使定物賈防誑豫是也豫與誑同義賈疏云恐有豫爲誑欺故云防誑豫失之晏子問篇曰公市不豫宮室不飾鹽鐵論力耕篇曰古者商通物而不豫工致牢而不僞不豫謂不誑也又禁耕

吴本不下有必字

篇曰教之以禮則工商不相豫謂不相誑也豫猶一聲之轉方言曰猶詐也詐亦誑也惑謂之猶亦謂之豫[illegible]顛顛詐說惑人謂之猶亦謂之豫此轉語之相因者也豫又作儲家語相魯篇孔子爲政三月則鬻牛馬者不儲賈儲與奢古聲相近說文曰奢張也爾雅曰侜張誑也亦古訓之相因者也然則市不豫賈者市賈皆實不相誑豫也淮南覽冥篇曰黃帝治天下市不豫賈史記循吏傳曰子產爲相市不豫賈[illegible]說苑反質篇曰徒師沼治魏而市無豫賈義竝與此同說者皆讀豫爲凡事豫則立之豫望文生義失其傳久矣

俞樾曰必字衍文也下文孝弟以化之也與此句相對下無必字則此亦當無必字矣蚤字無義疑脩字之誤脩字闕壞止存右旁之[illegible]故誤爲蚤耳榮辱篇曰脩正治辨矣非十二子篇曰脩正者也富國篇曰必先脩正其在我者王霸篇曰內不脩正其所以有皆以脩正二字連文可以爲證新序引此作布正布隸書或作[illegible]亦與脩字右旁相似先謙案豫賈王說是必蚤正王俞說是

居於闕黨。闕黨之子弟罔不分，有親者取多。居謂孔子閒居闕黨之子弟罔不分均有無於分均之中有父母者取其多也。謝本從盧校作罔不必分盧文弨曰宋本無必字元刻有案必與畢古通用新序五作罔罟分有親者取多其卷一作畋漁分有親者得多與此不同郝懿行曰必字誤衍應依新序五作罔罟分說苑七云羅門之羅有親者取多無親者取少正與新序同爲一事劉台拱曰罔不分當作罔罙不分罙免罟也一曰麇鹿罟也新序卷一作畋漁分有親者取多其卷五作罔罟分有親者取多與此文大同元刻作罔不必分妄增必字不可從王念孫曰爲不分宋呂錢本並如是不卽罙字[illegible]先謙案宋本是今依諸說刪必字孝弟以化之也由孔子以孝弟化之儒者在本朝則美政在下位則美俗。盧文弨曰下位元刻作其位儒之爲人下如是矣。王曰然則其爲人上何如。孫卿曰其爲人上也廣大矣。志意定乎內。禮節脩乎朝。法則度量正乎官。忠信愛利形乎下。官百官形見也○王念孫曰官與朝對文曲禮在官言官在朝言朝鄭注曰官謂板圖文書之處是也富國篇亦曰節奏齊於朝百事齊於官楊云官百官失之行一不義。殺一無罪。而得天下。不爲也。此君義信乎人矣。通於四海。則天下應之如讙。以君義通於四海故應之如讙讙喧也言聲齊應之也○王念孫曰楊說非也君當爲若字之誤也此若義猶云此義若亦此也[illegible]篇連言此若者古人自有複語耳此若義三字承上文而言言此義信乎人通乎四海則天下莫不應之也新序雜事篇作若義信乎人矣是其明證也禮記曾子問篇曰子游之徒有庶子祭者以此若義也（小字，難辨）管子山國軌篇曰此若言何謂也墨子尚賢篇曰此若言之謂也史記蘇秦傳曰王何不使辯士以此若言說秦㪽鄰皆竝用此若二字**是何也則貴名白而天下治也**名貴謂儒名可貴白明顯○盧文弨曰俗本注末有之貌二字顧千里曰治疑當作願榮辱篇身死而名彌白小人莫不延頸舉踵而願楊注願猶慕也王制篇若是名聲白天下願楊注願謂人人皆願致士篇而貴名白天下願楊注天下皆願從之也此願同榮辱篇之願此天下願同王制篇致士篇之天下願明甚楊此篇無注蓋已誤爲治其實非也**故近者歌謳而樂之遠者竭蹶而趨之**竭蹶顛倒也遠者顛倒趨之如不及然**四海之內若一家通達之屬莫不從服夫是之謂人師**通達之屬謂舟車所至人力所通之處也師長也言儒者之功如此故可以爲人之師長也○盧文弨曰注人之師長宋本無之字今從元刻郝懿行曰師者眾也言合四海若一家成爲大眾謂眾所歸往也王制篇及議兵篇義亦同爾雅師人也此言人師其義則一注云師長非也先謙案如郝說夫是之謂人眾不詞甚矣師長之義甚古長亦君也周語古之長民者韋注長猶君也廣雅釋詁長君也人師猶言人君矣王制篇議兵篇語意大同楊注竝訓師長又王制篇云上無君師正論篇云海內之民莫不願得以爲君師又云

吴本仁之作仁人

李攀龍曰此爲稍覺遲弛懈

然則是誅民之父母而師民之怨賊也禮論篇云尊先祖而隆君師皆作君長解若如郝說豈可通乎

詩曰自西自東自南自北無思不服此之謂也

詩大雅文王有聲之篇引此以明天下皆歸之也

夫其爲人下也如彼其爲人上也如此何謂其無益於人之國也昭王曰善

先王之道仁之隆也比中而行之

先王之道謂儒學仁人之所崇高也以其比類中道而行之不爲詭異之說不高不下使賢不肖皆可及也○謝本從盧校作仁人隆也王念孫曰呂本作仁之隆也是也此言先王之道乃仁道之至隆者也所以然者以其比中而行之也楊云仁人之所崇高也失之錢本作仁人隆也即涉注仁人而誤比順也從也鄭說覲禮儀禮注言從乎中道而行之也楊以比爲比類未確先謙案下文以禮義釋中則比中即論語義之與比之意王說是也仁之隆也義長依呂本改正

曷謂中曰禮義是也道者非天之道非地之道人之所以道也君子之所道也

重說先王之道非陰陽山川怪異之事是人所行之道也○謝本從盧校作人之所道也無君子之所道也句盧文弨曰宋本作人之所以道也下又有君子之所道也句今從元刻刪

錢楨曰必極其辨纔
達得出居十本也

止

正王念孫曰盧說非也人之所以道者道行也謂人之所以行也君子之所道者道爲人之所以行而人皆莫能行之唯君子爲能行之也二句本不同義後人以爲重複而刪之謬矣下文君子之所謂賢者八句正承此君子而言則此句之非衍文甚明呂錢本世德堂本皆作人之所以道也君子之所道也今據以補正先謙案王說是今改從宋本君子之所謂賢者。非能偏能人之所能之謂也。君子之所謂知者。非能偏知人之所知之謂也。君子之所謂辯者。非能偏辯人之所辯之謂也。君子之所謂察者。非能偏察人之所察之謂也。有所正矣。苟得其正不必偏能或曰正當爲止言止於禮義也○王念孫曰案後說是也解蔽篇曰夫學也者固學止之也惡乎止之曰止諸至足曷謂至足曰聖王也是其證羣書治要正作有所止矣相高下。視墝肥。序五種。君子不如農人。相視也高下原隰也墝薄田也五種黍稷豆麥麻序謂不失次序各當土宜也通財貨。相美惡。辯貴賤。君子不如賈人。視貨物之美惡辨其貴賤也賈與估同設規矩。陳繩墨。便備用。君子不如工人。便備用謂精巧便於備用○先謙案備用猶言械用說見王制篇不卹是非然不然之情。王引之曰然不然本作然不卽然否也哀公篇情性者所以理然不取舍也是其證取舍與然不對文是非與然不亦對文後人不知不爲否之借字故又加然字耳性惡篇不恤是非然不然之情誤與此同先謙案䘏恤通用秦策不恤楚交韋注恤顧也以相薦撙，以相恥怍。君子不若惠施、鄧析。薦藉也謂相蹈藉撙抑皆謂相陵駕也作慚也○盧文弨曰正文末有也字今從元刻刪若夫譎德而定次，譎與商同古字商度其德而定位次本或亦多作譎譎與決同謂斷決其德故下亦有譎德而序位之語○盧文弨曰注末四字宋本作定次也訛今從元刻洪頤煊曰字書無譎字君道篇論德而定次量能而授官文與此同譎疑卽論字之譌正論篇圖德而定次圖謀亦論也譎字又譌作譎王念孫曰作譎者是也作譎者譎之譌耳譎決古字通觼觖玦譎橘趹僪潏謂決其德之大小而定位次也下文譎德而序位是其明證又君道篇譎德而定次今本作論德論字乃後人以意改之正論篇論德韓詩外傳作決德則荀子之本作譎甚明或據君道篇改此篇之譎德爲論德非也又正論篇圖德而定次舊校云一本作決德亦當以作決者爲是作圖者蓋亦後人所改量能而授官。使賢不肖皆得其位，能不能皆得其官。任使各當其才萬物得其宜，事變得其應，慎、墨不得進其談，惠施、鄧析不敢竄其察，竄隱匿也言二子之察無所逃匿君子皆識也○先謙案楊說非也不得進其談不敢竄其察文義一律竄與進意亦相配不得解竄爲逃匿也大略篇云貧窶者有所竄其手矣注竄容也此竄亦當訓爲容言二子無所容其察辨也呂覽審分篇無所竄其姦矣竄字意正與此同言必當理，事必當務，是然後君子之所長也。凡事行有益於理者立之，行下孟反無益於理者廢之，夫是之謂中事。凡知說有益於理者爲之，無益於理者舍之，夫是之謂中說。事行失中謂之姦事，○王念孫曰事行呂本作行事錢本及各本行事皆作事行盧從呂本上文云事行無益於理者廢之知說無益於理者舍之此云事行失中謂之姦事知說失中謂之姦道皆承上文而言則作事行者是也仲尼篇云其事行也若是其險汙淫汏也楊注事險汙行也行下孟反案楊仲尼篇已釋事行二字故此不復釋於王制篇云立身則從傭俗事行則遵傭故皆其證先謙案謝本從盧校作行事今從王說改正知說失中謂之姦道。姦事姦道，治世之所棄而亂世之所從服也。若夫充虛之相施易也，充實也施讀曰移移易謂使實者虛虛者實也堅白同異之分隔也。以堅白同異之言相

張栻曰痛指上愚之弊朋快無比

分別隔易同異已解上也是聰耳之所不能聽也明目之所不能見也辯士之所不能言也雖有聖人之知未能僂指也僂疾也言雖聖人亦不可疾速指陳僂力主反公羊傳曰夫人不僂何休曰僂疾也齊人言也不知無害爲君子知之無損爲小人工匠不知無害爲巧君子不知無害爲治君子卿大夫也王公好之則亂法百姓好之則亂事事謂作業而狂惑戇陋之人乃始率其羣徒辯其談說明其辟稱老身長子不知惡也戇愚也辟音譬稱尺證反身老子長言終身不知惡之也夫是之謂上愚有偏僻之見非昧然無知然亦不免於愚故曰上愚○劉台拱曰上愚猶言極愚楊注非曾不如相雞狗之可以爲名也有惠施鄧析之名尚不如相雞狗之名也○盧文弨曰正文曾不如下宋本有好字元刻無郝懿行曰古人重畜問富數焉門材與焉不獨相牛馬之有經也後世蔑如矣詩曰爲鬼爲蜮則不可得有靦面目視人罔極作此好歌以極反側此之謂也詩小雅何人斯之篇毛云蜮短狐也靦姡也鄭云使汝爲鬼爲蜮也則汝誠不可得見也姡然

孫鑛曰勁快

學者學夫道也

有面目汝乃人也人相視無有極時終必與汝相見也引此以喻狂惑之人也

我欲賤而貴。愚而智。貧而富。可乎。曰其唯學乎。彼學者行之。曰士也。彼爲儒學者能行則爲士也士者修立之稱○先謙案楊以彼爲儒學者釋彼學者三字非也下言行之曰士上言爲儒學之人於義爲複矣彼學者三字讀斷與上其唯學乎正相呼應曰士也猶言謂之士也敦慕焉。君子也。敦厚慕之○王引之曰楊說非也敦慕皆勉也爾雅曰敦勉也大戴記五帝德篇曰幼而彗齊長而敦敏內則曰惇行孝弟惇敦古通字是敦爲勉也說文慔莫故勉也爾雅曰慔慔勉也釋文慔音慕亦作慕是慕爲勉也方言侔莫強也北燕之外郊凡勞而相勉若言努力者謂之侔莫淮南繆[illegible]此承上文而言言能行之則爲士行而加勉則爲君子故曲禮云敦善行而不怠謂之君子非徒厚慕之而已也知之。聖人也。知之謂通於學也於事皆通則與聖人無異也上爲聖人。下爲士君子。孰禁我哉。爲學之後則誰能禁我使不爲聖人士君子也鄉也。混然涂之人也。俄而並乎堯禹。豈不賤而貴矣哉。混然無所知之貌並比也鄉音向涂與途同鄉也。效門室之辨。混然曾不能決也。效白辨別也向者明白門室之別異猶不能決言所知淺也○王引

錢檟曰词气潇疎

之曰楊以效爲明白旣明白門室之別矣何又不能決乎乃又云言所知淺也此則曲爲之解而終不可通今案效者考也驗也覹觀考驗門室之別會混然不能決言其愚也古謂考爲效說見經義述聞梓材及曲禮先謙案王說是議兵篇隆禮效功楊注亦云效驗也

俄而原仁義分是非圖回天下於掌上而辯白黑豈不愚而知矣哉。原本也謂知仁義之本圖謀也回轉也言圖謀運轉天下之事如在掌上也○盧文弨曰而辯之而與如同兪樾曰楊注圖謀運轉兩義不倫恐非其旨圖者圓之誤字廣雅釋詁圖圓也圓回猶圓轉也淮南原道篇曰圓者常轉是其義也圓回天下於掌上言天下之大可圓轉於掌上也隸書圖字或作圖或作圖皆與圓字相似學者多見圖少見圓因誤爲圖耳

鄉也胥靡之人俄而治天下之大器舉在此豈不貧而富矣哉。胥靡刑徒人也胥相靡繫也謂鏁相聯相繫漢書所謂鋃鐺者也舉皆也顏師古曰聯繫使相隨而服役之猶今囚徒以鏁連枷也○王引之曰此胥靡非謂刑徒人也胥靡者空無所有之謂故荀子以況貧胥之言疏也洞瑀說註註鬗佀鬍蘇魑諿斟綦鮮軑鶻灘緻鰶蕭鱚歡織鉆低鰆馭行疏空也靡無也胥靡猶言胥無春秋齊有賓胥無蓋取此義也漢書揚雄傳客難曰胥靡爲宰寂寞爲尸胥靡與寂寞相對爲文是胥靡爲空無所有之意鱗馥佃鞛樜魑糴甆謔膭鶡鰈題

孫鏘曰貧而富狀說兩適

亂也其爲相訓則失之矣。今有人於此。屑然藏千溢之寶。雖行貣而食。人謂之富矣。屑然雜碎眾多之貌行貣行乞也貣土得反。郝懿行曰屑瑣細之貌至寶不必盈握故以瑣細言之屑今作屑溢作鎰彼寶也者。衣之不可衣也。下衣於既反言已爲衣則不可衣著。盧文弨曰案已以通食之不可食也。賣之不可僂售也。僂疾。郝懿行曰上云雖有聖人之知未能僂指也注引公羊傳曰夫人不僂何休注僂疾也按僂皆屢之假借字釋詁云屢疾也售者讎之俗字詩曰賈用不讎然而人謂之富。何也。豈不大富之器誠在此也。喻學者雖未得衣食亦猶藏千金之賣也。先謙案楊說非也此言藏寶者不可衣食不可僂售然而人謂之富者以其有大富之器也不指學者言下文是杅杅亦富人始就學者之富言之。是杅杅。亦富人已。豈不貧而富矣哉。杅杅即于于也自足之貌莊子曰聽居居視于于也。王引之曰聽居居視于于與富意無涉案方言于大也文王世子于其身以善其君鄭注曰于讀爲迂迂猶廣也大也檀弓易則易于則于正義亦曰于謂廣大重言之則曰于于上文曰治天下之大器在此又曰大富之器在此是言學之富如財之富也故曰是杅杅亦富人已故君子無爵而貴。無祿而富。不言而信。不怒

丘濬曰用句適而有力

而威。窮處而榮。獨居而樂。豈不至尊至富至重至嚴之情。舉積此哉。舉皆也。此，此儒學也。其情皆在此，故人尊貴敬之。故曰貴名不可以比周爭也。不可以夸誕有也。不可以埶重脅也。必將誠此。然後就也。貴名人所貴儒學之名此身也。爭之則失。讓之則至。遵道則積。夸誕則虛。遵道則自委積，夸誕則尤益空虛也。○王念孫曰：道當爲遁字之誤也。遵遁即逡巡。文選上林賦注引廣雅曰：逡巡，卻退也。管子戒篇作逡遁，小問篇作遵遁，殞蹴晏子問篇作逡遁，又作逡循，莊子至樂篇作蹲循，漢書平當傳贊作逡遁，萬章傳作逡循，三禮注作逡遁，並字異而義同。遵遁與夸誕對文。遵遁則積，承上文讓之則至而言；夸誕則虛，承上文爭之則失而言。故下文云君子務積德於身而處之以遵遁[illegible]言以退讓自處也。若作遵道，則與夸誕不對，且與上文不相應矣。楊依遵道爲解，故失之。故君子務脩其內。而讓之於外。務積德於身。而處之以遵道。如是則貴名起如日月。天下應之如雷霆。衆應之聲如雷。○謝本從盧校起下有之字。盧文弨曰：正文起之，宋本無之字。王念孫曰：宋本是也。貴名起如日月，言貴名之顯著也。[illegible]起下不當有之字元刻及世德堂本有之字乃涉下句天下應之而衍呂錢本皆無之字先謙案王說是今改從宋本故曰君子隱而顯。微而明。辭讓而勝。詩曰。鶴鳴于九皐。聲聞于天。此之謂也。詩小雅鶴鳴之篇毛云皐澤也言身隱而名著也鄭云皐澤中水溢出所爲坎自外數至九喻聲遠也鄙夫反是。比周而譽俞少。鄙爭而名俞辱。煩勞以求安利。其身俞危。俞讀爲愈○王念孫曰譽非名譽即與字也與譽古字通射義則燕則譽鄭注譽或爲與[illegible]書古合人表非柏譽篇子有度態言女足進其與管子形法篇與作譽言雖比周以求黨與而黨與愈少也[illegible]此下句鄙爭而名俞辱乃言名譽耳元刻譽作與本字也宋本作譽借字也小雅角弓傳比周而黨愈少鄙爭而名愈辱求安而身愈危語皆本於荀子黨亦與也又臣道篇推類接譽以待無方[illegible]方譽亦讀爲與與亦類也周語少曲與焉韋注曰與類也言推類接與以待事之無常者而應之也楊以譽爲聲譽失之詩曰。民之無良。相怨一方。受爵不讓。至于已斯亡。此之謂也。詩小雅角弓之篇引此以明不責己而怨人故能小而事大。辟之是猶力之少而任重也。舍粹折無適。也。舍除也粹讀爲碎除碎折之外無所之適言必碎折。○先謙案正論篇云顛跌碎折不待頃矣與此粹折義同彼用本字

孫鏘曰險隋

身不肖而誣賢。○先謙案不肖而自以爲賢是誣也下文云内
不自以誣可證誣賢二字之義君道篇云臣不
能而誣能則是臣詐
也與此誣賢意同
是猶傴伸而好升高也，指其頂者愈衆。傴僂
也伸讀爲身字之誤也傴身之人而彊升高則頭頂尤低
屈故指而笑之者愈衆○劉台拱曰伸蓋即僂字之譌
故明
主譎德而序位，○先謙案譎
決也說見上
所以爲不亂也。忠臣誠能然後敢
受職，所以爲不窮也。分不亂於上，能不窮於下，治辯之極也。不亂
謂皆當其序不窮謂通於其職列也言儒爲治
辯之極也○先謙案辯亦治也說見不苟篇
詩曰：平平左右，
亦是率從。是言上下之交不相亂也。詩小雅采菽之篇毛云平
平辯治也交謂上下相交
接也○王念孫曰交如上下交征利之交此承上文而言分不
亂於上能不窮於下是上下交不相亂也交不相亂四字連讀
富國篇云上下俱富交無所藏之文義正與此同
楊云交謂上下相交接則誤以上下之交連讀矣
以從俗爲善，以貨財爲寶，以養生爲已至道，是民德也。養生爲
已至道
謂莊生之徒民德言不知禮義也○盧文弨曰此條舊不提行
今案當分段從俗元刻作容俗今從宋本劉台拱曰養生猶言

申時行曰逐段安頓皆有精神

治生故曰民德未及乎莊生之徒王念孫曰民字對下士君子聖人而言行法至堅。不以私欲亂所

聞。如是則可謂勁士矣。行法至堅。好脩正其所聞。以橋飾其情

性。行法謂行有法度行下孟反橋與撟同。盧文弨曰案宋本橋从木臣道篇亦同正韻引荀子亦从木元刻从手亦可通

劉台拱曰韓詩外傳引此作行法而志堅鄙據楊注行有法度明行法與志堅對舉不當作至王念孫曰法者正也言其行正

其志堅楊注行有法度加有字以釋之則於義轉迂字故下句云不以私欲亂所聞也古謂正爲法說見漢書賈鄒枚路傳先謙案荀書至志通借正

論篇其至意至闇也楊注至當爲志是其證臣道篇云相與彊君撟君盧校云撟宋本作橋羣書治要作撟明荀書以橋代撟

也其言多當矣。而未諭也。其行多當矣。而未安也。其知慮多當

矣。而未周密也。未諭謂未盡曉其義未安謂未得如天性安行之也周密謂盡善也上則能大其

所隆。○先謙案所隆謂其所尊奉者言能推崇其道而大之下則能開道不已。若者如是。

則可謂篤厚君子矣。脩百王之法。若辨白黑。應當時之變。若數

一二。如數一二之易行禮要節而安之。若生四枝。要邀也節節文也言安於禮節若身之生

四枝不以造作爲也要一遙反下要時同要時立功之巧，若詔四時，邀時立功之巧謂不失機權若天告四時使成萬物也平正和民之善，億萬之衆而博若一人，如是則可謂聖人矣。雖博雜衆多如理一人之少也。○謝本從盧校聖人作賢人盧文弨曰賢人舊作聖人誤劉台拱云博若一人博當爲傳議兵篇和傳而一亦當作和傳皆字之誤也而一如一也億萬之衆親附若一人即所謂和傳如一也王念孫曰博與傳皆摶字之誤也摶即專一之專億萬之衆而專若一人即所謂和專如一也管子幼官篇曰摶一純固今本摶譌作博則獨行而無敵呂氏春秋決勝篇曰積則勝散矣摶則勝離矣淮南兵略篇曰武王之卒三千人皆專而一古書多以摶爲專詳見管子又曰自脩百王之法以下十句非聖人不足以當之故曰如是則可謂聖人矣下文如是則可謂聖人矣乃涉此文而衍自井井兮其有理以下十句楊注皆以爲論大儒之德則非論聖人明矣此下安得又有如是則可謂聖人矣之字乎盧不知下文之衍又以哀公篇孔子對哀公語有如此則可謂賢人矣一句在君子大聖之間遂改此文之聖人爲賢人以別於下文之聖人不知本書之例皆以士君子聖人分爲三等與孔子對哀公者不同上文云行之曰士也敦慕焉君子也知之聖人也脩身篇云好法而行士也篤志而體君子也齊明而不竭聖人也解蔽篇曰嚮是而務士也類是而幾君子也知之聖人也皆以士君子聖人分爲三等與此文同一例不得於君子之

孫鑛曰散文用兮字法亦新

上添出賢人名目各本及韓詩外傳皆作聖人無作賢人者此之篤厚君子即賢人也故外傳曰篤厚君子未及聖人也是篤厚君子之上即是聖人不得又添一賢人名目先謙案平正猶平政也孟子萬章篇君子平其政王制篇云故君人者欲安則莫若平政愛民矣富國篇云平政以齊民與此平正和民文義一律正政古字通王霸篇云立隆政本朝而當彊國篇云隆在脩政矣二政字皆當作正彼借政爲正猶此借正爲政也博當爲摶王說是盧改聖人爲賢人誤今正

井井兮其有理也。

井井良易之貌理有條理也。盧文弨曰正文有理各本作有條理案注則正文條字衍今刪

嚴嚴兮其能敬己也。

嚴嚴有威重之貌能敬己不可干以非禮也嚴或作儼。盧文弨曰注干以各本皆誤倒今從明虞王合訂本移正

分分兮其有終始也。

事各當其分即無雜亂故能有終始分扶問反。王念孫曰楊說迂曲而不可通余謂分分當爲介介介字之誤也隸書介分相似故傳寫多譌說見淮南繆稱篇脩身篇善在身介然必以自好也楊彼注云介然堅固貌引繫辭傳介如石焉此介介亦堅固貌也固守不變始終如一故曰介介兮其有終始若作分分則義不可通又君子篇刑罰不怒罪爵賞不踰德分然各以其誠通分亦當爲介介然堅固貌言誠心介然上下相通也若作分然則義不可通楊彼注云善惡分然亦失之俞樾曰分當讀爲份說文人部份文質備也從人分聲論語曰文質份份分分即份份也省偏旁耳君子篇分然各以其誠通義亦同此先謙案王俞二說並通據下

文又言綏綏兮其有文章則王義爲允猒猒兮其能長久也。猒足也亂生於不足故知足然後能長久也。先謙案猒猒兮猶安安然說見上樂樂兮其執道不殆也。殆危也。俞樾曰楊氏不釋樂樂之詁蓋卽以本字讀之然樂樂字經傳罕見王霸篇曰櫟然扶持心國楊注曰櫟讀爲落石貌也此云樂樂兮彼云櫟然文異義同老子曰落落如石樂樂猶落落也以其執道不殆故以石形容之炤炤兮其用知之明也。炤炤明見之貌炤與照同。郝懿行曰炤蓋照之或體字也經典罕用釋蟲熒火卽炤用炤字顏氏家訓風操篇云劉韜兄弟一生不爲照字唯依爾雅火傍作召今讀荀書可知炤字由來已久蓋起於周秦閒矣王霸篇亦有炤字脩脩兮其用統類之行也。脩脩整齊之貌統類綱紀也言事不乖悖也。王念孫曰脩讀爲條春秋繁露如天之爲篇曰行而無畱若四時之條條然是條條爲行貌故曰條條兮其統類之行也作脩者借字耳韓子難篇百官脩通管子明法解篇脩作條集韻脩他彫切地名周亞夫所封邑史記絳侯世家作條侯是條脩古字通楊以脩脩爲整齊貌與行字義不相屬王引之曰統類上不當有用字蓋涉上句而衍綏綏兮其有文章也。綏綏安泰之貌綏或爲葳蕤之蕤熙熙兮其樂人之臧也。熙熙和樂之貌隱隱兮其恐人之不當也。隱隱憂戚貌恐人之行事不當理此已上皆論大儒之德也如是則可

孫鏘曰此段好妙絕古今所稿然亦有逸而已殊淺薄少深味

謂聖人矣。先謙案此句衍文說見上此其道出乎一。曷謂一。曰。執神而固。執持精神堅固曷謂神。曰。盡善挾治之謂神。萬物莫足以傾之之謂固。挾讀爲浹浹周洽也。王念孫曰正文挾治二字元刻及世德堂本竝作挾洽字乃涉注文周洽而誤盧從元刻非也呂錢本洽竝作治挾與浹同全體皆善故曰盡善全體皆治故曰浹治挾治與盡善對文若作挾洽則與盡善不對矣王引之曰萬物上當有曷謂固曰四字萬物莫足以傾之之謂固與曷謂固上下正相呼應曷謂固與上文之曷謂一曷謂神皆文同一例曷謂神曷謂固承上執神而固言之下文神固之謂聖人又承上曷謂神曷謂固言之今本脫去曷謂固曰四字則與上下文不相應矣先謙案謝本從盧校王說是改從宋本神固之謂聖人。聖人也者。道之管也。天下之道管是矣。百王之道一是矣。管樞要也是是儒學故詩書禮樂之歸是矣。劉台拱曰之下當有道字與上兩之道對文詩言是其志也。是儒之志書言是其事也。禮言是其行也。樂言是其和也。春秋言是其微也。微謂儒之微旨一字爲褒貶微其文隱其義之類是也故風之所以爲不逐者。取是以節之也。風國

孫鑛曰每有豪勁之氣
孫鑛曰稍率篇首大
儒之效一段語

率周也

風逐流蕩也。國風，風所以不隨荒暴之君而流蕩者，取聖人之儒道以節之也。詩序曰：變風發乎情，止乎禮義。發乎情，人之性也；止乎禮義，先王之澤也。小雅之所以爲小雅者，取是而文之也。雅，正也。文，飾也。大雅之所以爲大雅者，取是而光之也。○郝懿行曰：光猶廣也。光、廣古通用。詩序所謂政有小大，故有小雅、大雅是也。頌之所以爲至者，取是而通之也。至謂盛德之極。天下之道畢是矣。鄉是者臧，倍是者亡；鄉是如不臧，倍是如不亡者，自古及今，未嘗有也。是皆謂儒也。鄉讀曰向。○盧文弨曰：正文兩如字俱讀爲而。

客有道曰：孔子曰：周公其盛乎！言其德盛。身貴而愈恭，家富而愈儉，勝敵而愈戒。戒，備也。言勝敵而益戒備。荀卿之時，有客說孔子之言如此。應之曰：是殆非周公之行，非孔子之言也。武王崩，成王幼，周公屏成王而及武王，履天子之籍，負扆而坐，戶牖之閒謂之扆也。○謝本從盧校作履天下之籍。盧文弨曰：宋本作履天子之籍，今從元刻。案坐當作立。王念孫曰：正論篇居則設張容，負依而坐，諸侯趨走乎堂下。汪氏中亦云：作當爲立，古無坐見諸

霍韜曰重說周公
翻覺悠然有味

孫鑛曰下懷字當
有別解
事跡他書未見敘
敍亦錯落

侯之禮鈔者淺陋以意改之先謙案天子之籍是也說見上今改從宋本諸侯趨走堂下當是時也夫又誰為恭矣哉兼制天下立七十一國姬姓獨居五十三人焉周之子孫苟不狂惑者莫不為天下之顯諸侯孰謂周公儉哉武王之誅紂也行之日以兵忌武王發兵以兵家所忌之日東面而迎太歲迎謂逆太歲尸子曰武王伐紂魚辛諫曰歲在北方不北征武王不從至汜而汎至懷而壞汜水名懷地名書曰覃懷底績孔安國曰覃懷近河地名謂至汜而適遇水汎漲至懷又河水汎溢也呂氏春秋曰武王伐紂天雨日夜不休汜音祀○盧文弨曰正文至汜當作至汜左傳鄙在鄭地汜釋文音凡字從巳不從已其地在成皋之間又漢高郎位於汜水之陽在定陶漢書注音敷劍反非周師所經也汜汎懷壞以音成義楊氏不知汜當為汜而郎音為祀誤矣又注河水汎溢下疑當有壞道二字王念孫曰汪氏中曰汜當作汜音汎字从巳不从已其說是也然荀子所謂至汜者究不知為今何縣地盧用汪說而引左傳鄙在鄭地汜為證僖年二十案杜注云鄭南汜也在襄城縣南則非周師所至不得引為至汜之證矣至共頭而山隧共河內縣名共頭蓋共縣之山名隧謂山石崩摧也隧讀為墜共音恭○盧文弨曰案共

錢穀曰此段事蹟諸書未有
錢楷曰敘次如畫

頭即共首見莊子王念孫曰此八字亦汪氏中校語也共首見讓王篇共頭又見呂氏春秋誠廉篇**霍叔懼曰：出三日而五災至，無乃不可乎？**霍叔武王弟也出行也周居豐鎬軍出三日未當至共蓋文王三分天下有其二境土已近於洛矣或曰至汜之後三日也**周公曰：刳比干而囚箕子，飛廉惡來知政，夫又惡有不可焉？**比干紂賢臣箕子紂諸父箕國名子爵也飛廉惡來皆紂之嬖臣飛廉善走惡來有力也**遂選馬而進，**選簡擇也。兪樾曰荀子之意方言周公之不戒若馬必簡擇則非其義矣詩猗嗟篇曰舞則選兮毛傳曰選齊也此選字亦當訓齊車攻篇曰我馬既同傳曰同齊也然則選馬而進蓋戎事齊力之義非簡擇之謂下文曰輿固馬選矣誼亦同此猶言我車既攻我馬既同也若以選爲簡擇則選馬可通馬選不可通矣**朝食於戚，暮宿於百泉，**杜元凱云戚衛邑在頓丘衛縣西百泉蓋近朝歌地名左氏傳曰晉人敗范氏於百泉**厭旦於牧之野。**厭掩也夜掩於旦謂未明已前也厭於甲反。兪樾曰楊注未明已前謂之厭旦於古無徵且以文義論之上云朝食於戚暮宿於百泉則此文旦下亦當有一字今止云厭旦於牧之野文義殊未足也厭旦當作旦厭厭讀爲壓彊國篇如牆厭之注曰厭讀爲壓此文厭字正與彼同旦壓於牧之野與上文朝食暮宿文義一律成十六年左傳楚晨壓胥軍而陳此云旦厭猶彼云晨壓矣鼓之而紂卒易鄉倒戈而攻後也鄉讀曰向○郝懿行曰倒戈之語非荀所偁易鄉者蓋謂紂卒辟易奔北耳未必倒戈相殺也孟子不信漂杵荀子不偁倒戈其意正同楊注援以釋荀恐非遂乘殷人而誅紂乘乘其倒戈之勢○盧文弨曰正文誅紂上元刻有進字郝懿行曰乘者覆也謂駕其上也注非書序云周人乘黎僞孔傳乘勝也亦非先謙案注乘字各本不重今從宋台州本增一乘字文義較足蓋殺者非周人因殷人也非周人殺之因殷倒戈之勢自殺之故無首虜之獲無蹈難之賞周人無立功受賞者反而定三革偃五兵定息偃仆也皆不用之義三革犀也兕也牛也考工記曰函人爲甲犀甲七屬兕甲六屬合甲五屬穀梁傳曰天子救日置五麾陳五兵范甯云五兵矛戟鉞楯弓矢國語說齊桓定三革偃五刃韋昭云三革甲冑盾也五刃刀劒矛戟矢也合天下立聲樂合天下謂合會天下諸侯歸一統也於是武象起而韶護廢矣武象周武王克殷之後樂名武亦周頌篇名詩序曰武奏大武也禮記曰下管象朱干玉戚冕而舞大武韶護殷樂名左氏傳曰吳季札見舞韶護者蓋殷時兼用舜樂武王廢之也○盧文弨曰護與濩同宋本元刻竝同四海之內莫不變心易慮以化順之故外闔不閉闔門扇也

○盧文弨曰宋本閑作閒係俗體 跨天下而無蘄。跨越也蘄求也越天下而無求言自足也亦人皆與之不待求也○劉台拱曰蘄蓋與圻同言四海一家無封疆之限也淮南俶眞訓四達無境通於無圻高注圻垠字也 當是時也，夫又誰爲戒矣哉。太平如此復誰備戒

造父者，天下之善御者也，無輿馬則無所見其能。造父周穆王之御者 羿者，天下之善射者也，無弓矢則無所見其巧。羿有窮之君逐夏太康而遂篡位者○先謙案弓宋台州本作弧 大儒者，善調一天下者也，無百里之地則無所見其功。輿固馬選矣，而不能以至遠，一日而千里，則非造父也。弓調矢直矣，而不能以射遠中微，則非羿也。善射者既能及遠又中微細之物也○俞樾曰此本作及遠中微故楊注曰善射者既能及遠又中微細之物也及遠二字卽本正文又王霸篇曰故人主欲得善射射遠中微則莫若羿蠭門矣楊注曰射及遠中微細之物是其所據本亦作及遠中微注文射字包及遠中微二意讀者不察謂注文作射及遠則正文必是射遠於是盡改爲射遠中微非荀子之舊矣君道篇曰人主欲得善射射遠中微者縣貴爵

重賞以招致之韓詩外傳四引作及遠中微可據以訂正而外傳五引儒效篇文亦作射遠中微疑後人依誤本荀子改之用百里之地而不能以調一天下。制彊暴則非大儒也。彼大儒者。雖隱於窮閻漏屋。無置錐之地。而王公不能與之爭名。在一大夫之位。則一君不能獨畜。一國不能獨容。成名況乎諸侯。莫不願得以為臣。已解非十二子篇○盧文弨曰案此段在一大夫之位云云當為衍文韓詩外傳卷五無此徑接下文語勢方脗合王念孫曰此三十二字涉非十二子篇而衍用百里之地。而千里之國莫能與之爭勝。笞棰暴國。齊一天下。而莫能傾也。是大儒之徵也。傾危也徵驗也其言有類。其行有禮。類善也謂比類於善不為狂妄之言○先謙案類法也說見非十二子篇其舉事無悔。其持險應變曲當。險危也其持危應變皆曲得其宜當丁浪反與時遷徙。與世偃仰。隨時設教千舉萬變。其道一也。是大儒之稽也。其道一謂皆歸於治也故禹湯文武事跡不同其於為治一也稽考也考成也其窮也。俗儒笑之。其通也。英傑化之，嵬瑣逃之。倍千人曰英，倍萬人曰傑。言英傑之士則慕而化之，狂怪之人則畏而逃去之也。邪說畏之，衆人媿之。衆人初皆非其所爲，成功之後，故自媿也。媿或爲貴。通則一天下，窮則獨立貴名。儒名。天不能死，地不能埋，桀跖之世不能汙，非大儒莫之能立，仲尼子弓是也。故有俗人者，有俗儒者，有雅儒者，有大儒者。辨儒者之異也。不學問，無正義，以富利爲隆，是俗人者也。逢衣淺帶，解果其冠，逢，大也。淺帶，博帶也。韓詩外傳作逢衣博帶。言帶博則約束衣服者淺，故曰淺帶。解果未詳。或曰解果，陿隘也。左思魏都賦曰：風俗以韰倮爲嬧。韰音下界反，倮音果，嬧音獲，靜好也。或曰說苑淳于髡謂齊王曰：臣笑鄰圃之祠田，以一壺酒、三鮒魚，祝曰：蠏螺者宜禾，汙邪者百車。蠏螺蓋高地也，今冠蓋亦比之，謂强爲儒服而無其實也。○盧文弨曰：韰當作韰，所引說苑見復恩篇，又見尊賢篇，此所引尊賢篇之文也。蠏螺彼作蠏堁，鄰圃作臣鄰，皆當從彼爲是。略法先王而足亂世術，略，粗也。粗法先王之遺言，不知大體，故足以亂世法。韓詩外傳作略法先王而不足於亂世。繆學雜舉，不知法後王而一制度，不知隆禮義而殺詩書，後王，後世

錢灃曰俗儒對此當爲汗

之王夫隨當時之政而立制度是一也若安引上古不合於時制度亂矣故仲尼修春秋盡用周法韓詩外傳作不知法先王也○郝懿行曰殺蓋敦字之誤下同楊氏無注知唐本猶未誤其衣冠行僞已同於世俗矣然而不知惡者衣冠即上所云逢衣淺帶之比行僞謂行僞而堅行下孟反○郝懿行曰僞與爲同行動作爲也注非劉台拱曰荀子書言僞者義皆作爲此行僞韓詩外傳作行爲王念孫曰行僞二字斷讀本篇一見非十二子篇一見正論篇一見賦篇一見其見於正論及賦篇者後人皆已改作爲唯此篇及非十二子篇未改而此篇注遂讀爲詐僞之僞矣然而不知惡烏路與下然而明不能別對文則惡下不當有者字其言議談說已無以異於墨子矣然而明不能別○盧文弨曰別上宋本有分字今從元刻刪呼先王以欺愚者而求衣食焉呼謂稱舉得委積足以揜其口則揚揚如也揚揚得意之貌隨其長子事其便辟舉其上客僓然若終身之虜而不敢有他志是俗儒者也長子謂君之世子也便辟謂左右小臣親信者也便婢延反辟讀爲嬖舉其上客謂襃美其上客冀得其[illegible]也僓字書無所見蓋環繞四拘之貌莊子曰睆然在纆繳之中矣○王念孫曰舉讀爲相與之與[illegible]謂交

禮義詩書何以隆
殺

其上客以求助也楊以舉爲褒美於義疏矣又曰偯葢億字之誤說文億安也從人意聲譩譆左傳國語通作億億行而億廢矣億然安然也言俗儒居人國中苟圖衣食媞上安然若將終身而不敢有他志也俞樾曰長子猶鉅子也莊子天下篇釋文引向秀曰墨家號其道理成者爲鉅子若儒家之碩儒長與鉅義同鉅子長子葢當時有此稱隨其長子謂奉一先生以爲師從而附和之也楊注非其義王氏讀舉爲與是也解爲交其上客則非是此蒙事字爲文猶言事其便辟及其上客耳

法後王，一制度，隆禮義而殺詩書，其言行已有大法矣，然而明不能齊，雖有大體其所見之明猶未能齊言行使無纖介之差法教之所不及，聞見之所未至，則知不能類也。有所不知則不能取比類而通之也禮記雖先王未之有可以義起是能類者矣○俞樾曰楊注斷明不能齊爲句此失其讀也齊讀爲濟然而以下十八字作一句讀言法教所及聞見所至則明足以及之而不能濟其法教所未及聞見所未至也所以然者由其知不能類也學者誤謂明不能齊知不能類相對成文遂以齊字斷句失之矣韓詩外傳正作明不能濟法教之所不及聞見之所未至無知不能類句

知之曰知之，不知曰不知，內不自以誣，外不自以欺，不自欺人○盧文弨曰宋本作內不自以誣外外不自以欺內但與

顧月樵曰此段文字精神印證尤甚停妥
錢檟曰奇縱之極

注不合王念孫曰唐風羔裘傳曰自用也狀爛轉𨗆賺箋言內不用之以誣己外不用之以欺人楊釋下句云不自欺人失之以是尊賢畏法而不敢怠傲是雅儒者也有雅德之儒也法先王統禮義一制度以淺持博以古持今以一持萬以淺持博謂見其淺則可以執持博也先王當爲後王以古持今當爲以今持古皆傳寫誤也○盧文弨曰案元刻作以一行萬外傳同本書王制篇亦同劉台拱曰後王謂周也以古持今亦謂以文武周公之德持今世楊謂當爲以今持古非苟仁義之類也雖在鳥獸之中若別白黑善類在鳥獸之中猶別況在人矣倚物怪變所未嘗聞也所未嘗見也卒然起一方則舉統類而應之無所儗㤰倚奇也韓詩外傳作奇物怪變卒于忽反儗讀爲疑㤰與怍同奇物怪變卒然而起人所難處者大儒知其統類故舉以應之無所疑滯慙作也張法而度之則晻然若合符節是大儒者也既無所疑作故開張其法以測度之則晻然如合符節言不差錯也度大各反晻與暗同符節相合之物也周禮門關用符節蓋以全竹爲之剖之爲兩各執其一合之以爲驗也○王引之曰張法而度之韓詩外傳張作援晻然同貌也韓詩外傳作奄然爾雅弇同也郭引詩奄有龜

四海之内皆兄弟也

蒙闇頟弇奄晻竝通楊云晻與暗同失之故人主用俗人則萬乘之國亡不義而好利故亡也用俗儒則萬乘之國存僅存用雅儒則千乘之國安用大儒則百里之地久小國多患難用大儒然後可以長久也而後三年天下爲一諸侯爲臣長久之業既成又三年修德化則可以一天下臣諸侯蓋殷湯周文皆化行之後三年而王也。俞樾曰楊注斷久字爲句則而後三年句不成文義此當以久而後三年五字爲句言其久者言之則以三年爲期若速則或一年或二年卽可以一舉天下而臣諸侯矣韓詩外傳作久而三年無後字先謙案俞說是久而後三年者猶言久至三年也推極言之宥坐篇云綦三年而百姓往矣與此同意用萬乘之國則舉錯而定一朝而伯錯讀爲措伯讀爲霸言一朝而霸也。王念孫曰楊讀伯爲霸非也信如楊說則是大儒用百里之地而可以王用萬乘之國而僅止於霸也斯不然矣今案伯讀爲白王制正義引元命包曰伯之爲言白也明白於德也是伯與白義相通古鐘鼎文伯仲字多作白是伯與白字亦相通白顯著也言一朝而名顯於天下也上文曰臚爲人上則賭名白而天下治致士篇曰貴名白天下願令行禁止王者之事畢矣樂論篇曰名聲於是白光輝於是大王霸篇曰如是則夫名聲之部發於天地之間也豈不如日月雷霆然矣哉故曰以國濟義一日而白湯武是也一日而白猶一朝而白耳韓詩外傳曰用萬乘之國則舉錯而定一朝而白詩曰周雖

此与孫中山先生之知難行易之說殆相似焉

王納諫曰有一風雨驟至之勢

舊邦其命維新可謂白矣此尤其明證也不聞不若聞之，聞之不若見之，見之不若知之，知之不若行之。學至於行之而止矣。行之，明也，行之則通明於事也。○盧文弨曰此節舊不提行今案當分段明之爲聖人，通明於事則爲聖人聖人也者，本仁義，當是非，齊言行，不失豪釐，無它道焉，已乎行之矣。當丁浪反已止也言聖人無他在止於行其所學也故聞之而不見，雖博必謬；雖博聞必有謬誤也見之而不知，雖識必妄；見而不知雖能記識必昧於指意謂若制氏然也○盧文弨曰案漢書禮樂志云漢興樂家有制氏但能紀其鏗鏘鼓舞而不能言其義此注葢本此俗本誤作制力今從宋本訂正知之而不行，雖敦必困。苟不能行雖所知多厚必至困躓也不聞不見，則雖當，非仁也，雖偶有所當非仁人君子之通明者也其道百舉而百陷也。言偶中之道百舉而百陷無一可免也故人無師無法而知則必爲盜，勇則必爲賊，云能則必爲亂；云能自言其能○盧文弨曰楊氏注非十二子篇無能而云能下卽作此語固當在

以孔孟為師法可矣

此處似未安此一云能當如易繫辭傳之云爲亦不必分口之所言身之所爲蓋云有旋轉運動之義云能二字必當時有此成語蓋即營幹之意若依此注則於下文云能則速成更難強通王念孫曰下文云人有師有法而知則速通勇則速威云能則速成則云能非自言其能之之謂也知勇云能皆出於天生而非出於人爲則云能非營幹之意也今案云者有也言無師無法而有能則必爲亂有師有法而有能則其成必速也楊注非十二子篇引愼子曰云能而害無能則亂也云能有能也法行篇曾子曰詩曰轂已破碎乃大其輻事以敗矣乃重大息其云益乎云益有益也古者多謂有爲云大雅桑柔篇民有肅心荓云不逮言使有不逮也爲民不利如云不克言如有不克也云字或作員秦誓曰雖則員然言雖則有然也聆蛛領攤疋勸隨艷讀韓纘傳賦蘶辯賦韡詞條故廣雅曰員云有也文選陸機荅賈長淵詩注引應劭漢書注曰云有也晉語其誰云不從韋注曰諾有不從察則必爲怪惠施鄧析之比辯則必爲誕人有師有法而知則速通勇則速威云能則速成察則速盡辯則速論察則速盡謂有聰察之性則能速盡物理速論謂能速論是非也○王念孫曰論決也言辯事則速決也後漢書陳寵傳季秋論囚注云論決也楊說論字未了先謙案注聰各本譌聽據宋台州本改正故有師法者人之大寶也無師法者

陳深曰句法蒼勁

積

積

人之大殃也。人無師法則隆性矣。有師法則隆積矣。隆厚也積習也厚性謂恣其本性之欲厚於積習謂化爲善也。盧文弨曰案宋本正文隆性作隆情隆積作隆性注積習也已下全不同作厚於情謂恣其情之所欲厚於性謂本於善也俗閒本亦同當出後人所改與荀子言性惡本旨不合與下文及注皆矛盾今悉据元刻改正而師法者所得乎積非所受乎性不足以獨立而治情謂喜怒愛惡外物所感者也言師法之於人得於外情非天性所受故性不足獨立而治必在因外情而化之或曰情當爲積所得乎積習非受於天性既非天性則不可獨立而治必在化之也。盧文弨曰此注方釋情字益可見上文不作隆情王念孫曰此及下文楊注所稱或說改情爲積者皆是也下文皆言積不言情是其證前說皆非又案不足以獨立而治上當更有一性字言性不足以獨立而治必待積習以化之也故下文曰性也者吾所不能爲也然而可化也性也者。吾所不能爲也。然而可化也。言天性非吾自能爲也必在化而爲之也積也者。非吾所有也。然而可爲也。言情非吾天性所有然可以外物誘而爲之或曰情亦當爲積積習與天然有殊故曰非吾所有雖非所有然而可爲之也注錯習俗。所以化性也。注錯猶措置也錯千故反并一而不二。

錢檟日收積字

所以成積也（并讀爲併一謂師法二謂異端）習俗移志安久移質（習以爲俗則移其志安之既久則移本質）并一而不二則通於神明參於天地矣故積土而爲山積水而爲海（盧文弨曰元刻作積土謂之山積水謂之海）旦暮積謂之歲至高謂之天至下謂之地宇中六指謂之極（六指上下四方也盡六指之遠則爲六極言積近以成遠）涂之人百姓（先謙案人百姓猶言衆百姓）積善而全盡謂之聖人彼求之而後得爲之而後成積之而後高盡之而後聖故聖人也者人之所積也（言其德行委積）人積耨耕而爲農夫積斲削而爲工匠積反貨而爲商賈（反讀爲販）積禮義而爲君子工匠之子莫不繼事而都國之民安習其服（安習其土風之衣服）居楚而楚居越而越居夏而夏（夏中夏）是非天性也積靡使然也（靡順也順其積習故能然）故人知謹注錯愼習俗大積靡則爲君子矣（大積靡謂以順積習爲也）縱性情而不足問學則爲小

高似孫曰雅注呈跋

人矣。爲君子則常安榮矣。爲小人則常危辱矣。凡人莫不欲安榮而惡危辱。故唯君子爲能得其所好。小人則日徼其所惡。徼與邀同，招也，一堯反。詩曰：維此良人，弗求弗迪。維彼忍心，是顧是復。民之貪亂，甯爲荼毒。此之謂也。詩大雅桑柔之篇。迪，進也。言厲王有此善人不求而進用之，忍害爲惡之人反顧念而重復之，故天下之民貪亂安然爲荼毒之行，由王使之然也。

人論。論人之善惡。論，盧困反。○王念孫曰：人論二字乃目下之詞。論讀爲倫。倫，類也，等也。謂人之等類，即下文所謂眾人、小儒、大儒也。下文又云人倫盡矣。榮辱篇云斬而齊，枉而順，不同而一，夫是之謂人倫。作論者借字耳。屯象傳君子以經論荀易曰論者理也大雅靈臺篇於論鼓鐘鄭箋論之言倫也公食大夫禮或作論王制必即天論論或爲倫逸周書官人篇規小物而不知大倫大戴記倫作論大戴。楊說失之。又臣道篇人臣之論有態臣者，有篡臣者，有功臣者，有聖臣者。論亦讀爲倫，謂人臣中有此四等也。楊云論人臣之善惡，亦失之。

志不免於曲私，而冀人之以己爲公也。行不免於汙漫，而冀人之以己爲脩也。汙，穢也。漫，欺誑也。漫，莫叛反。○王念孫曰：漫亦汙也。方言：浼，洿也。東齊海岱之間或曰浼。洿與汙同，浼與漫同。呂氏春秋離俗篇不

錢樌曰提出一積字未如汗漫論此宜移至下半頁

即安勉之說

漫於利高注曰漫汙也楊讀漫爲謾欺之謾分汙漫爲二義失之凡荀子書言汙漫者並同其愚陋溝瞀而冀人之以己爲知也是衆人也溝音寇愚也溝瞀無知也衆人謂衆庶也○王念孫曰其字文義不順當是甚字之誤言甚愚而冀人以己爲智也又曰呂本其作甚先謙案宋台州本亦作甚志忍私然後能公行忍情性然後能脩忍謂矯其性行下孟反知而好問然後能才其智慮不及常好問然後能有才藝○先謙案知而好問不自以爲知也楊注非公脩而才可謂小儒矣皆矯其不及故爲小儒也志安公行安脩知通統類如是則可謂大儒矣大儒者天子三公也其才堪王者之佐也小儒者諸侯大夫士也衆人者工農商賈也禮者人主之所以爲羣臣寸尺尋丈檢式也人倫盡矣檢束也式法也度也寸尺尋丈所以知長短也檢束所以制放佚大儒可爲天子三公小儒可爲諸侯大夫禮可以總統羣臣人主之柄也倫當爲論或曰倫等也言人道差盡於禮也○王念孫曰檢式皆法也文選演連珠注引蒼頡篇云檢法度也是檢與式同義言治人以禮如寸尺尋丈之有法度也楊分檢式爲二義失之

康海曰志論深遠

君子言有壇宇。行有防表。道有一隆。累土爲壇宇屋邊也防隄所尊高也行有防表謂有標准也一隆謂厚於一不以異端亂之也○王念孫曰壇堂基也築土起堂壇謂宇屋邊也言有壇宇猶曰言有界域卽下文所謂道不過三代法不二後王非有所尊高之謂也先謙案道有一隆謂有所專重如下文問政則專重安存問學專重爲士問治法專重後王是也非厚於一之謂楊說失之言道德之求。不下於安存。此道德或當爲政治以下有道德之求故誤重寫耳故下云諸侯問政不及安存則不告也謂人以政治來求則以安存國家已上之事語之也○先謙案安存以百姓言言志意之求。不下於士。以脩其志意來求則語爲士已上之事言道德之求。不二後王。道德教化也人以教化來求則言當時之切所宜施行之事不二後王師古而不以遠古也舍後王而言遠古是二也道過三代、謂之蕩。道過三代已前事已久遠則爲浩蕩法二後王。謂之不雅。雅正也其治法不論當時之事而廣說遠古則爲不正也難信也高之下之。小之臣之。不外是矣。臣當爲巨雖高下小大不出此壇宇防表也是君子之所以騁志意於壇、宇、宮、庭也。宮謂之室庭門屏之內也君子雖騁志意論說不出此壇宇宮庭之內也是時百家異說多妄引前古以亂當世故荀卿屢有此言也 故諸侯問政不及安存則不告也○先謙案如衛靈公問陳孔子對以軍旅未學 匹夫問學不及爲士則不教也○先謙案如樊遲問學稼學圃孔子答以不如老農老圃 百家之說不及後王則不聽也百家雜說不及後王之道妄起異端則君子不聽之也 夫是之謂君子言有壇宇行有防表也

荀子卷第四

荀子備法重人治法亂[illegible]近者講法而不講人治此其異也

黃道周曰此四等人當用當去亦為政之要圖

某按世德堂本須作頃非宋務也

姚云未定言中人不甚以賢不肖分則有以昭穆世次進者

荀子卷弟五

唐登仕郎守大理評事楊　倞　注

臣　王先謙集解

王制篇弟九

請問爲政。曰賢能不待次而舉，不以官之次序若傳說起版築爲相也罷不能不待須而廢，須須臾也。盧文弨曰須俗本誤作頃宋本元刻並作須先謙案罷謂弱不任事者荀書多以賢罷對舉王霸篇無國而不有賢士無國而不有罷士非相篇君子賢而能容罷正論篇故至賢疇四海湯武是也至罷不容妻子桀紂是也成相篇基必施辨賢罷與此同元惡不待教而誅，不教而殺謂之虐唯元惡不教誅之也中庸民不待政而化。中庸民易與爲善故教則化之不待政成之後也。郝懿行曰中庸民言中等平常之人賈誼過秦論所謂材能不及中庸義與此同史記改作材能不及中人亦得其意王念孫曰元惡中庸對文中庸下不當獨有民字此涉注文中庸民而衍韓詩外傳無民字分未定也，則有昭繆。繆讀爲穆父昭子穆言爲政當分未定之

某按兩也字當有昭穆謂世家也即下所云王公大夫之子孫二句相貫韓楊注及姚說皆斷有昭穆句上屬非是

時則爲之分別使賢者居上不肖居下如昭穆之分別然不問其世族○郝懿行曰二語難曉楊氏說亦不了韓詩外傳四同先謙案楊說是也此卽下文所謂以類行雜雖王公士大夫之子孫。○先謙案宋台州本句末有也字與下文一律此也字似當有不能屬於禮義。則歸之庶人。雖庶人之子孫也。積文學。正身行。能屬於禮義。則歸之卿相士大夫。屬繫也之欲反故姦言姦說。姦事姦能。○先謙案姦事姦說荀自解在非十二子及儒效篇言亦說也能亦事也遁逃反側之民。職而教之。須而待之。反側不安之民也職而教之謂使各當教其本事也須而待之謂須暇之而待其遷善也勉之以慶賞。懲之以刑罰。安職則畜。不安職則棄。畜養也棄謂投四裔之比也五疾。上收而養之。材而事之。五疾瘖聾跛躄斷者侏儒各當其材使之謂若矇瞽修聲聾聵司火之屬官施而衣食之。兼覆無遺。官爲之施設所職而與之衣食○先謙案收而養之以下三句一律皆上之事卽官之事也不應此處又增入官字今案官者任也議顯解施者用也議顯臣官施而衣食之猶言任用而衣食之王霸篇云論德使能而官施之尤其明證楊注誤才行反時者。死無赦。夫

某按闲當爲比之假音字
孫鏘曰不拘作对乃有

是之謂天德，王者之政也。天德天覆之德○王念孫曰王者上當有是字是王者之政也乃總承上文之詞下文是王者之人也是王者之制也是王者之論也皆與此文同一例今本脫是字則語意不完韓詩外傳有是字

聽政之大分。○盧文弨曰舊本不提行今案當分段先謙案台州本提行以善至者待之以禮，以不善至者待之以刑。兩者分別，則賢不肖不雜，是非不亂。賢不肖不雜則英傑至，是非不亂則國家治。若是，名聲日聞，○王念孫曰名聲日聞本無聞字日本作白名聲白者白明也顯也名聲顯著於天下也致士篇曰貴名白天下願令行禁止王者之事畢矣文正與此同貴名白卽名聲白也樂論篇曰名聲於是白光煇於是大堯問篇曰名聲不白徒與不眾光煇不大皆其證也名聲白天下願二句相對爲文若於上句內加一字則句法參差矣此因白字譌作日後人不得其解故於日下加聞字耳天下願，令行禁止，王者之事畢矣。願謂人人皆願凡聽，論聽政也威嚴猛厲而不好假道人，厲剛烈也假道謂以寬和假借道引人也則下畏恐而不親，周閉而不竭，隱閉其情不竭盡也○郝懿行曰竭者舉也謂隱匿其情不肯舉發也注訓竭盡亦通若是則大

事殆乎弛。小事殆乎遂。弛廢也遂因循也春秋傳曰遂繼事也下既隱情不敢論說則大事近於弛廢小事近於因循言不肯革弊也。劉台拱曰遂如大夫無遂事之遂威嚴猛厲則小事不復關白故曰遂王念孫曰遂讀爲墜墜與弛義相近下畏恐而箝口則百事墮壞而上不得聞故大事近乎廢弛小事近乎失墜也下文曰法而不議則法之所不至者必廢職而不通則職之所不及者必隊隊與墜同義與此相承也正論篇曰國雖不安不至於廢易遂亡遂亦讀爲墜史記倉公傳陽脈下遂徐廣曰一作隊正義曰遂音直類反遂隊並與墜同墜之通作遂猶墜之通作隧儒效篇至共頭而山隧漢石經論語殘碑未隧於地漢書王莽傳不隧如髮並以隧爲墜謂不至於廢弛墜失也廢易卽廢弛爾雅曰弛易也君道篇曰境內之事有弛易齵差者矣俞樾曰說文遂亡也小事殆乎遂謂近乎亡失也正論篇國雖不安不至於廢易遂亡以遂亡連文此古義之幸存者楊不得其義而曲爲之說先謙案王俞並引正論篇爲說彼以廢易遂亡四字連文廢易二義則遂亡亦二義不得訓遂爲亡王讀遂爲墜說較長注肯字各本譌有據宋台州本改正

和解調通，好假道人。而無所凝止之。和解調通謂寬和不拒下也凝定也凝止謂定止其不可也。謝本從盧校作凝止也盧文弨曰正文也字宋本作之郝懿行曰按此今宮人中之和事者也偏好假借辭色開通道路以誘進人令皆歡悅故下遂云姦言並至嘗試之說鋒起而無所底止也凝當作疑止定之貌見詩桑柔傳及儀禮士昏等注荀書凝字古本必皆作疑今改作凝經典亦多

趙瑤曰議論是氏沿體最潛玩

改凝人皆知凝不知疑矣莊子用志不紛乃疑於神今亦改疑其音則疑魚乙切凝魚陵切古音必陵切說文以凝爲俗冰字唯詩膚如凝脂正宜作凝爾雅作冰脂可證矣王念孫曰宋呂錢本作凝止之世德堂本同作之者是也解蔽篇云以可以知人之性求可以知物之理而無所疑止之文義正與此同先謙案王說是今改從宋本則姦言竝至嘗試之說鋒起嘗試之說謂假借他事試爲之也莊子曰嘗試論之鋒起謂如鋒刃齊起言銳而難拒也若是則聽大事煩是又傷之也聽大謂所聽之事多也傷傷政也○先謙案詩閟宮箋大東極東疏大者廣遠之言此大字義同故法而不議則法之所不至者必廢議謂講論也雖有法度而不能講論則不周洽故法所不至者必廢也職而不通則職之所不及者必隊雖舉當其職而不能通明其類則職所不及者必隊隊與墜同故法而議職而通無隱謀無遺善而百事無過非君子莫能故公平者職之衡也中和者聽之繩也聽聽政也衡所以知輕重繩所以辨曲直言君子用公平中和之道故能百事無過中和謂寬猛得中也○劉台拱曰注先解聽後解衡職之衡當作聽之衡此涉上文職字致誤其有法者以法行無法者以類舉聽之

此荀子與法家所同之處 馮說
吳本與下段連
孫鑛曰澹只作一注作贍非
爭則必亂依世德堂本删必字

盡也類謂比類。先謙案無法者上羣書治要有其字偏黨而無經聽之辟也無經謂無常法也辟讀爲僻故有良法而亂者有之矣有君子而亂者自古及今未嘗聞也傳曰治生乎君子亂生乎小人此之謂也其人存則其政舉其人亡則其政息。盧文弨曰注兩則字宋本無先謙案亂生上羣書治要有而字

分均則不偏分均謂貴賤敵也分扶問反。王念孫曰偏讀爲徧言分既均則所求於民者亦均而物不足以給之故不徧也下文曰埶位齊而欲惡同物不能澹澹字正所謂不徧也偏徧古字通說見墨子非攻篇埶齊則不壹衆齊則不使此皆名無差等則不可相制也有天有地而上下有差明王始立而處國有制制亦謂差等也夫兩貴之不能相事兩賤之不能相使是天數也天之數也埶位齊而欲惡同物不能澹則必爭澹讀爲贍既無等級則皆不知紀極故物不能足也爭則必亂亂則窮矣物窮竭也先王惡其亂也故制禮義以分之使有貧富貴賤之等足以相兼臨者是養天下之

申時行曰此段似沒緊要實真切精到之論法家講尊君而荀子則重民此法家異矣（馮說）

本也使物有餘而不窮竭書曰維齊非齊此之謂也書呂刑言維齊一者乃在不齊以諭有差等然後可以爲治也

馬駭輿則君子不安輿馬駭於車中也庶人駭政則君子不安位駭政不安上之政也馬駭輿則莫若靜之庶人駭政則莫若惠之惠恩惠也○郝懿行曰惠者順也注訓恩惠失之夫馬駭而脈僨靜以鎮之則馴矣人駭而圖反順以循之自安矣故鞭箠不加於奔駟而謗木不絕於堯年昔蘧伯玉治衛子貢問何以治對曰以不治治之夫不治之治則靜之惠之之說也選賢良舉篤敬興孝弟收孤寡補貧窮如是則庶人安政矣庶人安政然後君子安位傳曰君者舟也庶人者水也水則載舟水則覆舟此之謂也故君人者欲安則莫若平政愛民矣欲榮則莫若隆禮敬士矣欲立功名則莫若尚賢使能矣是君人者之大節也三節者當則其餘莫不當矣三節者不當則其餘雖曲當猶將無益也

此之謂駮政

吳本禮下有者字

曲當謂委曲皆當當丁浪反○盧文弨曰猶元刻作由與猶同先謙案羣書治要作由**孔子曰。大節是也。小節是也。上君也。大節是也。小節一出焉。一入焉。中君也。**謂得一一失也○盧文弨曰宋本小節下有非也二字**大節非也。小節雖是也。吾無觀其餘矣。成侯嗣公。聚斂計數之君也。**成侯嗣公皆衛君也史記衛聲公卒子成侯立成侯卒子平侯立平侯卒子嗣君立韓子曰衛嗣公重如耳愛泄姬而恐其皆因其愛重以壅己也乃貴薄疑以敵如耳尊魏妃以耦泄姬曰以是相參也又使客過關市賂之以金後召關市問其有客過與汝金汝回遣之關市大恐以嗣公爲明察此皆計數之類也○盧文弨曰所引韓子見內儲說上篇魏妃作魏姬汝回遣之作汝因遣之**未及取民也。**未及謂其才未及也取民謂得民心**子產取民者也。未及爲政也。**禮記曰子產猶衆人之母能食之不能教之也○俞樾曰楊注以取民爲得民心於義甚晦殆非也老子曰故取天下者常以無事河上公注曰取治也此取字亦當訓治取民言治民也**管仲爲政者也。未及修禮也。**言未及教化也○謝本從盧校爲政修禮下俱有者字王念孫曰元刻未及爲政未及修禮下皆無者字宋龔本同是也此兩者字皆涉上下文而衍韓詩外傳羣書治要及文選永明十一

吳本建下

年策秀才文注引此皆無兩者字上文未及取民也亦無者字先謙案王說是今從元刻刪者字故修禮者王。爲政者彊。取民者安。聚斂者亡。故王者富民。霸者富士。士卒伍也僅存之國富大夫。亡國富筐篋。實府庫。筐篋已富。府庫已實。而百姓貧。夫是之謂上溢而下漏。如器之上溢下漏空虛可立而待也。王引之曰溢滿也漏之言漉也字或作盝漉爾雅曰盝涸竭也方言曰盝涸也漉極也郭璞曰滲漉極盡也月令曰毋竭川澤毋漉陂池淮南本經篇竭澤而魚高注曰竭澤漏池也漏池卽所謂漉陂池也漉漏古同聲故滲漉或謂之滲漏本經篇又曰禹疏三江五湖流注東海鴻水漏九州乾亦謂鴻水涸也上溢而下漏卽是上富而下貧楊說溢漏二字皆未了入不可以守。出不可以戰。則傾覆滅亡可立而待也。故我聚之以亡。敵得之以彊。聚斂者。召寇肥敵。亡國危身之道也。故明君不蹈也。

王奪之人。霸奪之與。彊奪之地。人謂賢人與謂與國也彊國之術則奪人地也奪之人者臣諸侯。奪之與者友諸侯。奪之地者敵諸侯。臣諸侯者王。友諸侯者霸敵諸侯者危用彊者用彊力勝人非知彊道者人之城守人之出戰而我以力勝之也○俞樾曰出當爲士字之譌也古書士出二字每相混史記五帝紀稱以出集解引徐廣曰出一作士淮南子繆稱篇其出之誠也新序雜事篇出作士並其證也守必以城戰必以士人之城守人之士戰正相對成文士譌爲出義不可通矣則傷人之民必甚矣傷人之民甚則人之民惡我必甚矣人之民惡我甚則日欲與我鬬人之城守人之出戰而我以力勝之則傷吾民必甚矣傷吾民甚則吾民之惡我必甚矣吾民之惡我甚則日不欲爲我鬬人之民日欲與我鬬吾民日不欲爲我鬬是彊者之所以反弱也地來而民去累多而功少累憂累也雖守者益所以守者損是以大者之所以反削也守者謂地也守國以地爲本故曰守者所以守者謂所以守地之人也○俞樾曰上以字衍文是大者之所以反削也與上文是彊者之所以反弱也正相對諸侯莫不懷交接怨而不忘其敵交接連結也既以力勝而不義

故諸侯皆欲相連結怨國而不忘與之爲敵本多作壞交接言壞其與己交接之道也。郝懿行曰接者續也懷交謂私相締交接怨謂連續修怨注非是王念孫曰諸侯莫不懷交接爲句壞懷古字通禮論篇諸侯不敢壞史記禮書作懷襄十四年左傳王室之不壞釋文壞服本作懷楊後說以壞交接連讀是也前說以懷交接怨連讀失之俞樾曰楊注二說皆未安王氏謂當從後說非也疑怨字當在交接二字之上本作諸侯莫不懷怨交接而不忘其敵懷怨交接猶云匿怨而友其人也故不忘其敵傳寫奪怨字而誤補之接字之下耳先謙案郝說是也

伺彊大之閒。承彊大之敝。此彊大之殆時也。殆危也。盧文弨曰元刻敝作弊宋本敝下有也字又有知彊大之敝五字各本多同係衍文今從元刻去之

知彊大者不務彊也。知彊大之術者不務以力勝也。王引之曰彊大當爲彊道彊道謂所以致彊之道即下文所謂以王命全其力凝其德也不知此道而務以力勝則務彊而反弱即下文所謂非其道而慮之以王也故曰知彊道者不務彊也下文云是知彊道者也正與此句相應又云是知霸道者也是知王道者也皆與此句相應此篇大旨皆言王道霸道彊道之不同故此文云知彊道者不務彊也兩彊字亦上下相應則彊下之字作道不作大明矣今本作彊大大字蓋涉上文三彊大而誤楊云知彊大之術者不務以力勝也則所見本已誤作彊大

慮以王命。全其力。凝其德。慮計也以用也其計

慮常用王命謂不敢擅侵暴也凝定也定其德謂不輕舉也。王念孫曰慮猶大氐也言知彊道者不務以力勝人大氐以王命全其力凝其德也議兵篇曰諸侯慮敵之者削反之者亡楊注以慮爲謀慮亦非又曰焉慮率用賞慶刑罰埶詐而已矣楊注以慮爲大凡是漢書賈誼傳慮亡不帝制而天子自爲者師古曰慮大計也言諸侯皆欲同帝制而爲天子之事是其證矣力全則諸侯不能弱也。德凝則諸侯不能削也。天下無王霸主。則常勝矣。是知彊道者也。無王霸之主則彊國常勝主或衍字彼霸者不然。辟田野。實倉廩。便備用。備用足用也左傳曰無重器備。王念孫曰楊訓備用爲足用便足用之語不詞且與田野倉廩不對余謂備用二字平列備說文本作葡字從用從苟省葡音淮南修務篇注云備猶用也故或謂之器用或謂之器備便備用猶言便器用耳便備用三字本篇凡三見與田野倉廩對文者二與功苦完利對文者一其見於儒效篇者則與規矩準繩對文見於富國篇者亦與田野倉廩對文皆以二字平列先謙案王說是矣荀書多言械用罕言器用便備用猶言便械用耳議兵篇云械用兵革攻完便利者强械用兵革窳楛不便利者弱械用便利正與便備用同意以下文辨功苦功與攻同苦與楛同尚完利便備用互證之而義益明案謹募選閱材伎之士案發聲謹嚴也募招也謹募猶重募也選閱揀擇也材伎武藝

吴本罰作賞

過人者猶漢之林官也。俞樾曰募乃纂字之譌毛詩猗嗟篇舞則選兮韓詩作舞則纂兮是纂與選聲近義同故此以連文纂選皆具也說文人部僎具也食部饌具食也選與僎並從巽聲纂與饌並從算聲於義得通閱亦具也說文門部閱具數於門中也小爾雅廣詁閱具也是纂選閱三字同義古書往往有之襄三十一年左傳繕完葺牆繕完葺一義也楚語蓄聚積實蓄聚積一義也並其例也案謹纂選閱材技之士質言之止是具材技之士耳纂誤爲募楊注曰募招也非古義矣管子心術篇纂選者所以等事也今本皆作募選誤與此同說詳管子然後漸慶賞以先之。漸進也言進勉以慶賞也。郝懿行曰漸子廉切讀若漸民以仁之漸其訓漬也浸也深染入也楊注凡漸皆訓進故多失之嚴刑罰以糾之。○先謙案下文賞慶刑罰對文則此亦當作刑罰各本罰誤賞據宋台州本改正存亡繼絕衞弱禁暴而無兼并之心。則諸侯親之矣。并讀爲併下同修友敵之道以敬接諸侯。則諸侯說之矣。說讀爲悅下同所以親之者。以不并也。并之見則諸侯疏矣。見賢徧反○謝本從盧校疏下有之字王念孫曰元刻疏下無之字是也下文則諸侯離矣離下無之字是其證宋本作諸侯疏之涉上文諸侯親之諸侯說之而誤先謙案王說是今從元刻删之字所以說之者。

姚云言以五臨友邦也
以解上臣之見

以友敵也。臣之見則諸侯離矣。故明其不幷之行。信其友敵之道。行下孟反信謂使人不疑天下無王霸主。則常勝矣。是知霸道者也。無王者則霸主常勝也○王念孫曰天下無王霸主本作天下無王主上文說彊者之事云天下無王霸主句則常勝矣言天下無王霸主則彊者常勝也此文說霸者之事云天下無王主句則常勝矣言天下無王主則霸者常勝也王主二字之閒不當更有霸字蓋涉上文王霸主而衍楊不知霸字之衍而讀天下無王爲句霸主則常勝矣爲句楊注具見則句法與前不合閔王毀於五國。史記齊湣王四十年樂毅以燕趙楚魏秦破齊湣王出奔莒也桓公劫於魯莊公羊傳柯之盟齊桓公爲魯莊公之臣曹沫所劫也無它故焉。非其道而慮之以王也。不行其道而以計慮爲王所以危亡也彼王者不然。仁眇天下。義眇天下。威眇天下。眇盡也盡天下皆懷其仁感其義畏其威也○郝懿行曰眇古妙字古書皆以眇爲妙荀書亦然注皆失之周易眇萬物而爲言今亦改爲妙矣古無妙字王念孫曰諸書無訓眇爲盡者且正文但言眇天下而注言盡天下皆懷其仁感其義畏其威加數語以釋之其失也迂矣余謂眇者高遠之稱漢書王褒傳眇然絕俗離世顏師古曰眇然高遠之意文選文賦志眇眇而臨雲李善曰眇眇高遠貌言仁高天下義高天下威高天下耳若褱

吳本二作三

吳本連下

吳本連下

其仁感其義畏其威自見下文非此三句意先謙案郝王二說並通仁眇天下。故天下莫不親也。義眇天下。故天下莫不貴也。威眇天下。故天下莫敢敵也。以不敵之威。輔服人之道。其道可以服人○先謙案服人之道謂上文仁義故不戰而勝。不攻而得。甲兵不勞而天下服。是知王道者也。知此二具者。欲王而王。欲霸而霸。欲彊而彊矣。

王者之人。王者之佐飾動以禮義。所修飾及舉動必以禮義○王念孫曰飾讀爲飭飭辭通以言動作必以禮義自飾也楊分飾動爲二義失之聽斷以類。所聽斷之事皆得其善類謂輕重得中也○先謙案類法也說見非十二子篇明振毫末。振舉也言細微必見舉措應變而不窮。夫是之謂有原。是王者之人也。原本也知爲政之本

王者之制。說王者制度也道不過三代。法不貳後王。論王道不過夏殷周之事過則久遠難信法不貳後王言以當世之王爲法不離貳而遠取之道過三代謂之蕩。法貳後王謂之

吳本連下

不雅。竝已解上。○先謙案見儒效篇。衣服有制，宮室有度，人徒有數，人徒謂士卒胥徒也。喪祭械用皆有等宜。械器也。皆有等級，各當其宜也。○王念孫曰：楊注失之迂。宜讀爲儀。大雅文王篇「宜鑒于殷」，大學引此宜作儀。楚語「采服之儀」，春官肆引此儀作宜。儀與等義相近。周官大司徒曰「以儀辨等，則民不越」，典命曰「掌諸侯之五儀、諸臣之五等之位」，大行人曰「以九儀辨諸侯之命，等諸臣之爵」，皆是也。衣服有制，宮室有度，人徒有數，制、度、數與等、儀義亦相近。哀公篇曰「人有五儀，有庸人，有士，有君子，有賢人，有大聖」，謂人有此五等也。楊以儀爲儀法，亦失之。聲，則凡非雅聲者舉廢；舉，皆。色，則凡非舊文者舉息；謂染綵畫繢之事也。械用，則凡非舊器者舉毁。舊謂三代故事。夫是之謂復古，是王者之制也。復三代故事，則是復古，不必遠舉也。

王者之論。論謂論說賞罰也。盧困反。○先謙案：楊說非。論亦當讀爲倫，倫者等也。言爲君者能行此政，則是王者之等也。下文云「此五等者，王霸安存危殆滅亡之具也」，以王者之政爲一等，與此可互證。儒效篇「人論」，臣道篇「人臣之論」，王氏念孫皆讀爲倫，而於此失之。無德不貴，無能不官，無功不賞，無罪不罰。朝無幸位，民無幸生。幸，僥幸也。尚賢使能，而等位不遺；不遺，言各當其材。等位，等級之位也。析

[illegible]可增加[illegible]

吳本連下
姚云等即法也法有等
列也此与上三章文法
同

愿禁悍而刑罰不過。析，分異也。分其愿慤之民，使與凶悍者異也。悍，凶暴也。刑罰不過，但禁之而已，不刻深也。○王念孫曰：析愿二字義不可通，當從韓詩外傳作折暴，字之誤也。折暴與禁悍對文，下文曰如是而可以誅暴禁悍矣，富國篇曰不足以禁暴勝悍，皆以暴悍對文，則此亦當作折暴禁悍明矣。楊不得其解而爲之詞。又下文抃急禁悍防淫除邪，抃急二字語意不倫，當亦是折暴之誤。下文暴悍以變姦邪不作，正承此文而言，則當作折暴禁悍又明矣。楊云抃當爲析，急當爲愿，亦失之。又曰：析當爲折，折之言制也。呂刑制以刑，墨子尚同篇引作折則刑。論語顏淵篇片言可以折獄者，鄭注魯讀折爲制。愿讀爲傆，說文傆音與愿同黠也。言制桀黠之民使畏刑也。作愿者借字耳。余前說改愿爲暴，未確。韓詩外傳作折暴，恐是以意改，未可據以爲據下文之誅暴禁悍富國篇之禁暴勝悍，文各不同，皆未可據彼以改此。又下文抃急禁悍防淫除邪，抃亦當爲折，急即愿之譌。前改急爲暴，亦未確。急與暴形聲皆不相似，若本是暴字，無緣譌而爲急。百姓曉然皆知夫爲善於家而取賞於朝也，爲不善於幽而蒙刑於顯也。夫是之謂定論，是王者之論也。定論，不易之論。論不易則人知沮勸也。

王者之等賦、政事、財萬物，所以養萬民也。等賦，賦稅有等。所以爲等賦及政事裁制萬物，皆爲養人，非貪利也。財與裁同。○劉台拱曰：所以字當在財萬物上。王念孫曰：之下當有法字。王者之法，乃總目下文之詞下文是王者之法也正與此句相應上文王者之人王者之制王者之論皆上下相應此文脫法字則上下不相應矣等賦二字連讀楊云賦稅有等所以爲等賦富國篇云等賦府庫者貨之流也政讀爲正言等地賦正民事以成萬物而養萬民也財者成也說見非十二子篇楊讀王者之等賦爲句政事財萬物爲句皆失之

田野什一。什稅一也關市幾而不征。幾呵察也但呵察姦人而不征稅也禮記幾作譏山林澤梁。以時禁發而不稅。石絕水爲梁所以取魚也非時則禁及時則發禮記曰獺祭魚然後漁人入澤梁草木零落然後入山林也相地而衰政。相視也衰差也政爲之輕重政或讀爲征衰初危反。盧文弨曰齊語正作相地而衰征韋昭注云視土地之美惡及所生出以差征賦之輕重也理道之遠近而致貢。理條理也貢任土所貢也謂若百里賦納總二百里納銍之類也。王念孫曰小雅信南山傳曰理分地里也謂貢以遠近分也上句相地而衰政衰與分義相近楊說未確通流財物粟米無有滯留。貿遷有無化居不使有滯積也使相歸移也。四海之內若一家。歸讀爲饋移轉也言通商及轉輸相救無不豐足雖四海之廣若一家也故近者不隱其能，遠者不疾其勞。不隱其能謂竭其才力也不疾苦其勞謂奔走來王也無幽閒隱僻之國，莫不趨使而安樂之。

吴本連下

幽深也閒隔也言無有深隔之國不爲王者趨使而安樂政教也○先謙案富國篇彊暴之國莫不趨使荀書多用趨使字或疑使當爲便非

夫是之謂人師。是王者之法也。師長也言爲政如此乃可以長人也師者亦使人法效之者也

北海則有走馬吠犬焉。然而中國得而畜使之。海謂荒晦絕遠之地不必至海水也走馬吠犬今北地之大犬也○盧文弨曰冀之北土馬之所生注走馬下當有脫文先謙案謝本不提行今案當分段注地字各本脫據宋台州本增

南海則有羽翮齒革曾青丹干焉。然而中國得而財之。翮大鳥羽齒象齒革犀兕之革曾青銅之精可繢畫及化黃金者出蜀山越嶲丹干丹砂也蓋一名丹干干讀爲矸胡旦反或曰丹丹砂也干當爲玕尚書禹貢雍州球琳琅玕孔云石而似玉者爾雅亦云西北方之美者有球琳琅玕焉皆出西方此云南方者蓋南方亦有也○王念孫曰楊前說以丹干爲丹砂未知是否後說以干爲琅玕非也琅玕不得但謂之玕正論篇云加之以丹矸重之以曾青犀象以爲樹琅玕龍茲華覲以爲實丹矸卽丹干也旣言丹矸又言琅玕則丹干之干非琅玕明矣

東海則有紫紶魚鹽焉。然而中國得而衣食之。紫紫貝也紶未

詳字書亦無紶字當爲蚌郭璞江賦曰石蚌應節而揚葩注云石蚌龜形春則生花蓋亦蚌蛤之屬今案本草謂之石決明陶云俗傳是紫貝定小異附石生大者如手明耀五色內亦含珠古以龜貝爲貨故曰衣食之蚌居怯反○盧文弨曰注蚌元刻作蚴同今從宋本王引之曰下文云中國得而衣食之則紫紶爲可衣之物魚鹽爲可食之物較然甚明紫與茈通管子輕重丁篇昔萊人善染練茈之於萊純鍿緺綬之於萊亦純鍿也其周中十金是東海有紫之證紶當爲綌右傍谷字與去相似綌之蠵謎鱛鞠駮鷁　邦葛精曰絺麤曰綌鞹鱐　葛禹貢青州厥貢鹽絺海物惟錯有絺則有綌矣管子輕重丁篇東方之萌帶山負海漁獵之萌也治葛縷而爲食言以葛爲絺綌也是東海有綌之證紫與綌皆可以爲衣故曰中國得而衣之楊注大誤西海則有皮革文旄焉。然而中國得而用之。禹貢梁州貢熊羆狐狸織皮孔云貢四獸之皮織皮今之罽也旄旄牛尾文旄謂染之爲文綵也故澤人足乎木。山人足乎魚。農夫不斲削。不陶冶。而足械用。工賈不耕田而足菽粟。故虎豹爲猛矣。然君子剝而用之。故天之所覆。地之所載。莫不盡其美。致其用。物皆盡其美而來爲人用也上以飾賢良。下以養百姓。而安樂之。飾謂車服養謂

吳本連下

荀子講方法故有近于今日科學家之處

衣食夫是之謂大神能變通裁制萬物故曰大神也○郝懿行曰釋詁神者治也然則大神謂大治猶禮運云大常也楊注以變通裁制萬物爲言亦即大治之意詩曰天作高山大王荒之彼作矣文王康之此之謂也詩周頌天作之篇荒大也康安也言天作此高山使興雲雨大王自豳遷焉則能尊大之彼大三作此都文王又能安之也以類行雜得其統類則不患於雜也以一行萬行於一人則萬人可治也皆謂得其樞要也始則終終則始若環之無端也舍是而天下以衰矣始謂類與一也終謂雜與萬也言以此道爲治終始不窮無休息則天下得其次序舍此則亂也衰初危反○王念孫曰始終二字泛指治道而言下文曰君臣父子兄弟夫婦始則終終則始義亦同也始非謂類與一終亦非謂雜與萬天地者生之始也禮義者治之始也君子者禮義之始也始猶本也言禮義本於君子也爲之貫之積重之致好之者君子之始也言禮義以君子爲本君子以習學爲本貫習也積重之謂學使委積重多也致極也好之言不倦也○王引之曰君子之始也之始二字蓋涉上三之始而衍此言禮義爲治之始而爲之貫之積

荀子把天地人分開，從事物天地也，与天論篇同意。○譯注

與重在一邊之法家頗相近。○譯注

重之致好之者則君子也故君子又爲禮義之始下文無君子則天地不理禮義無統仍是此意此承上文君子爲禮義之始而申言之則君子下不當更有之始二字楊云君子以積學爲本則所見本已衍此二字故天地生君子君子理天地君子者天地之參也萬物之摠也民之父母也參謂與之相參共成化育也摠領也○盧文弨曰俗本又有要也二字宋本元刻皆無無君子則天地不理禮義無統上無君師下無父子夫是之謂至亂君臣父子兄弟夫婦始則終終則始與天地同理與萬世同久夫是之謂大本始則終終則始謂一世始言上下尊卑人之大本有君子然後可以長久也○盧文弨曰注謂一世始句有誤疑當作謂治世也故喪祭朝聘師旅一也此已下明君子禮義之治爲之制喪祭朝聘之禮所以齊一民各當其道不使淫放也下一之義皆同○盧文弨曰注之治舊作之始譌王引之曰師旅二字後人以意加之也此言祭祀賓客喪紀之事而師旅不與焉故楊注但言喪祭朝聘而不言師旅則本無師旅二字明矣貴賤殺生與奪一也使民一於沮勸君君臣臣父父子子兄兄弟弟一也使人一於恩義農農士士工工

吳本曰義作曰以義

商商一也。使人一於職業。

水火有氣而無生，草木有生而無知，生謂滋長。知謂性識。禽獸有知而無義。郝懿行曰：釋詁「知者，匹也」。詩曰「樂子之無知」，此草木有生無知之說也。曲禮曰「禽獸無禮，故父子聚麀」，此禽獸有知無義之說也。楊注知謂性識，是已。蓋因有性識然後有匹偶，故此二義兼之乃備。人有氣有生有知亦且有義，故最為天下貴也。亦且者，言其中亦有無義者也。○盧文弨曰：亦且二字，乃謂異於禽獸，注誤。力不若牛，走不若馬，而牛馬為用，何也？曰：人能羣，彼不能羣也。人何以能羣？曰：分。無分則爭，則不能羣也。分何以能行？曰：義。故義以分則和，言分義相須也。義謂裁斷也。○謝本從盧校作曰以義。盧文弨曰：正文曰以義，元刻無以字。王念孫曰：元刻無以字，是也。曰義與曰分對文，明則不當有以字。宋本有以字者，涉上兩以字而衍。先謙案：元刻是，今依王說改。和則一，一則多力，多力則彊，彊則勝物，故宮室可得而居也。物不能害，所以安居。故序四時，裁萬物，說見非十二子篇。○先謙案：裁亦成也。兼利

吳本鰌作⿰魚酉

天下無它故焉得之分義也以有分義故能治天下也故人生不能無羣羣而無分則爭爭則亂亂則離離則弱弱則不能勝物故宮室不可得而居也不可少頃舍禮義之謂也能以事親謂之孝能以事兄謂之弟能以事上謂之順能以使下謂之君能以皆謂能以禮義也君者善羣也善能使人爲羣也羣道當則萬物皆得其宜六畜皆得其長羣生皆得其命安其性命故養長時則六畜育殺生時則草木殖殺生斬伐政令時則百姓一賢良服聖王之制也時謂有常服謂爲之任使草木榮華滋碩之時則斧斤不入山林不夭其生不絕其長也黿鼉魚鱉鰌鱣孕別之時別謂生育與母分別也國語里革諫魯宣公曰魚方別孕韋昭曰自別於雄而懷子也罔罟毒藥不入澤不夭其生不絕其長也毒藥毒魚之藥周禮雍氏禁澤之沈者也春耕夏耘秋收冬藏四者不失時故五穀不絕而百姓有餘

吳本連下

食也。汙池淵沼川澤，謹其時禁，汙停水之處謹嚴也故魚鱉優多而百姓有餘用也。用謂食足之外可用貿易斬伐養長不失其時，故山林不童而百姓有餘材也。山無草木曰童聖王之用也。用財用也上察於天，下錯於地，順天時以養地財也錯千故反塞備天地之閒，加施萬物之上。言聖王之用使天地萬物皆得其所○王引之曰塞備二字義不相屬備當爲滿字之誤也備字俗書作俻滿字俗書作㒼二形相似故傳寫多譌管子樞言篇文武具滿今本滿譌作備塞滿天地之間即承上上察於天下錯於地而言微而明，短而長，狹而廣，言用禮義故所守者近所及者遠也神明博大以至約。言用禮義治化雖神明博大原其本至簡約也○先謙案詳文義以當爲而與上三而字相配反復言之故曰一與一。是爲人者，謂之聖人。一與一動皆一也是此也以此爲人者則謂之聖人也○先謙案與讀爲舉現迊上言以一行萬是上之一也喪祭朝聘師旅諸事皆所以一民是下之一也以上之一舉下之一故曰一舉一富國篇云故曰上一則下一矣義可互證楊注未晰

序官，謂王者序官之法也○先謙案樂論篇云其在序官也曰修憲命審誅賞禁淫聲以時順修使夷俗邪音不敢亂雅

吳本之宰二字刋

太師之事也則序官是篇名上文王者之人王者之制等語及各篇分段首句類此者疑皆篇名應與下文離析經傳寫雜亂不可考矣**宰爵知賓客祭祀饗食犧牲之牢數**宰膳宰爵主掌也饗食饗宴也周禮膳夫之屬有庖人獸人皆掌犧牲一曰爵官爵也言膳宰之官爵掌犧牲之事者也。俞樾曰楊注二說皆未安以爵爲主掌則既言主掌不必更言知矣以爵爲官爵則下文司徒司馬何獨不言爵乎今以下文例之曰司徒知百宗城郭立器之數司馬知師旅甲兵乘白之數上二字皆官名則宰爵二字亦官名也周官天官序官鄭注曰宰主也然則宰爵者主爵也漢書百官公卿表主爵中尉秦官掌列侯秦官之有主爵殆本於古之宰爵乎其所掌爲列侯故賓客祭祀饗食犧牲之牢數無不與知者主爵中尉所屬有掌畜令丞正合古制矣學者徒以周官之膳宰說此文遂失其解**司徒知百宗城郭立器之數**百宗百族也城郭謂其小大也立器所立之器用也周禮大司徒之職掌建邦土地之圖與其人民之數立器言五方器械異制皆知其數不使作奇伎奇器也。先謙案注奇器各本奇作之據宋台州本改正**司馬知師旅甲兵乘白之數**周禮二千五百人爲師五百人爲旅四井爲邑四邑爲丘四丘爲甸甸亦謂之乘以其治田則謂之甸出長轂一乘則謂之乘每乘又有甲士三人步卒七十二人白謂甸徒猶今之白丁也或曰白當爲百百人也。郝懿行

某按詩商字是商與章古字通呂覽勿躬篇臣不如弦章韓子外儲說作弦商費誓我商賚女釋文商徐音章日下商字本誤作商

曰乘白似不成文白蓋甸字形近之譌周禮四丘爲甸注云甸之言乘詩曰維禹甸之甸即乘也故此言乘甸矣劉台拱曰管子乘馬篇白徒三十人奉車兩又七法篇以教卒練士擊敺衆白徒尹注云白徒謂不練之卒無武藝呂氏春秋決勝篇廝輿白徒高注云白衣之徒王引之曰白丁白徒皆不得但謂之白竊謂白與伯同逸周書武順篇五五二十五曰元卒此以二十五人爲卒與周官百人爲卒不同四卒成衛曰伯是百人爲伯也淮南氾論篇曰隊伯之卒兵略篇曰正行伍連什伯史記秦始皇紀曰躡足行伍之間而倔起什伯之中昭二十一年左傳不死伍乘軍之大刑也彼言伍乘猶此言乘伯也隱元年傳繕甲兵具卒乘彼言甲兵卒乘猶此言甲兵乘伯也作白者借字耳史記伍子胥傳伯嚭吳越春秋作白喜古鐘鼎文多以白爲伯乘乃車乘之乘非四丘爲甸之甸或謂白爲甸之譌尤非乘可言數甸不可言數乘甸之數則尤不成詞

脩憲命脩憲法之命所以表示人也謂若以樂德教國子中和祇庸孝友之類也

審詩商詩商當爲誅賞字體及聲之誤故樂論篇曰其在序官也脩憲命審誅賞謂誅賞其所屬之功過者或曰詩謂四方之歌謠商謂商聲哀思之音如甯戚之悲歌也○盧文弨曰注中謂誅賞三字各本皆脫今案文義補王引之曰商讀爲章章商古字通粊誓我商賚女商徐邈音章呂氏春秋勿躬篇臣不如弦章韓子外儲說左篇作弦商太師掌教六詩故曰審詩章賈子輔佐篇曰觀民風俗審詩商命禁邪音息淫聲語意略與此同則詩商非誅賞之誤明矣且誅賞非太師之職而商賞聲相近樂論篇之誅字恐轉是後人所改楊謂誅賞其所屬之功過者曲爲之說耳陳說同又云詩章雅也淫

臧依世德堂本作藏

聲夷俗邪音也審之禁之使不亂也
順之禁淫聲。周禮大司樂禁其淫聲慢聲鄭云淫聲鄭衛之音也以時順脩。謂不失其時而
脩之使夷俗邪音不敢亂雅。大師之事也。夷俗謂蠻夷之樂雅正聲也大師樂官之
長大讀曰太脩隄梁。隄所以防水梁橋也通溝澮。溝澮皆所以通水周禮十夫之田有溝溝上有畛千夫有
澮澮上有道鄭云溝廣深各四尺澮廣二尋深二仞也行水潦。行巡行也下孟反安水藏。使水歸其壑安
藏謂不使漏溢藏才浪反以時決塞。旱則決之水則塞之不使失時也歲雖凶敗水旱。使民
有所耘艾。司空之事也。艾讀為刈相高下。視肥墝。序五種。高下原隰也五種黍
稷豆麻麥觀其地所宜而種之墝若交反省農功。省觀也觀其勤惰而勸之謹蓄藏。謹嚴以時順脩
使農夫樸力而寡能。治田之事也。使農夫敦朴於力穡禁其它能也治田田畯也○郝懿行
曰樸與朴異樸木素也樸力寡能謂力作樸素技能寡少故專治於田事脩火憲不使非時焚山澤月令二月無焚山
林鄭注周禮憲表也主表其刑禁也養山林藪澤草木魚鼈百索。百索上所索百物也○郝懿行
曰索者求也百物供民求索皆是注以索為上索非是王引之曰百索二字義不可通索當為素字之誤也百素即百蔬富國

吳本樂作藥

篇曰葷菜百蔬魯語曰能殖百穀百蔬作素者借字耳月令曰取蔬食管子禁藏篇曰果蓏素食是蔬素古字通楊望文生義而非其本旨以時禁發禁謂爲之厲禁發謂許民采取使國家足用而財物不屈虞師之事也屈竭也虞師周禮山虞澤虞也順州里使之和順定廛宅廛謂市內百姓之居宅謂邑內居也定其分界不使相侵奪也〇郝懿行曰廛宅皆謂邑里之居在市曰舍在田曰廬此以廛宅並言則廛在市宅在邑養六畜勸人養之也閒樹藝樹藝種樹及桑柘也閒之使疏密得宜也〇郝懿行曰閒更代也樹藝者五穀也閒代謂田分上中下三等歲一易之三歲而徧更代休息美惡同之詐見周禮地官及漢食貨志王念孫曰閒與閑同爾雅閑習也謂習樹藝之事也先謙案王說是勸教化趨孝弟勸之使從教化趨之使敦孝弟趨讀爲促以時順脩使百姓順命安樂處鄉鄉師之事也鄉師公卿也周禮鄉老二鄉公一人鄉大夫每鄉卿一人論百工論其巧拙月令曰物勒工名以考其誠功有不當必行其罪也審時事考工記曰天有時地有氣材有美工有巧合此四者然後可以爲良月令曰監工日號毋悖於時皆審其時之事也辨功苦功謂器之精好者苦謂濫惡者韋昭曰功堅苦脆也尚完利完堅也利謂便於用若車之利轉之類也便備用使雕琢

文采。不敢專造於家。工師之事也。專造私造也相陰陽。相視也陰陽謂數也占祲兆。占占候也祲陰陽相侵之氣赤黑之祲是其類也兆謂龜兆或曰兆萌兆謂望其雲物知歲之吉凶也鑽龜陳卦。鑽龜謂以火爇荊菙灼之也陳卦謂揲蓍布卦也主攘擇五卜。攘擇攘除不祥擇取吉事也五卜洪範所謂曰雨曰霽曰蒙曰驛曰剋言兆之形也知其吉凶妖祥。傴巫跛擊之事也。擊讀爲覡男巫也古者以廢疾之人主卜筮巫覡之事故曰傴巫跛覡覡胡狄反脩採清。脩其採清之事採謂採去其穢清謂使之清潔皆謂除道路穢惡也周禮蜡氏掌除骴几國之大祭祀令州里除不蠲也○俞樾曰採乃埰字之誤方言曰埰秦晉之間謂之埰是也清者說文广部廁清也急就篇屏廁清溷糞土壤字亦作圊玉篇口部圊圊圂也蓋墟墓之間清溷之處皆穢惡所積聚故必以時修治之也楊注非易道路。脩而平之謹盜賊。謹嚴禁也周禮野廬氏職曰有相翔者誅之平室律。平均布也室逆旅之室平其室之法皆不使容姦人若今五家爲保也○郝懿行曰室律二字不成文理疑律當爲肆字之譌室謂廬舍如市樓候館之屬是也肆謂廛肆如粟帛牛馬各有行列是也故下遂云以時順脩使賓旅安而貨財通治市之事也事見周禮地官以時順脩。使賓旅安而貨財通。○王引之曰賓客之事非治市者所掌且與通貨財無涉賓當爲賓字之誤也說文賓行賈也從貝商省聲今通用商字考工記通四方之珍異以賓之謂之商旅鄭注曰商旅販賣之客也月令曰易關市來商旅納貨賄故曰使賓旅安而貨財通治市之事也王霸篇商旅安貨財通是其明證矣欵本作貲遡贖今經傳以商代賓商行而賓遂廢此賓字若不誤爲賓則後人亦必改爲商矣治市之事也。此皆周禮野廬氏之職今云治市蓋七國時設官不同治市之官兼掌道路不必全依周禮制據當時職事言之也抃急禁悍。抃當爲析急當爲愿已解上也○先謙案抃當爲折說見上防淫除邪戮之以五刑使暴悍以變姦邪不作司寇之事也本政教正法則兼聽而時稽之。稽計也考也周禮太宰歲終則令百官府各正其治受其會而詔王廢置三歲則大計也度其功勞論其慶賞以時慎脩使百吏免盡而衆庶不偷冢宰之事也○盧文弨曰自度其功勞下至末各本皆無注文脫耳免盡之免與勉同漢書薛宣傳宣因移書勞免之谷永傳閔免遁樂皆以免爲勉王念孫曰免盡當爲盡免免與勉同盡勉皆勉也勉與偷對文君道篇曰賞免罰偷今本免譌作說見君道論禮樂正身行廣教化美風俗兼覆而調一之辟公之事也全道德致

吳本連下

隆高綦文理。一天下。振毫末。○先謙案：言雖毫末之微，必振而起之。正論篇云「一物失稱，亂之端也」。此荀子論治之要。使天下莫不順比從服。天王之事也。故政事亂則冢宰之罪也。國家失俗則辟公之過也。天下不一。諸侯俗反。則天王非其人也。

具具而王。具具而霸。具具而存。具具而亡。○先謙案：與上文「知此三具者」相應。具具者，王霸存亡之具畢具也。王霸篇云「然後養五綦之具具也」，句義與此同。用萬乘之國者。威彊之所以立也。名聲之所以美也。敵人之所以屈也。國之所以安危臧否也。制與在此。亡乎人。○王念孫曰：與讀爲舉。說見經義述聞禮運。舉，皆也。亡，不在也。說見經義述聞穀梁傳僖二十一年。言其制皆在此，而不在乎人也。下文「制與在我，亡乎人」同。王霸安存危殆滅亡。制與在我亡乎人。夫威彊未足以殆鄰敵也。名聲未足以縣天下也。○先謙案：縣天下，言能縣衡天下，爲四海持平也。說詳彊國篇。則是國未能獨立也。豈渠得免夫累乎。○盧

姚云殷之日者國家閒暇也

文弨曰案渠與遽同天下脅於暴國而黨爲吾所不欲於是者日與桀同事同行無害爲堯。先謙案方言黨知也楚謂之黨吾所不欲卽謂脅於暴國也於是時而後知爲吾所不欲與桀同事而無害爲堯爲時晚矣功名安危所繫當在國家閒暇之日也蓋堯桀者聖君暴君之極也議兵篇以桀詐堯天論篇不爲堯存不爲桀亡正論篇有埶辱無害爲堯有埶榮無害爲桀並堯桀對舉是非功名之所就也非存亡安危之所墮也。俞樾曰墮字義不可通當作隨字之誤也隨從也言非存亡安危之所從也功名之所就。存亡安危之所墮。必將於愉殷赤心之所。郝懿行曰殷者盛也言全盛之日孟子所謂國家閒暇及是時明政刑之日也下殷之日同先謙案釋詁愉樂也愉殷者當殷盛之時而愉樂素問風論注赤者心色也赤心者本心不雜貳禮記檀弓疏所謂處所下同誠以其國爲王者之所亦王。以其國爲危殆滅亡之所。亦危殆滅亡。殷之日。案以中立無有所偏而爲縱橫之事。偃然案兵無動。郝懿行曰此云案以下云安以安案字亦同荀書多用安案爲語助辭如宅書焉字於字之例唯案兵之案與按同按者抑也止也縱橫當作從衡古書皆然荀書亦必作從衡俗安改之先謙案殷之日與王霸篇濟之日句法一律以觀夫暴國之相卒也。俞樾曰卒當作捽國語晉語戎夏交捽韋注曰捽交對也彼云交捽此云相捽義正同案平政教。審節奏。砥礪百姓。爲是之日。而兵剸天下勁矣。先謙案此句與下名聲剸天下之美矣相配爲文勁上當有之字剸讀與專同案然修仁義。伉隆高。正法則。選賢良。養百姓。俞樾曰然衍字案乃語詞上文云案平政敎審節奏砥礪百姓與此文一律可證爲是之日。而名聲剸天下之美矣。權者重之。先謙案下兵勁名聲美皆承上言之此云權者重之上無所承疑有奪文兵者勁之。名聲者美之。夫堯舜者一天下也。不能加毫末於是矣。先謙案夫猶彼也言如此則彼堯舜所以一天下無以加之權謀傾覆之人退。則賢良知聖之士案、自進矣。刑政平。百姓和。國俗節。則兵勁城固。敵國案、自詘矣。務本事。積財物。而勿忘棲遲薛越也。盧文弨曰薛越卽屑越後同是使羣臣百姓、皆以制度行。則財物積。國家案自富、矣。三者體此而天

安字又中
衛實字八
吳本孰作就
姚云孰就蓋之誤

下服暴國之君案自不能用其兵矣何則彼無與至也彼其所與至者必其民也其民之親我也歡若父母好我芳若芝蘭反顧其上則若灼黥若仇讎彼人之情性也雖桀跖豈有肯爲其所惡賊其所好者哉彼以奪矣○郭嵩燾曰承上文王奪之人言彼所有之人已爲我奪也故古之人有以一國取天下者非往行之也脩政其所莫不願如是而可以誅暴禁悍矣故周公南征而北國怨曰何獨不來也東征而西國怨曰何獨後我也孰能有與是鬭者與○謝本從盧校作就能王引之曰就字義不可通當是孰字之誤孰就字相似又補校云呂本就正作孰先謙案王說是今從呂本安以其國爲是者王殷之日安以靜兵息民慈愛百姓辟田野實倉廩便備用安謹募選閱材伎之士然後漸賞慶以先之嚴刑罰以防之擇士之知事者使相率貫也是以厭然畜積修飾而物

某按并閱之閱容也詩谷風我躬不閱傳小雅我躬不閱釋文并云閱容也

用之足也。先謙案厭然猶安然說見儒效篇之字衍兵革器械者彼將日日暴露毀折之中原。盧文弨曰日日元刻作日月下並同我今將脩飾之拊循之掩蓋之於府庫貨財粟米者彼將日日棲遲薛越之中野我今將畜積并聚之於倉廩材技股肱健勇爪牙之士彼將日日挫頓竭之於仇敵我今將來致之并閱之砥礪之於朝廷如是則彼日積敝我日積完彼日積貧我日積富彼日積勞我日積佚君臣上下之間者彼將厲厲焉日日相離疾也我今將頓頓焉日日相親愛也。先謙案莊子人間世釋文厲疾也重言之曰厲厲頓讀曰敦詩頓邱爾雅釋丘作敦丘是其證禮樂記敦樂而無憂注敦厚也重言之曰敦敦頓頓猶敦敦相親厚之意也以是待其敝安以其國爲是者霸立身則從傭俗事行則遵傭故進退貴賤則舉傭士。盧文弨曰句郝懿行曰傭與庸同庸者常也詩云昊天不傭韓詩作庸是庸傭通下云則庸寬惠此庸訓用之所以接下

世德堂本侻作悅

之人百姓者則庸寬惠。○先謙案荀書多以之爲其富國篇以奪之財以奪之食以難其事二之字與其連文亦訓爲其王霸篇之所與爲之者之人以下二之字同如是者則安存。○盧文弨曰僅免於危亡而已立身則輕楛。事行則蠲疑。進退貴賤則舉佞侻。○郝懿行曰楛與苦同謂脆惡也蠲者明也謂喜明察而好狐疑也侻與脫同亦與悅同謂喜近小人也脩身篇有佞兌字則侻與兌同當訓爲悅謂諂佞容悅也先謙案侻蓋兌字後人加人旁耳說見脩身篇之所以接下之人百姓者則好取侵奪。○王念孫曰呂本作好取侵奪錢本無取字盧從呂本案取與侵奪意複且不詞作好侵奪者是也上文云之所以接下之人百姓者則庸寬惠句法正與此同先謙案富國篇云雖好取侵奪猶將寡獲也可見荀書自有此語錢本無取字者亦疑爲不詞而刪之耳古書不當輒改謝本從盧校有取字今仍之如是者危殆。立身則憍暴。事行則傾覆。進退貴賤則舉幽險詐故。○盧文弨曰宋本有一人字衍元刻無先謙案故亦詐也說見王霸篇之所以接下之人百姓者則好用其死力矣。而慢其功勞。好用其籍斂矣。而忘其本務。如是者滅亡。此五等者。不可不善擇也。王霸安存危殆滅亡之具也。善擇者制人，不善擇者人制之；善擇之者王，不善擇之者亡。夫王者之與亡者，制人之與人制之也，是其爲相縣也亦遠矣。○盧文弨曰：篇末自具具而王至此，文義淺雜，當是殘脫之餘，故不注耳。

荀子卷弟五

孫鑛曰不甚明快於字句間或有誤

荀子卷第六

唐登仕郎守大理評事楊倞注

臣王先謙集解

富國篇第十

萬物同宇而異體同生宇內形體有異無宜而有用雖於人無常定之宜皆有可用人之理必在埋得其道使之不爭然後可以富國也。爲人數也。王念孫曰無宜而有用爲人爲一句數也爲一句爲讀曰于[illegible]言萬物於人雖無一定之宜而皆有用於人數也數也者猶言道固然也呂氏春秋[illegible]數也與下文人生也對文楊以爲人數也四字連讀而下屬爲義故失之先謙案盧王本注用下無人字是各本衍

倫並處。同求而異道。同欲而異知。倫類也並處羣居也其在人之法數則以類羣居也同求異道謂或求爲善或求爲惡此人之性也生也。王念孫曰生讀爲性故楊注云此人之性也生也二字本在楊注倫類也之上今本誤在楊注下與下文相連皆有可也。知愚同。所可異也。知愚分。可者遂其

王陳納曰通衍俱有
吉脈
[illegible]

意之謂也埶同而知異。行私而無禍。縱欲而不窮。則民心奮而不可說也。禍患也窮極也奮謂起而爭競也說讀爲悅若縱其性情而無分則民心奮起爭競而不可悅服也如是則知者未得治也。知者未得治。則功名未成也。功名之立由於任智功名未成。則羣衆未縣也。有功名者居上無功名者居下然後羣衆縣隔若未有功名則羣衆齊等也羣衆未縣。則君臣未立也。既無縣隔則未有君臣之位也無君以制臣。無上以制下。天下害生縱欲。無上下相制則天下之害生於各縱其欲也。先謙案承上縱欲不窮申言之欲惡同物。欲多而物寡。寡則必爭矣。同物謂飲食男女人之大欲存焉死亡貧苦人之大惡存焉是賢愚同有此情也無君上之制各恣其欲則物不能贍故必爭之也故百技所成。所以養一人也。技工也一人君上也言百工所成之衆物以養一人是物多而所奉者寡故能治也。汪中曰此言一人之身而百工之所爲備耳注非而能不能兼技。雖能者亦不兼其技功使有分也謂梓匠輪輿各安其業則治襍之則亂也人不能兼官。皆使專一於分不二事也謂若夔典樂稷播種之類也離居不相待則窮。羣而無

張之象曰文字愈壯愈新

分則爭。不相待遺棄也窮謂爲物所困也此言不羣則不可羣而無分亦不可也窮者患也。爭者禍
也。救患除禍。則莫若明分使羣矣。此已上皆明有分則能羣然後可以富國也彊脅
弱也。知懼愚也。民下違上。少陵長。不以德爲政。德謂教化使知分義也如
是則老弱有失養之憂。而壯者有分爭之禍矣。老弱不能自存故憂失養壯者
以力相勝故有分爭也事業所惡也。功利所好也。職業無分。事業謂勞役之事人之所
惡職業謂官職及四人之業也必使各供其職各從所務若無分則莫不惡勞而好逸也如是。則人有樹事
之患。而有爭功之禍矣。樹立也若無分則人人患於樹立己事而爭人之功以此爲禍也男女
之合。夫婦之分。合配也分謂人各有偶也婚姻娉內。送逆無禮。婦之父爲婚壻之父爲姻
言婚姻者明皆以二人之命也娉問名也內讀曰納納幣也送致女逆親迎也○盧文弨曰娉說文問也匹正切廣韻云娶也
後人入詩作平聲娉婷訛甚注作聘今字如是。則人有失合之憂。而有爭色之禍矣。
失合謂喪其配偶也故知者爲之分也。知如字知者謂知治道者又讀爲智皆通

王納諫曰再一翻跌有波瀾

足國之道明富國之術也節用裕民而善臧其餘裕謂優饒也善臧其餘謂雖有餘不秏損而善藏之○盧文弨曰臧古藏字正文從古注以今文解之楊氏往往如此先謙案羣書治要句末有也字節用以禮裕民以政以禮謂用不過度以政謂取之有道也彼裕民故多餘人得優饒務於力作故多餘也裕民則民富民富則田肥以易易謂耕墾平易田肥以易則出實百倍所出穀實多也上以法取焉而下以禮節用之法取謂什一也以禮節用謂不妄秏費也餘若丘山不時焚燒無所臧之以言多之極也夫君子奚患乎無餘以墨子憂不足○先謙案羣書治要句末有也字故知節用裕民則必有仁義聖良之名而且有富厚丘山之積矣名實皆美此無它故焉生於節用裕民也不知節用裕民則民貧民貧則田瘠以穢貧則力不足耕耨失時也田瘠以穢則出實不半不得其半上雖好取侵奪猶將寡獲也而或以無禮節用之○謝本從盧校節作而盧文弨曰元刻作無禮節用之王念孫曰元刻是也上文云上以法取焉而下以禮節

用之楊注以禮節用謂不妄耗費也與此三句正相反是其證羣書治要正作以無禮節用之昭錢林世德堂本嗣先謙案王說是今從元刻則必有貪利糾譑之名。而且有空虛窮乏之實矣。糾察也譑發人罪也譑音矯○王念孫曰糾收也譑讀爲撟撟取也言貪利而收取之也僖二十四年左傳注云糾收也方言云撟捎選也自關而西秦晉之閒凡取物之上謂之撟捎淮南要略覽取撟掇高注云撟取也卽上文之好取侵奪也楊注於貪利外別生支節矣此無它故焉。不知節用裕民也。康誥曰：弘覆乎天，若德裕乃身，此之謂也。弘覆如天又順於德是乃所以寬裕汝身言百姓與足君孰不足也○盧文弨曰宋本正文幷引不廢在王庭句注無解今依元刻去之注百姓與足二句又見弟二十卷注中不必定依今論語改此文

禮者貴賤有等，長幼有差，貧富輕重皆有稱者也。稱尺證反○盧文弨曰舊本不提行今案當分段先謙案上言裕民以政下結云夫是之謂以政裕民應爲一段舊本是盧說非也今正故天子袾裷衣冕，袾古朱字裷與衮同畫龍於衣謂之衮朱衮以朱爲質也衣冕猶服冕也諸侯玄裷衣冕，謂上公也周禮公之服自衮冕而下如王之服也大夫裨冕，衣裨衣而服冕謂祭服也天子六服大裘爲上其餘爲裨裨之言卑也以事尊卑服之諸侯以

下亦服焉鷩冕絺冕皆是也士皮弁服皮弁謂以白鹿皮爲冠象上古也素積爲裳用十五升布爲之積猶辟也辟襞其腰中故謂之素積也德必稱位位必稱祿祿必稱用用由士以上則必以禮樂節之衆庶百姓則必以法數制之君子用德小人用刑量地而立國謂若王制天子之縣內九十三國也計利而畜民謂若周制計一鄉地利所出畜萬二千五百家度人力而授事謂若一夫受田百畝使民必勝事事必出利利足以生民皆使衣食百用出入相揜百用襍用養生送死之類出出財也入入利也揜覆蓋也出入相揜謂量入爲出使覆蓋不乏絕也○王念孫曰爾雅曰弇同也方言曰掩同也閒頌執競傳曰奄同也弇奄掩揜竝通出入相同謂不使出數多於入數也楊訓揜爲覆蓋失之必時臧餘謂之稱數足用有餘則以時臧之此之謂有稱之術數也故自天子通於庶人事無大小多少由是推之故曰朝無幸位民無幸生此之謂也上下所爲之事皆以稱數推之故無微幸之徒無德而祿謂之幸位惰游而食謂之幸生也輕田野之稅平關市之征平猶除也謂譏而不征也省商賈之數省減也謂使農

康海曰法度之文

高似孫曰誦先王聲之有擬是至閣文字

夫眾也罕興力役無奪農時如是則國富矣夫是之謂以政裕民此以政優饒民之術也○先謙案羣書治要句末有也字人之生不能無羣羣而無分則爭爭則亂亂則窮矣窮困故無分者人之大害也有分者天下之本利也本當為大而人君者所以管分之樞要也樞戶樞也故美之者是美天下之本也美謂美其有分○盧文弨曰美之安之貴之三之字皆謂人君安之者是安天下之本也貴之者是貴天下之本也古者先王分割而等異之也以分割制之以等差異之故使或美或惡或厚或薄或佚或樂或劬或勞美謂褒寵惡謂刑戮厚薄貴賤也在位則佚樂百姓則劬勞也○王念孫曰下二句本作或佚樂或劬勞美與惡對厚與薄對佚樂與劬勞對今本樂上勞上又有兩或字即涉上文而衍據楊注云在位則佚樂百姓則劬勞則正文本作或佚樂或劬勞明矣羣書治要同非特以為淫泰夸麗之聲將以明仁之文通仁之順也仁謂仁人也言為此上事不唯使人瞻望自為夸大之聲

將以明仁人乃得此文飾言至貴也通仁人乃得此順從言不違其志也○俞樾曰聲字衍文荀子原文蓋作非特以爲淫泰夸麗也因也字誤作之後人妄加聲字耳下文云非特所以爲淫泰也句法與此同是其證先謙案此言先王將欲施仁於天下必先有分割等異乃可以明其文而通其順若無分割等異則無文不順卽仁無所施矣楊注非故爲之雕琢刻鏤黼黻文章○玉謂之雕亦謂之琢木謂之刻金謂之鏤白與黑謂之黼黑與青謂之黻青與赤謂之文赤與白謂之章使足以辨貴賤而已○不求其觀○不求使人觀望也古亂反○盧文弨曰不求其觀言非以此爲觀美也爲之鍾鼓管磬○琴瑟竽笙○使足以辨吉凶○合歡定和而已○不求其餘○和謂和氣餘謂過度而作鄭衞者也爲之宮室臺榭○使足以避燥溼○養德辨輕重而已○不求其外○德謂君上之德輕重尊卑也外謂峻宇雕牆之類也詩曰○雕琢其章○金玉其相○亹亹我王○綱紀四方○此之謂也○詩大雅棫樸之篇相質也亹亹勸勉之貌言雕琢爲文章又以金玉爲質勉力爲善所以綱紀四方也與詩義小異也若夫重色而衣之○重味而食之○重財物而制之○合天下而君之○重多也直用反非特

以爲淫泰也。固以爲王天下。先謙案王天下王字無義此自屬人君言不得更言王天下王當爲一字之誤也儒效王制王霸君道彊國諸篇屢言一天下非十二子篇云一天下財萬物長養人民兼利天下語意正與此同亦作一天下尤其明證治萬變。材萬物。材與裁同。先謙案非十二子儒效王制富國諸篇並作財萬物材疑當爲財羣書治要作裁王制篇一作裁養萬民。兼制天下者。先謙案非十二子篇作兼利天下以文義推之兼利是也利制形近而譌王霸篇云國者天下之制利用也楊注制衍字耳制利因相似誤衍卽其證爲莫若仁人之善也。夫故其知慮足以治之。其仁厚足以安之。其德音足以化之。得之則治。失之則亂。百姓誠賴其知也。故相率而爲之勞苦。以務佚之。以養其知也。知讀爲智。先謙案羣書治要兩知字並作智誠美其厚也。故爲之出死斷亡。以覆救之。以養其厚也。厚恩厚也出死謂出身致死斷猶判也言判其死亡也覆蓋蔽也斷丁亂反。盧文弨曰正文末一也字各本俱缺今依上下例增先謙案宋台州本不缺也字羣書治要同誠美其德也。故爲之雕琢刻鏤黼黻文章。以藩飾之。以

養其德也有德者宜備蕃衛文飾也故仁人在上百姓貴之如帝天帝也親之
如父母爲之出死斷亡而愉者愉歡○王念孫曰愉讀爲偸偸上當有不字出死斷亡而不偸
者民皆死其君事而不偸生也楊所見本已脫不字故誤以愉爲歡愉之愉下文爲之出死斷亡而愉愉上亦脫不字王霸篇
曰爲之出死斷亡而不愉羣書治要引作不偸足正此篇之誤楊不知愉爲古偸字反以不爲衍文謬矣說文偸薄字本作愉
從心兪聲爾雅佻偸也小雅鹿鳴傳作佻愉也周官大司徒則民不愉桓七年公羊傳注則民不愉坊記注不愉於死亡釋文
竝音偸漢繁陽令楊君碑不愉祿求趨亦與偸同唐風山有樞篇他人是愉經傳中愉字或作偸者皆後鄭箋愉讀爲偸大戴禮文王官人篇欲色嘔然以愉逸周書作偸人所改也此篇之出死斷亡而不愉若
非脫去不字則後人亦必改爲偸矣無它故焉其所是焉誠
美其所得焉誠大其所利焉誠多是謂可其意也言百姓所得者多故親愛之也○先謙案
羣書治要有也字詩曰我任我輦我車我牛我行既集蓋云歸哉此之
謂也詩小雅黍苗之篇引此以明百姓不憚勤勞以奉上也鄭云集猶成也蓋猶皆也轉餫之役有負任者有輓輦者有
將車者有牽傍牛者事既成召伯則皆告之云可以歸矣○盧文弨曰注末宋本作云可歸哉故曰君子以德

小人以力。君子以德撫下，故百姓以力事上也。力者，德之役也。力爲德所使役。百姓之力，待之而後功。百姓雖有力，待君上所使然後有功也。○王念孫曰：如楊說，則功上須加有字而其義始明。今案力者功也。論語曰管仲之力也。待之而後功，功者成也，言百姓之功待君而後成也。下文曰：百姓之羣待之而後和，百姓之財待之而後聚，百姓之勢待之而後安，百姓之壽待之而後長。和、聚、安、長與功相對爲文，是功爲成也。爾雅曰：功，成也。大戴禮盛德篇曰：能成德法者爲有功。周官稾人乃入功于司弓矢及繕人，鄭注曰：功，成也。管子五輔篇曰：大夫任官辯事，官長任事守職，士修身功材。言修身成材也。莊子天道篇曰：帝王無爲而天下功。言無爲而天下成也。先謙案：王說辨矣，然此功字不訓成。王訓功爲成，則百姓之力訓爲百姓之功，上文小人以力，力者德之役也，二力字又豈能訓爲功乎？今案待之而後功者，待之而後有功也。有功爲功，荀書自有此語。王霸篇事至佚而功，彊國篇不煩而功，君道篇、君子篇不動而功，臣道篇戾然後功，下文使而功及愛而後用之不如愛而不用者之功也，義並與此同。百姓之羣，待之而後和；百姓之財，待之而後聚；百姓之埶，待之而後安；百姓之壽，待之而後長。皆明待君上之德化然後無爭奪相殺也。父子不得不親，兄弟不得不順，男女不得不歡。

茅坤曰刻消之至答
鑿得作

少者以長，老者以養。故曰：天地生之，聖人成之。此之謂也。古者有此語，引以明之也。今之世而不然：○先謙案：而猶則也，見釋詞。厚刀布之斂以奪之財，重田野之稅以奪之食，苛關市之征以難其事。苛，暴也。征亦稅也。苛關市之征，出入賣買皆有稅也。使貨不得通流，故曰難其事。不然而已矣，不唯如此而已。有掎挈伺詐，權謀傾覆，以相顛倒，以靡敝之。有讀為又。掎，摭其事。挈，舉其過。伺候其罪，詐偽其辭，顛倒反覆也。靡，盡也。敝，敗也。或曰：靡讀為糜，糜，散也。敝，盡也。○盧文弨曰：案禮記少儀「國家靡敝」，釋文亡皮切，正義亦有靡散一訓。百姓曉然皆知其汙漫暴亂而將大危亡也。汙漫皆穢行也。漫，莫半反。是以臣或弒其君，下或殺其上，粥其城，倍其節，而不死其事者，無它故焉，人主自取之。粥其城，謂以城降人以為己利。節，忠節也。此皆由上無恩德，故下亦傾覆之。○先謙案：羣書治要句末有也字。詩曰：「無言不讎，無德不報。」此之謂也。詩大雅抑之篇。

兼足天下之道在明分。○先謙案：此明分與上明分使羣同義。掩地表畝，掩地，謂耕田使土相掩長明也謂明其經界使有畔也。王引之曰掩地二字義不可通掩疑撩之譌說文撩理也廣雅一切經音義十四撩力條反通俗文云理亂謂之撩理今多作料量之料字也以此離音撩地表畝謂理其地表其畝也撩字俗書作撩與掩相似而誤楊云掩地謂耕田使土相掩迂回而難通矣 刺屮殖穀。刺絕也屮古草字 多糞肥田。是農夫衆庶之事也。守時力民。守時敬授人時力民使之疾力 進事長功。進其事業長其功利 和齊百姓。使人不偷。是將率之事也。將率猶主領也若今宰守○俞樾曰此言足天下之道前後皆言農事而此云是將率之事楊注曲爲之說未爲得也蓋古之爲將率者其平時卽州長黨正之官周官州長職若國作民而師田行役之事則帥而致之掌其戒令與其賞罰鄭注曰掌其戒令賞罰則是於軍因爲師帥賈疏曰云因爲師帥者若衆屬軍吏別有軍吏掌之何得還自掌之故知因爲師帥也但在鄉爲州長已管其民在軍還領已民爲師帥卽是因內政寄軍令也又黨正職注曰亦於軍因爲旅帥族師職注曰亦以軍因爲卒長以是推之閭胥卽爲兩司馬比長卽爲伍長夏官序官疏曰閭胥以下雖不言因爲義可知是也此云將率卽指州長黨正之屬從其在軍之名而稱之曰將率正見內政軍令之可通楊注未達斯旨 高者不旱。下者不水。寒暑和節。而五穀以時孰。是

姚云天下之字當衍

錢檟曰發段古讀衍按

孫鏘曰五盆沒六字錬法

天下之事也。是天下豐穰之事非由人力也○王念孫曰天下之事當作天之事不旱不水寒暑和節此皆出於天而非人之所能爲故曰是天之事正對下文是聖君賢相之事而言今本天下之下乃涉上文下者而衍楊曲爲之說非若夫兼而覆之，兼而愛之，兼而制之，歲雖凶敗水旱，使百姓無凍餒之患，則是聖君賢相之事也。○盧文弨曰此下宋本提行今案當連爲一條墨子之言，昭昭然爲天下憂不足。○王念孫曰昭昭小也中庸今夫天斯昭昭之多鄭注昭昭猶耿耿小明也淮南繆稱篇昭昭乎小哉言墨子之所見者小也故下文曰夫不足非天下之公患也特墨子之私憂過計也夫不足，非天下之公患也，非公共之患也特墨子之私憂過計也。今是土之生五穀也，人善治之，則畝數盆，一歲而再獲之，蓋當時以盆爲量考工記曰盆實二鬴墨子曰子墨子弟子仕於衞而反子曰何故反曰與我言而不當曰待汝以千盆授我五百盆故去之獲讀爲穫然後瓜桃棗李一本數以盆鼓，一本一株也鼓量也禮記曰獻米者操量鼓數以盆鼓謂數度以盆量之也言然後者謂除五穀之外更有此果實○盧文弨曰注以盆下亦當有鼓字各本皆脫然後葷菜百疏以澤量，葷辛菜也疏與蔬同

以憂世者乱世利者
墨氏要言

以澤量言滿澤也猶谷量牛馬然後義與上同○郝懿行曰葷菜亦蔬耳必別言之者士相見禮夜侍坐問夜膳葷請退可也鄭注葷辛物蔥薤之屬食之以止臥玉藻膳於君有葷桃茢注云葷薑及辛菜也然則葷菜先於百蔬固有說矣　然後六畜禽獸一而剸車一剸與專同言一獸滿一車黿鼉魚鼈鰌鱣以時別一而成羣別謂生育與母分別也以時別謂不夭其生使得成遂也一而成羣言每一類皆得成羣然後飛鳥鳧鴈若烟海遠望如烟之覆海皆言多然後昆蟲萬物生其閒昆蟲蚳蝗蝻范之屬也除大物之外其閒又有昆蟲萬物鄭云昆明也得陽而出得陰而藏之蟲也○盧文弨曰注蝗字誤疑本是蝝字可以相食養者不可勝數也夫天地之生萬物也固有餘足以食人矣麻葛繭絲鳥獸之羽毛齒革也固有餘足以衣人矣○先謙案宋台州本有衣去聲三字各本無　夫有餘不足非天下之公患也特墨子之私憂過計也○先謙案此二句與上文同荀反復申重以明墨之非以文義求之不足此上不當有有餘二字此緣上文兩有餘而誤衍天下之公患亂傷之也胡不嘗試相與求亂之者誰也我以墨

孫鑛批未工然六
明評

子之非樂也，則使天下亂；墨子之節用也，則使天下貧，非將墮之也，說不免焉。非將墮毀墨子論說不免如此。○先謙案：不免者，言其實如此也。正論篇云：「然則以湯武爲弑，則天下未嘗有說也，直墮之耳。」正與此文反對。墨子大有天下，小有一國，天子諸侯。將蹙然衣麤食惡，憂戚而非樂，墨子言樂無益於人，故作非樂篇。無樂則人情憂戚，故曰憂戚而非樂也。若是則瘠，瘠則不足欲，不足欲則賞不行。瘠，奉養薄也。奉養既薄，則不能足其欲，欲既不足，則賞何能行乎？言皆由不顧賞也。夫賞以富厚，故人勸勉有功勞者而與之。蠱衣惡食，是賞道廢也。莊子說墨子曰：「其生也勤，其死也薄，其道也大觳。」郭云：「觳，無潤也。」義與瘠同。觳，苦角反。墨子大有天下，小有一國，將少人徒，省官職，省，所景反。上功勞苦，與百姓均事業，齊功勞，謂君臣並耕而食，饔飧而治。若是則不威，不威則罰不行。上下縣隔，故得以法臨馭。若君臣齊等，則威不立矣。○盧文弨曰：舊本正文俱作「則賞罰不行」，賞字衍，今刪。賞不行，則賢者不可得而進也；罰不行，則不肖者不可得而退也。賞罰所以進賢而退不肖。賢者不可得而進也，

孫鏘鳴氣亦雄暢

不肖者不可得而退也則能不能不可得而官也（不可置於列位而廢置也。先謙案上言賢不肖則此能不能就一人所短長言之解蔽篇云材官萬物注官謂不失其任又云則萬物官矣注謂各當其任無差錯也此官字義亦同注似未晰）若是則萬物失宜事變失應上失天時下失地利中失人和（賞罰不行賢愚一貫故有斷斂也）天下敖然若燒若焦（敖讀爲熬若燒若焦言萬物寡少如被焚燒然）墨子雖爲之衣褐帶索嚽菽飲水惡能足之乎（嚽與啜同惡音烏）既以伐其本竭其原而焦天下矣。（先謙案此句文義自在若燒若焦下倒裝文法）故先王聖人爲之不然知夫爲人主上者不美不飾之不足以一民也不富不厚之不足以管下也（管猶包也）不威不強之不足以禁暴勝悍也故必將撞大鐘擊鳴鼓吹笙竽彈琴瑟以塞其耳必將錭琢刻鏤黼黻文章以塞其目（錭與彫同）必將芻豢稻粱五味芬芳以塞其口（塞猶充也）然後衆人徒備官職漸慶賞（漸進嚴刑罰以戒其心使天下生民之屬皆知己之所願欲之舉在是于也故其賞行〔舉皆也是于猶言于是言生民所願欲皆在于是也說苑亦作是于也○盧文弨曰正文是于舊本俱作于是反將注語互易誤甚今改正下同〕皆知己之所畏恐之舉在是于也故其罰威〔其罰可畏〕賞行罰威則賢者可得而進也不肖者可得而退也能不能可得而官也若是則萬物得宜事變得應上得天時下得地利中得人和則財貨渾渾如泉源〔渾渾水流貌如泉源言不絕也渾戶本反〕汸汸如河海〔汸讀爲滂水多貌也〕暴暴如丘山〔暴暴卒起之貌言物多委積高大如丘山也〕不時焚燒無所臧之夫天下何患乎不足也故儒術誠行則天下大而富使而功〔大讀爲泰優泰也使謂爲上之使也可使則有功也○謝本從盧校作使有功劉台拱曰使有功當作佚而功形近而譌也王念孫曰宋呂錢龔本竝作使而功元刻作使有功盧從元刻非劉說是也王霸篇守至約而詳事至佚而功是其證彊國篇亦云佚而治約而詳下文勞苦頓萃而愈無功正與佚而功相反元刻作使有功者涉注有

功而誤先謙案劉王謂有當爲而是也改使爲佚非也大而富承上萬物得宜言使而功承上賞行罰威言文義甚明不煩改字正論篇易使則功難使則不功尤爲此使而功明證下文勞苦頓萃而愈無功勞苦頓萃言墨道如此非佚字對文也今從宋本改正撞鐘擊鼓而和。詩曰：鐘鼓喤喤，管磬瑲瑲，降福穰穰，降福簡簡，威儀反反。既醉既飽，福祿來反。此之謂也。詩周頌執競之篇毛云喤喤瑲瑲皆聲和貌穰穰眾也簡簡大也鄭云反反順習之貌反復也○盧文弨曰管磬瑲瑲元刻作磬筦將將案說文作管磬䟫䟫今從宋本又注反復也宋本與毛傳合元刻作反復之也非又此處宋本與下分段今不從故墨術誠行，則天下尚儉而彌貧，非鬭而日爭，墨子有非攻篇非攻卽非鬭也既上失天時下失地利則物出必寡雖尚儉而民彌貧物不能贍雖以鬭爲非而日日爭競也勞苦頓萃而愈無功，愀然憂戚非樂而日不和。說文云頓下首也萃與顇同上下不能相制雖勞苦頓顇猶將無益也鄭注禮記云愀然變動貌也○王念孫曰頓如困頓之頓管子版法篇頓卒怠倦以辱之尹注曰頓卒猶困苦王襃洞簫賦桀跐鬻博儡以頓顇頓卒頓萃竝與頓顇同詩曰：天方薦瘥，喪亂弘多，民言無嘉，憯莫懲嗟。此之

姚云垂者廢弛之義

王納諫曰摹擬刻畫曲安之情

謂也詩小雅節南山之篇薦重也瘥病也憯曾也懲止也嗟奈何薦或爲荐

垂事養民垂下也以上所操持之事下就於民而養之謂施小惠也○盧文弨曰宋本連上條今案當分段俞樾曰垂猶委也說文女部娷諉也垂之爲委猶娷之爲諉也爾雅釋言諈諉累也孫炎曰楚人曰諈秦人曰諉是諈諉疊韻二字義同垂之與委猶諈之與諉也垂事養民者委事養民也言委置其事以養民也下文曰進事長功輕非譽而恬失民正與此垂事養民相反又曰垂事養譽不可以遂功而忘民亦不可垂事者即所謂垂事養民也遂功者即所謂進事長功輕非譽而恬失民也然則垂事之義可見矣楊注非

拊循之唲嘔之拊與撫同拊循慰悅之也唲嘔嬰兒語聲也唲於佳反嘔與謳同○郝懿行曰循與揗同拊揗者謂撫摩矜憐之也唲嘔者玉篇廣韻竝云小兒語也上於佳切下烏侯切二字雙聲蓋爲小兒語聲慈愛之也史記韓信傳說項王言語嘔嘔其意正同嘔嘔即唲嘔也

冬日則爲之饘粥

夏日則與之瓜麮麮煮麥飯也巨舉反○郝懿行曰說文麮麥甘鬻也急就篇甘麮殊美奏諸君是則夏日進麮古人珍之今登萊人煮大麥粥云食之止渴又袪暑必大麥者小麥性熱大麥味甘又性涼也

以偷取少頃之譽焉是偷道也可以少頃得姦民之譽然而非長久之道也

吳本徙作徒旁加
從字

事必不就。功必不立。是姦治者也。（姦人爲治偷取其譽）傮然要時務民、（傮然盡人力貌說文云傮終也要時趨時也務勉强也謂以勞役强民也傮子勞反要一饒反。郝懿行曰傮與酋音近義同其訓皆爲終也此言勞役不恤民力經始卽欲要終趨時亟也先謙案二說皆非也文選魏都賦傮響起李注嘈與傮古字通據此傮然卽嘈然也廣雅釋詁嘈聲也文選魯靈光殿賦注引埤蒼云嘈嘈衆聲也傮然猶嘈嘈紛雜之意）進事長功、（益上之功利也）輕非譽而恬失民。（恬安也言不顧下之毀譽而安然忘於失民也）事進矣。而百姓疾之。（事雖長進而百姓怨）是又不可偷偏者也。（言亦不可苟且偏爲此勞民之事也。先謙案不可二字衍文上言是姦治者也此言是又偷偏者也二語相應偷偏上不得有不可字明矣此緣下文兩不可字而誤重據楊注所見本已衍不可二字）徙壞墮落。必反無功。（雖苟求功利旋卽毀壞墮落必反無成功也。謝本從盧校作徒壞盧文弨曰徒壞元刻作徙壞先謙案元刻是徙壞墮落相配爲文作徒者徙之譌耳今從元刻）故垂事養譽不可。以遂功而忘民亦不可。皆姦道也。（以用。先謙案言二者皆不可也）故古人爲之不然。使民夏不宛暍、（使民謂役使民也宛讀爲蘊暑氣也詩曰蘊隆蟲蟲暍傷暑也或曰宛當爲奧篆文宛字與奧字與奧字略相似遂誤耳奧於六反熱也冬不凍寒急不傷力緩不後時皆謂量民之力不使有所傷害事成功立上下俱富。郝懿行曰富與福同古字通用詩云何神不富富卽福也此文不爲富言故知爲福上云夏不宛暍冬不凍寒急不傷力緩不後時此正上下俱受其福之意而百姓皆愛其上人歸之如流水親之歡如父母爲之出死斷亡而愉者無它故焉忠信調和均辨之至也均平均辨明察也。郝懿行曰辨與偏同古字通用荀書辨多同辯辯宜訓治楊氏不明假借之義每以辨別爲訓往往失之此辨又爲偏之假借當訓周偏而云明察其失甚矣王霸篇治辨之辨又與辦同王念孫曰辨讀爲平平辨古字通若堯典平章之爲辨章平秩之爲辨秩是也說見段氏古文尚書撰異忠與信調與和均與辨皆同義楊以辨爲明察則與均異義矣先謙案王說是故君國長民者欲趨時遂功則和調累解速乎急疾忠信均辨說乎賞慶矣必先脩正其在我者然後徐責其在人者威乎刑罰自故君國長民已下其義未詳亦恐脫誤或曰累解嬰累解釋也言君國長人欲趨時遂功者若和調而使嬰累解釋則民速乎急疾言效上之急不後時也若忠信均辨則民悅乎慶賞若先責己而後責人則民畏乎刑罰累音類解佳買反說讀爲悅○王念孫曰速乎急疾威乎刑罰下皆當有矣字與說乎賞慶矣對文兪樾曰累解與和調皆二字平列訓爲嬰累解釋非其義矣儒效篇曰解果其冠楊注引說苑蟹螺者宜禾爲證竊謂累解與蟹螺一也彼從虫而此否者書有繁簡耳蟹螺到爲累解猶和調亦可云調和也說苑以蟹螺污邪對文則蟹螺之義殆猶平正矣

三德者誠乎上則下應之如景嚮○三德謂調和累解忠信均辨正己而後責人也誠乎上謂上誠意行之也嚮讀爲響或曰三德卽忠信調和均辨也

雖欲無明達得乎哉書曰乃大明服惟民其力懋和而有疾此之謂也書康誥懋勉也言君大明以服下則民勉力爲和調而疾速以明效上之急也○盧文弨曰元刻作惟民其勑懋和若有疾與今書同案注則宋本爲是今從之

故不教而誅則刑繁而邪不勝教而不誅則姦民不懲誅而不賞則勤屬之民不勸屬也者謂著於事業也屬之欲反屬或爲厲○王念孫曰作厲者是也厲勉也羣書治要作勤勵勵卽厲之俗書則本作厲明矣厲與屬字相似而誤韓子有度篇厲官威民詭使篇上之所以立廉恥者所以厲下也今本厲字竝誤作屬楊曲爲之說非

誅賞而不類則下疑俗儉而百姓不一不類不以其類謂賞

孫鏘曰勁遠

不當功，罰不當罪。儉當爲險，險謂徼幸免罪，苟且求賞也。○先謙案：類，法也，說見非十二子篇。羣書治要儉作險，與楊注合。一作壹，與下同。故先王明禮義以壹之，致忠信以愛之，尚賢使能以次之，○先謙案：晉語韋注：「次，行列也。」次之，謂使之就列。爵服慶賞以申重之，申亦重也。再令曰申。時其事，輕其任，以調齊之，時其事，謂使人趨時，不奪之也。輕其任，謂量力而使也。潢然兼覆之，養長之，如保赤子。潢與滉同，潢然，水大至之貌也。○先謙案：說文：「潢，積水池。」詩「武夫洸洸」，鹽鐵論繇役篇引作「武夫潢潢」，是潢卽洸借字。說文：「洸，水涌光也。」水大則涌而有光，故以爲比。若是故姦邪不作，盜賊不起，而化善者勸勉矣。化善，化而爲善者也。是何邪？則其道易，平易可行。其塞固，其政令一，其所充塞民心者固。其防表明。隄防標表，明白易識。故曰：上一則下一矣，上二則下二矣。○先謙案：羣書治要一二作壹貳。辟之若屮木，枝葉必類本，此之謂也。辟讀爲譬，屮古草字。

不利而利之，不如利而後利之之利也。不愛而用之，不如愛而後用之之功也利而後利之不如利而不利者之利也愛而後用之不如愛而不用者之功也利而不利也愛而不用也者取天下矣利而後利之愛而後用之者保社稷也不利而利之不愛而用之者危國家也○王念孫曰取天下矣保社稷也危國家也本作取天下者也保社稷者也危國家者也今本或作矣或作也文義參差不協當依文選五等諸侯論注所引改正

觀國之治亂臧否至於疆易而端已見矣易與場同端首也見賢遍反其候徼支繚候斥候徼巡也支繚支分繚繞言委曲巡警也其竟關之政盡察竟與境同盡察極察言無不察也是亂國已亂國多盜賊姦人故用苛察之政也○郭嵩燾曰候徼支繚多疑而煩苦竟關之政察析利而苛細知此之爲亂可與言治矣先謙案郭說是楊注淺陋入其境其田疇穢都邑露是貪主已露謂無城郭牆垣王貪財民貧力不足故露也○盧文弨曰露元刻作路古通用今從宋本王念孫曰楊未解露字之義露者敗也謂都邑敗壞也方言曰露敗也莊子漁父篇曰田荒室露齊策曰百姓罷而城郭露並與此都邑露同義露字或作

某按須與胥同字皆也

某按芒軔即鋩刄

吳本廷作庭

路又作踰説見管子振罷露下觀其朝廷則其貴者不賢觀其官職則其治者不能觀其便嬖則其信者不愨是闇主已使嬖左右小臣寵幸者也信者不愨所親信者不愿愨也主闇故姦人多容也凡主相臣下百吏之俗其於貨財取與計數也須孰盡察俗謂風俗取謂賦斂與謂賜與計數計筭也須待也孰精孰也盡察極察也其於計數貨財必待精孰極察然後行言不簡易急於貪利者也○俞樾曰俗當爲屬聲近而譌也下文又曰凡主相臣下百吏之屬可證俗字之譌楊氏不據以訂正而曰俗謂風俗失之須字無義乃順字之誤禮論篇曰非順孰脩爲之君子莫之能知也亦以順孰連文是其證順與須形近而誤楊注非其禮義節奏也芒軔僈楛是辱國已禮義節奏謂行禮義之節文芒昧也或讀爲荒言不習孰也軔柔也亦怠惰之義僈與慢同楛不堅固也辱國言必見陵辱也其耕者樂田其戰士安難其百吏好法其朝廷隆禮其卿相調議是治國已安難不逃難也觀其朝廷則其貴者賢觀其官職則其治者能觀其便嬖則其信者愨是明主已凡主相臣下百吏之屬俗其於貨財

取與計數也。寬饒簡易，不汲汲於貨財也。其於禮義節奏也陵謹盡察，是榮國已。陵侵陵，言深於禮義也。謹，嚴也。言不敢慢易也。○盧文弨曰：案爾雅釋言：淩，慄也。郭云：淩懅戰慄。釋文云：案郭意當作陵。然則陵謹義相近。郝懿行曰：陵懍雙聲，懍懍敬懼之貌，與謹義近。文選甘泉賦注引服虔曰：凌兢，恐懼貌也。然則淩兢、陵謹亦雙聲字，義皆可通。釋言：凌，慄也。釋文引埤蒼云：陵，慄也。然陵蓋淩之或體字，淩、陵又皆假借字耳。經典此類古無正文，大抵義存乎聲，讀者要必明為假借，斯不惑矣。楊注望文生訓，以陵為侵陵，則謬矣。先謙案：王氏念孫云：陵，嚴密也。說見致士篇「節奏」下。注解為禮之節文，是也。樂論篇云：比物以飾節，合奏以成文。郝氏懿行云：節以分析言之，奏以合聚言之。樂記「節奏合以成文」，禮義節奏，亦同此義。賢齊則其親者先貴，能齊則其故者先官，雖舉在至公，而必先親故。所謂故舊不遺，則民不偷。其臣下百吏，汙者皆化而脩，悍者皆化而愿，躁者皆化而慤，是明主之功已。躁，暴急之人也。○王引之曰：躁讀為剝。剝謂狡猾也。方言曰：剝，獪也。秦晉之間曰獪，楚謂之剝。剝與躁古字通。商子懇令篇曰：姦偽躁心私交疑農之民。韓子有度篇曰：聰智不得用其詐，險躁不得關其佞。說疑篇曰：躁詐之人不敢北面立談。又曰：躁佻反覆謂之智。皆其證也。汙與脩相反，悍與愿相反躁與𣪠相反是躁爲狡猾之義非暴急之義也　觀國之強弱貧富有徵徵驗言其驗先見也上不隆禮則兵弱上不愛民則兵弱已諾不信則兵弱慶賞不漸則兵弱漸進將率不能則兵弱率與帥同上好功則國貧民不得安業也○謝本從盧校作上好攻取功盧文弨曰元刻無攻取二字王念孫曰案錢佃校本亦云上好攻取功諸本作上好功案諸本是也上文以不隆禮不愛民對文以已諾不信慶賞不漸將率不能對文此以好功好利對文則不當有攻取二字宋本攻卽功字之誤又衍一取字先謙案王說是今從諸本改正　上好利則國貧賦斂重也士大夫衆則國貧所謂三百赤芾○盧文弨曰元刻作赤茀古通用　工商衆則國貧農桑者少無制數度量則國貧不爲限量則物耗費下貧則上貧下富則上富百姓與足君孰不足故田野縣鄙者財之本也垣窌倉廩者財之末也垣築牆四周以藏穀也窌窖也掘地藏穀也穀藏曰倉米藏曰廩窌匹教反　百姓時和事業得敘者貨之源也等賦府庫者貨之流也時和得天之和氣謂歲豐也事業得敘耕稼得其次序上不奪農時也等賦以差等制賦貨財皆錢穀通

名別而言之則粟米布帛曰財錢布龜貝曰貨也故明主必謹養其和，節其流，開其源，而時斟酌焉，節謂薄斂開謂勸課時斟酌謂賦斂賑卹豐荒有制也潢然使天下必有餘，而上不憂不足。先謙案此文上下對舉下上下俱當亦以上下對文則下字上不應有天字天當為夫字之誤也荀書夫俱訓彼此篇迭見夫下者彼下也自上文故明主貫下言之故云彼下後人習見天下以夫下為誤而改之爾於文義未詳審也如是則上下俱富，交無所藏之，是知國計之極也。交無所藏言上下不相隱。郝懿行曰此富字川本義藏當作臧古藏字也先謙案上文兩言無所臧之楊注以言多之極也得荀子文意此文兼言上不憂不足故云交無所臧之意與上同汎云上下不相隱非也故禹十年水，湯七年旱，而天下無菜色者，十年之後，年穀復孰，而陳積有餘。無食菜之色也。郝懿行曰有餘謂有九年之蓄禹治水八年於外至十年而後平顧千里曰後下疑脫七年之後四字承上故禹十年水湯七年旱言之楊無注宋本與今本同蓋皆誤是無它故焉，知本末源流之謂也。故田野荒而倉廩實，百姓虛而府庫滿，夫是之謂國蹷。蹷傾倒也伐其本，竭

荀子卷第六

賓△

其源而弃之其末。顧千里曰末下疑脫缺之其流四字承上知本末源流之謂也言之楊無注宋本與今本同蓋皆誤然而主相不知惡也則其傾覆滅亡可立而待也以國持之而不足以容其身夫是之謂至貪是愚主之極也以一國扶持之至堅固也而無所容其身者貪也○王念孫曰持載也中庸曰辟如地之無不持載是也楊說持字未確說載字尤非見下先謙案夫是之謂至貪與上句意不貫且如上文所云其爲至貪甚明無煩贅文貪疑爲貧此言觀國之貪富有徵伐本竭源覆亡立見故雖倉廩實府庫滿而謂之至貧也貧貪形近而誤將以求富而喪其國將以求利而危其身古有萬國今有十數焉是無它故焉其所以失之一也皆以貪失之也君人者亦可以覺矣以此自覺悟也百里之國足以獨立矣此言無道則雖大必至滅亡有道則雖小足以獨立也

凡攻人者非以爲名則案以爲利也不然則忿之也凡攻伐者不求討亂征暴之名則求貨財土地之利不然則以忿怒不出此三事也爲于僞反○盧文弨曰舊本不提行今案當分段仁人

之用國將脩志意正身行用爲也行下孟反伉隆高伉舉也舉崇高遠大之事○王念孫曰案楊說伉字之義非是伉者極也廣雅曰亢極也乾文言曰亢龍有悔與時偕極子夏傳曰亢極也王肅曰窮高曰亢亢窮亦極也宣三年左傳可以亢寵杜注曰亢極也漢書五行志曰兵革抗極亢抗伉字異而義同桓九年穀梁傳伉諸侯之禮十八年傳以夫人之伉釋文並云伉本又作亢論語陳亢說文作陳伉史記貨殖傳國君無不分庭與之抗禮漢書抗作亢伉隆高致忠信期文理伉致期皆極也伉隆高猶言致隆高仲尼篇曰非致隆高也非綦文理也王霸篇曰王制篇曰致隆高綦文理皆其證矣致忠信期文理期當爲綦極文理謂其有條貫也布衣紃屨之士誠是則雖在窮閻漏屋而王公不能與之爭名紃條也謂編麻爲之麤繩之屨也或讀爲穿王公不能與之爭名言名過王公也以國載之則天下莫之能隱匿也載猶任也以國委任賢士則天下莫能隱匿言其國聲光大也若是則爲名者不攻也伐有道祇成惡名故不攻將辟田野實倉廩便備用○先謙案備用猶械用說見王制篇上下一心三軍同力與之遠舉極戰則不可遠舉縣軍於遠也極戰苦戰也彼暴國欲與我如此則不可也境內之聚也保固視可其境內屯聚則保其險固視其可進謂觀釁而動也○王念孫曰楊讀保固視

可爲一句非也此當讀境內之聚也保固爲句保安也言境內之聚既安且固也覩可午其軍可字因上文不可而衍覩午其軍取其將若撥𪌉者午觸也言境內之聚安因則覩觸人之軍取人之將若撥𪌉也俞樾曰王氏謂可字衍文覩字當屬下讀然彊國篇亦有覩可司閒之文舊說恐未可改先謙案見可而進文義自明俞說是也

午其軍。取其將若撥𪌉。

午讀爲迕遇也周禮遻人職云朝事之遻其實𪌉蕡鄭云𪌉熬麥今河閒以北煮種麥賣之名曰𪌉據鄭之說𪌉麥之牙蘖也至脆弱故以喻之若撥𪌉如以手撥𪌉也𪌉音豐。盧文弨曰此本鄭康成周禮遻人注彼種字作穜此注宋本元刻俱作種種穜二字古今互易此種麥依古義正穜麥耳郝懿行曰午者逆也彼來而此逆之取其將若撥𪌉者熬麥曰𪌉見遻人注熬乾煎也今謂之爤䔯麥乾煎則質輕脆故撥去之甚易荀義當然遻人注又云今河閒以北煮穜賜龍麥賣之名曰逢逢當音蓬今江南人蒸稉米曝乾爤之呼米蓬與鄭義合知逢古音如蓬也蓬謂蓬蓬然張起此後鄭義與先鄭異楊注旣引先鄭於義已足而幷蔓引後鄭又改其曰逢者爲𪌉且云據鄭之說𪌉麥之牙蘖也二鄭皆無此義楊氏不知而妄測之皆郘書燕說耳俞樾曰古義每存乎聲𪌉旣音豐卽可讀爲豐尚書顧命篇敷坐豐席枚氏傳曰豐莞正義引釋草云莞苻蘺郭璞曰今之西方人呼蒲爲莞用之爲席也王肅亦云豐席莞然則豐者蒲也蒲之爲物至脆弱故以手撥之至易也字本宜作豐從麥孝作體乃古文叚借字楊泥本字爲說故失之彼得之。不足以藥傷補敗。藥猶醫也彼縱有所得不足以藥其所傷補其所敗言所獲不如所亡也。俞樾曰藥當讀爲㦡說文疒部㦡治也或作療古書每以藥爲之大雅板篇不可救藥韓詩外傳作不可救療毛用叚字韓用正字耳藥傷卽療傷也楊注曰藥猶醫也雖得其義未得其字

彼愛其爪牙。畏其仇敵。若是。則爲利者不攻也。愛己之爪牙畏與我爲仇敵爲于僞反

將脩小大强弱之義。以持愼之。愼讀曰順脩小事大弱事彊之義守持此道以順大國也。郝懿行曰愼卽謹也謂謹持此義注每讀愼爲順今亦不能悉正讀者以類求之可也

禮節將甚文。珪璧將甚碩。貨賂將甚厚。文謂敬事之威儀也珪璧所用聘好之物頎大也

所以說之者。必將雅文辯慧之君子也。所使行人往說之者則用文雅禮讓之士說音稅。郝懿行曰雅者正也後人雅俗相儷則謂嫺雅史記司馬相如雍容嫺雅是也荀書雅字多對鄙野而言此云雅文卽文雅耳

彼苟有人、意焉。夫誰能忿之。若是。則忿之者不攻也。○王引之曰忿之當作爲忿鷁好上文云則爲名者不攻也則爲利者不攻也下文云爲名者否爲利者否爲忿者否皆其證今本爲忿作忿之者涉上文誰能忿之而

誤既言誰能忿之則不得又言忿之既言忿之則不得又言人攻

為名者否，為利者否，為忿者否。否，不攻也。則為，于偽反。國安於盤石，壽於旗翼。盤石，盤薄大石也。旗讀為箕，箕翼二十八宿名，言壽比於星也。莊子曰：傅說得之，乘東維，騎箕尾而比於列宿，亦其類也。或曰：禮記百年曰期頤，鄭云：期，要也；頤，養也。○盧文弨曰：盤石即磐石。旗翼以其行度之多。天官書亦有旗星。人皆亂，我獨治；人皆危，我獨安；人皆失喪之，我按起而治之。或曰：按，然後也。故仁人之用國，非特將持其有而已也，又將兼人。不唯持其所有而已。詩曰：淑人君子，其儀不忒。其儀不忒，正是四國。此之謂也。曹風尸鳩之篇。

持國之難易。論守國難易之法也。○盧文弨曰：舊本不提行，今案當分段。事強暴之國難，使強暴之國事我易。事之以貨寶，則貨寶單而交不結；約信盟誓，則約定而畔無日。約已定，隨即畔之。無日，言不過一日。文子作約定而反無日也。割國之錙銖以賂之，則割定而欲無猒。十黍之重為銖，八兩為錙。此謂以地賂強國，割地必不多，與故以錙銖言。

恃人不如自治

之獸一占反韓詩外傳作劃國之疆乖以賂之也○盧文弨曰案今本說文云銖權十分黍之重也以禾部云十二粟爲一分十二分爲一銖訂之則當爲權十二分黍之重也楊云十黍之重爲銖葢用許說而轉寫脫誤八兩爲錙又用禮記儒行鄭注與說文六銖異王引之曰八兩爲錙用鄭氏儒行注也案二十四銖爲兩八兩爲錙錙與銖輕重相遠不得並稱古人言錙者其數或多或少淮南詮言篇割國之錙錘以事人高注曰六兩曰錙倍錙曰錘與鄭注八兩曰錙相近此數之多者也說山篇有千金之璧而無錙錘之礛諸注曰六銖曰錙八銖曰錘訛誤[illegible]文說文亦曰錙六銖也錘八銖也一切經音義二十引風俗通曰銖六則錘二錘則錙又以十二銖爲錙此數之少者也此文及儒行皆以錙銖並稱輕重必不相遠則當以六銖曰錙爲正訓鄭楊皆以八兩爲錙失之事之彌煩，其侵人愈甚。王念孫曰韓詩外傳煩作順於義爲長必至於資單國舉然後已。單盡也國舉謂盡舉其國與人也○先謙案注單盡也三字當在上文則貨寶單而交不結下雖左堯而右舜，未有能以此道得免焉者也。辟之，是猶使處女嬰寶珠，佩寶玉，嬰繫於頸也寶謂珠玉中可寶者負戴黃金，而遇中山之盜也，雖爲之逢蒙視，詘要橈膕，君盧屋妾，由將不足，以免也。逢蒙古之善射者詘與屈同要讀爲腰橈曲也膕曲腳中古獲反盧當爲廬由與猶同言處女如善射者之覗物謂微眇不敢正視也既微覗又屈腰橈膕言俯伏畏懼之甚也君盧屋妾謂處女自稱是君盧屋之妾猶言箕帚妾卑下之辭也雖畏懼卑辭如此猶不免劫奪也○盧文弨曰逢蒙覗言不敢正視也不必引善射人淮南子有龍蒙目視語君盧句疑有訛字洪頤煊曰逢疑作蓬下當脫髮字郝懿行曰逢蒙疊韻字也此等語言古來或無正字往往但取其聲王念孫曰逢蒙覗微覗也淮南本作龍蒙目目卽覗也今本衍覗字辨見修務篇又賈子勸學篇有風蚉覗今本譌作蚉頰覗風逢聲相近蚉蒙聲相近覗微覗之貌劉台拱曰君盧屋妾君疑作若言詘要橈膕若盧屋之妾也漢書鮑宣蕭望之傳皆有蒼頭盧兒注謂官府之給賤役者所居爲盧因呼爲盧兒先謙案逢蒙覗王說是詘要橈膕楊說是君盧屋妾劉說是故非有一人之道也。謂不能齊一其人同力以拒大國也直將巧繁拜請而畏事之。但巧爲繁多拜請以畏事之也○王引之曰楊說非也繁讀爲敏說文繁字本作緐從糸每聲而敏字亦從每聲敏與繁聲相近故字亦相通楚辭天問繁鳥萃棘廣雅作鷩鳥曹憲音敏是其例也巧敏謂便佞也臣道篇云巧敏佞說善取寵乎上是也上文云逢蒙覗詘要橈膕若盧屋妾卽此所謂巧敏拜請而畏事之也韓詩外傳作特以巧敏拜請畏事之是其明證矣則不足以持國安身故明君不道也。恥辱

齊是一種方法

如此雖得免禍亦不足以爲持國安身之術故明君不言也○王念孫曰呂本以下有爲字乃涉注文而衍盧本亦沿其誤錢本無爲字是也道由也言此事人之術不足以持國安身故明君不由也楊注失之先謙案謝本從盧校今依王說改從錢本

必將脩禮以齊朝○正法以齊官○平政以齊民○然後節奏齊於朝○齊整也節奏禮之節文也謂上下皆有禮也百事齊於官○百事皆有法度衆庶齊於下○上政均平故民齊一如是則近者競親○遠方致願○致極也極願來附也○王念孫曰外傳作遠者願至亦於義爲長上下一心○三軍同力○名聲足以暴炙之○名聲如日暴火炙炎赫也威強足以捶笞之○拱揖指揮○先謙案宋台州本作麾而強暴之國莫不趨使○譬之是猶烏獲與焦僥搏也○烏獲秦之力人衆千鈞者焦僥短人長三尺者搏鬭也故曰○事強暴之國難○使強暴之國事我易○此之謂也○

荀子卷弟六

荀子卷第七

唐登仕郎守大理評事楊　倞　注

臣　王先謙集解

王霸篇第十一

國者。天下之制利用也。天下用之利者無過於國制衍字耳人主者。天下之利埶也。埶之最利者也得道以持之。則大安也。大榮也。積美之源也。不得道以持之。則大危也。大累也。○先謙案兩也字羣書治要竝作矣有之不如無之。有國不如無國及其綦也。索爲匹夫不可得也。綦謂窮極之時○盧文弨曰正文及其綦也上元刻有有也二字宋本無齊湣宋獻是也。湣與閔同齊湣王爲淖齒所殺宋獻宋君偃也爲齊湣王所滅呂氏春秋云宋康王此云獻國滅之後其臣子各私爲謚故與此不同故人主。天下之利埶也。然而不能自安也。安之者必將道也。必將以道守之○先謙案廣雅釋詁將行也言安天下必行道也楊注增文以釋之義轉迂曲故用國者○義立而王○信立而霸○權謀立而亡○三者明主之所謹擇也○所宜謹慎擇之仁人之所務白也○白明白也挈國以呼禮義而無以害之○挈提舉也言挈提一國之人皆使呼召禮義言所務皆禮義也無以害之謂不以它事害禮義也○盧文弨曰正文挈國上元刻有故字行一不義○殺一無罪○而得天下○仁者不爲也○擽然扶持心國○且若是其固也○擽讀爲落石貌也其所持心持國不行不義不殺無罪落然如石之固也○盧文弨曰正文擽元刻從木注作櫟然落石貌今從宋本案老子德經不欲碌碌如王落落如石此注改櫟從落而訓爲石貌其義正合若如元刻作落石貌其於扶持之義相去甚遠觀注又云落落然如石之固則非以落石訓擽明矣郝懿行曰擽本作櫟此蓋借爲礫字礫者小石也楊注櫟讀爲落石貌也蓋謂小石堅确之貌故云落落然如石之固此說得之老子云不欲碌碌如玉落落如石落落亦礫礫耳之所與爲之者之人○則舉義士也○舉皆也所與爲政之人則皆用義士謂若伊呂之比者也○盧文弨曰正文首之字宋本無元刻有次下同之所以爲布陳於國家刑法者○則舉義法也○謂若周穆王訓夏贖刑之類也主之所極然

帥羣臣而首鄉之者則舉義志也志意也主所極信率羣臣歸向之者則皆義之志謂不懷不義之意也一曰志記也舊典之有義者謂若六經也。郝懿行曰極與亟恆竝同極亟皆敏疾之意經典多通賦篇云出入甚極反覆甚極皆以極爲亟也此極然猶云亟亟然耳王引之曰之所上本無主字此後人不曉文義而妄加之也後人以下有執臣二字故加主字之猶其也見釋詞及言其所極然帥羣臣而首鄉之者則皆義志也上文之所與之所以之上皆無主字王制篇三言之所以接下之人百姓者之上亦無主字議兵篇作其所以接下之人百姓者是之與其同義據楊注主所極信云云則所見本已有主字如是則下仰上以義矣。是綦定也。綦當爲基基本也言以義爲本仰魚亮反。劉台拱曰此綦亦訓極義如皇極之極不必破爲基又下文國一綦明楊注綦亦當爲基案綦亦訓極極猶言標準王念孫曰前極謂義後極謂信也俱見上文綦定而國定。國定而天下定。仲尼無置錐之地，誠義乎志意。加義乎身行。仲尼誠能義乎志意又加之以義乎身行言志意及立身立行皆以義行下孟反箸之言語。以義箸於言語謂所論說皆明義也濟之日，不隱乎天下，名垂乎後世。以義得濟之日成功之後也言仲尼行義既成之後不隱乎天下謂極昭明天下莫能隱匿之。先謙案注以義謝本作以善據宋台州本正今亦以天下之顯諸侯。誠義乎志意。加義乎法則度量。著之以政事。案申重之以貴賤殺生。使襲然終始猶一也。申亦重也既爲政皆以義又申重以賞罰使相掩襲無間隙終始如一也○王念孫曰襲然合一之貌周語及淮南天文篇注竝云襲合也故曰襲然終始猶一楊以襲爲相掩襲未確如是則夫名聲之部。發於天地之閒也。豈不如日月雷霆然矣哉。部當爲剖剖謂開發也仲尼匹夫但箸空言猶得不隱乎天下今若以顯諸侯行義必如日月雷霆也○先謙案部是蔀之借字易豐其蔀虞注蔀蔽也楊略例大闇謂之蔀先蔀而後發其光愈大其聲愈遠故曰部發故曰。以國齊義。一日而白。湯武是也。齊當爲濟以一國皆取濟於義一朝而名聲明白湯武是也湯以亳。武王以鄗。皆百里之地也。亳湯國都鄗與鎬同武王所都京也詩曰考卜維王宅是鎬京維龜正之武王成之天下爲一。諸侯爲臣。通達之屬。莫不從服。無它故焉。以濟義矣。是所謂義立而王也。非有它故但取濟於義也德雖未至也。義雖未濟也。霸者亦有德義但未能至極盡濟也然而天下之理。

略奏矣。天下之謂條理者略有節奏也○郝懿行曰奏訓進也此奏疑與湊同湊會聚也楊注失之王念孫曰奏讀爲湊廣雅湊聚也謂天下之理略聚於此也湊奏古字通周官合方氏及爾雅釋詁釋文皆云奏本或湊商子算地篇名利之所奏藏與湊同刑賞已諾信乎天下矣。已諾許也已不許也禮記曰與其有諾責寧有已怨信乎天下謂若齊桓不背柯盟之比也臣下曉然皆知其可要也。要約也皆知其可與要約不欺也要一堯反政令已陳雖覩利敗不欺其民。謂若伐原命三日之糧不降而退之比也約結已定雖覩利敗不欺其與與相親與之國謂若齊桓許赦魯衛不遂滅之爲已利之比也如是則兵勁城固敵國畏之國一綦明與國信之。綦亦當爲基也○郭嵩燾曰綦當爲期之借字所期約明白無欺雖在僻陋之國威動天下五伯是也。伯讀曰霸又如字爲諸侯之長曰伯春秋左氏傳曰策命晉侯爲伯也非本政教也。雖有政教未盡脩其本也非致隆高也。致極也不如堯舜禹湯之極崇高也非綦文理也。言其駁襍末極條貫非服人之心也。未得天下歸心如文王此皆言雖未能備行王道以略信之故猶能致霸也鄉方略。所向唯在方略不在用仁義也審勞佚。審以佚待勞之術也謹畜積。謹嚴畜積不妄耗費修戰備，齺然上下相信，而天下莫之敢當。齺，齺相迎也；齺然，上下相向之貌。齺，士角反。故齊桓、晉文、楚莊、吳闔閭、越句踐，是皆僻陋之國也，威動天下，彊殆中國，其彊能危中國。無它故焉，略信也。是所謂信立而霸也。雖未能濟義，略取信而行之，故能致霸也。挈國以呼功利，此論權謀者也。提挈一國之人以呼召功利，言所務唯功利也。功役使利貪求之也。不務張其義，齊其信，唯利之求，張，開。○先謙案：羣書治要齊作濟。內則不憚詐其民而求小利焉，謂若梁伯好土功，詐其民曰寇將至之比。外則不憚詐其與而求大利焉，謂若楚靈王以義討陳蔡，因遂滅之之比也。內不脩正其所以有，然常欲人之有。有，土地貨財也。○王念孫曰：下文言「啖啖然常欲人之有」，則此文然上亦當有啖啖二字，而今本脫之。顧千里曰：內字疑不當有，涉上內則不憚詐其民而衍也。下文「不好脩舊本誤循謝本[illegible]正其所以有」，見無內字，是其證矣。又案：不下疑亦同下文當有好字，蓋上衍下脫。如是則臣下百姓莫不以詐心待其上矣。上詐其下，下詐其上，則是上下析也。析，離析。如是則敵國輕之。不得人心故輕之也與國疑之。權謀日行。而國不免危削。綦之而亡。其極者則滅亡齊閔薛公是也。薛公孟嘗君田文齊閔王之相也齊閔王爲五國所伐皆薛公使然故同言之也故用彊齊。非以修禮義也。非以本政教也。非以一天下也。緜緜常以結引馳外爲務。緜緜不絕貌引讀爲靷靷引軸之物結引謂繫於軸所以引車也齊閔薛公不脩德政但使說客引軸馳騖於它國以權詐爲務也故彊南足以破楚。史記齊閔王三十三年與秦敗楚於重丘南割楚之淮北也西足以詘秦。史記閔王二十六年與韓魏共攻秦至函谷軍焉北足以敗燕。盧文弨曰此句楊氏無注脫耳案史記六國表及田敬仲完世家皆不載唯燕世家載之當在齊閔王十年中足以舉宋。閔王三十八年伐宋宋王死於溫舉謂舉其國而滅之及以燕趙起而攻之若振槁然。閔王四十年燕秦楚三晉敗我於濟西振擊也槁枯葉也言當權謀彊盛之時雖破敵滅國及樂毅以諸國攻之若擊枯葉之易也而身死國亡。爲天下大僇。爲天下大戮辱也春秋傳曰古者明王伐不敬取其鯨鯢而封之以爲大戮也後世言惡則必稽焉。後世稽考閔王爲龜鏡也是無它故焉。唯其不由禮義。而由權謀也。三者明主之所以謹擇也。而仁人之所以務白也。盧文弨曰各本無兩以字及而字唯宋本有之下文亦同案篇首已有此二語宋本亦無兩以字及而字至此及下文乃竝有之以致其申重丁寧之意似宋本爲長善擇者制人。不善擇者人制之。善擇者用霸王不善擇者用權謀也國者天下之大器也。重任也。不可不善爲擇所、而後錯之。錯險則危。所處也錯讀爲措○謝本從盧校作錯之險王念孫曰錢本作錯險則危無之字元刻世德堂本同盧從呂本案錯險則危與塗薉則塞對文則無之字者是也呂本有之字者涉上句錯之而衍先謙案王說是今從錢本刪之字虞王本亦無不可、不善爲擇道、然後道之。涂薉則塞。不可不善爲擇道路而導達之薉與穢同塞謂行不通也○王念孫曰道之行之也故下文云塗薉則塞下文何法之道及道王者之法云云竝與此道字同義楊皆訓爲導達失之危塞則亡。所以爲之善擇○盧文弨曰之字元刻作王案此注有脫誤似當云所以不可不善爲擇彼國錯者。非封焉之謂也。非受之莭土然後爲安一曰脩封彊立城郭之謂也○郭嵩燾曰周禮溝封畿封鄭注皆訓爲界言非徒畫分彊界君其國而子其民遂可以立國也何法。

積而經
持也保持之意

之道誰子之與也設問之辭既非封焉之謂問以何法導達之求誰人付與之誰子猶誰人也愼子曰棄道術舍度量以求一人之識識天下誰子之識能足焉也故道王者之法與王者之人爲之則亦王。道霸者之法與霸者之人爲之則亦霸。道亡國之法與亡國之人爲之則亦亡。荅辭也道皆與導同。王引之曰故當爲曰上文何法之道云云是問詞此文曰道王者之法云云是荅辭下文兩設問荅之辭皆有曰字則此亦當然今本曰作故則義不可通此涉下文諸故字而誤先謙案則亦王則亦霸則亦亡下羣書治要竝有矣字三者明主之所以謹擇也而仁人之所以務白也荀子多重敘前語者丁寧之也故國者重任也不以積持之則不立不以積久之法持之則傾覆也故國者世所以新者也是憚憚非變也憚與坦同言國者但繼世之主自新耳此積久之法坦坦然無變也隨巢子曰有陰而遠者有憚明而功者杜伯射宣王於畝田是憚明而功者據古憚與坦通。盧文弨曰案畝田墨子作圃田注引隨巢子憚明以爲即坦明之證則本作憚字無疑而俗閒本兩憚明字俱作坦明非也今竝改正郝懿行曰憚與坦雖可通此憚疑嬋字之形譌毛詩檀車嬋嬋傳云嬋嬋敝貌與此義合敝正對新而言此言國與世俱新雖或嬋嬋敝壞而非變也但改玉改行則仍復新耳是以日也人也皆不能無變更而國有厭焉完固至於千歲者荀義當然王古玉

改王改行也。自是改一字也厭焉合一之貌先謙案郝說是王則改其所行之事非法變也或曰國語襄王謂晉文公曰先民有言曰改玉改行玉佩玉行步也。盧文弨曰或說是古玉字本作王與王字形近易訛王念孫曰羣書治要正作改玉改行

故一朝之日也一日之人也然而厭焉有千歲之固何也設問之辭一朝之日謂今日之事明朝不同言易變也一日之人謂今日之生未保明日言壽促也厭厭讀爲懸禮記曰見君子而後厭然揜其不善鄭注云閉藏貌言事之易變人之壽促如此何故有懸然深藏千歲不變改之法乎。王念孫曰故字亦涉上下文而衍一朝之日云云是問詞則不當有故字明矣羣書治要無故字先謙案厭焉猶安然也說見儒效篇羣書治要固作國是

曰援也一朝之日一日之人而安然有千歲之國語意緊對夫千歲之信法以持之也安與夫千歲之信士爲之也謂使百世不易可信之士爲政

人無百歲之壽而有千歲之信士何也又問之曰以夫千歲之法自持者是乃千歲之信士矣以禮義自持者則是千歲之士不以壽千歲也能自

持則能持國也故與積禮義之君子爲之則王與端誠信全之士爲之則霸與權謀傾覆之人爲之則亡三者明主之所以謹擇也而仁人之所以務白也善擇之者制人不善擇之者人制之彼持國者必不可以獨也若不可獨治也然則彊固榮辱在於取相矣身能相能如是者王謂若湯伊尹文王太公也身不能知恐懼而求能者如是者彊若燕昭樂毅也身不能不知恐懼而求能者安唯便僻左右親比己者之用如是者危削謂若楚襄王左州侯右夏侯之比也綦之而亡宋獻之比國者巨用之則大小用之則小巨者大之極也綦大而王綦小而亡小巨分流者存小巨各半如水之分流也巨用之者先義而後利安不卹親疏不卹貴賤唯誠能之求夫是之謂巨用之小用之者先利而後義安不卹是非不治曲直唯便僻親比己者之用夫是之謂小用之巨

用之者若彼。小用之者若此。小巨分流者亦一若彼一若此也。或誠能之求或親比己者之用。先謙案虞王本作亦一若彼也亦一若此也故曰粹而王。駮而霸。無一焉而亡。此之謂也。粹全也若舜舉皋陶不仁者遠即巨用之綦大而王者也駮襍也若齊桓外任管仲內任豎貂則小巨分流者無一焉而亡無一賢人若厲王專任皇甫尹氏即綦小而亡者也

國無禮則不正。禮之所以正國也。譬之猶衡之於輕重也。猶繩墨之於曲直也。猶規矩之於方圓也。禮能正國譬衡所以辨輕重繩墨所以辨曲直規矩所以定方圓也既錯之而人莫之能誣也。錯置也禮記曰衡誠懸不可欺以輕重繩墨誠陳不可欺以曲直規矩誠設不可欺以方圓也。謝本從盧校作正錯之盧文弨曰正錯之正各本作故今從宋本王念孫曰正錯之呂錢本皆作既錯之是也衡既縣則不可誣以輕重繩墨既陳則不可誣以曲直規矩既設則不可誣以方圓故曰既錯之而人莫之能誣也盧謂宋本作正者爲影鈔本所誤繆僻醜踳辨上誤正字訛先謙案王說是今改從呂錢本作既詩云。如霜雪之將將。如日月之光明。逸詩。郝懿行曰將將大也四句皆逸詩其義今不可知玩荀子之意方

說禮所以正國而郎引詩又申之云此之謂也然則此蓋言禮廣大體備如霜雪之無不周偏如日月之無不照臨爲禮則禮存而國存不爲禮則禮亡而國亦亡荀引詩之意蓋如此楊注斷上二句爲逸詩則語意不融貫先謙案成相篇讒口將將王氏念孫引周頌執競傳將將集也此義當同謂如霜雪交集也

爲之則存。不爲則亡。此之謂也。爲爲禮也○盧文弨曰正文不爲下各本有之字宋本無但詩攷所引有之字是宋本亦各異也案無之字者勝下二句楊注不以爲逸詩詩攷連引之爲是

國危則無樂君。國安則無憂民。○顧千里曰民疑當作君此文憂與樂皆言君不言民也楊無注宋本與今本同蓋皆誤先謙案顧說是言人君國危始憂安時惟逐樂深歎之

亂則國危，治則國安。今君人者。急逐樂而緩治國。豈不過甚矣哉。譬之是由好、聲、色、而恬無耳、目也。豈不哀哉。恬安也安然無耳目雖好聲色將何用哉○盧文弨曰正文由字從宋本與猶同俞樾曰恬當作姡字之誤也爾雅釋言靦姡也釋文引李巡孫炎注竝曰人面姡然也是姡然爲人面之貌故詩何人斯篇有靦面目毛傳曰靦姡也鄭箋曰姡然有面目是其義也姡無耳目猶言姡然無耳目學者多見恬少見姡因誤姡爲恬

道出乎治法

楊注卽訓爲安然失之矣夫人之情。目欲綦色。耳欲綦聲。口欲綦味。鼻欲綦
臭。心欲綦佚。臭氣也凡氣香亦謂之臭禮記曰佩容臭綦極也綦或爲甚傳寫誤耳佚安樂也○先謙案虞王本
注甚作其此五綦者。人情之所必不免也。養五綦者有具。具謂廣大富厚治辨
彊固之道也無其具。則五綦者不可得而致也。萬乘之國。可謂廣大
富厚矣。加有治辨彊固之道焉。有讀爲又辨分別事○郝懿行曰辨古辨字辨謂備具也下云
莫不分均莫不治辨其義亦同古書皆以辨爲辨楊云辨分別事有讀爲又竝非荀義先謙案辨亦治也說見不苟篇若
是。則恬愉無患難矣。○盧文弨曰宋本恬作怡然後養五綦之具具也。故百
樂者生於治國者也。憂患者生於亂國者也。急逐樂而緩治國
者。○先謙案羣書治要緩作忘無者字非知樂者也。故明君者。必將先治其國。然
後百樂得其中。得於治國之中樂竝音洛闇君必將急逐樂而緩治國。○王念孫
曰呂本作急逐樂錢本及元刻世德堂本急竝作荒盧從呂本案逸周書謚法篇曰好樂怠政曰荒管子戒篇曰從樂而不反

謂之荒故曰荒逐樂宋監本作急逐樂者據上文改之也呂本多從監本錢本及元刻則兼從建本其作荒逐樂葢亦從建本也羣書治要正引作荒作樂先謙案闇君下羣書治要有者字以上文明君者例之此亦當有故憂患不可勝校也。計校必至於身死國亡然後止也豈不哀哉。將以爲樂。乃得憂焉。將以爲安。乃得危焉。將以爲福。乃得死亡焉。豈不哀哉。於乎。君人者亦可以察若言矣。於乎讀爲嗚呼若言如此之言謂已上之說故治國有道。人主有職。在知其道守其職也若夫貫日而治詳。一日而曲列之。貫日積日也積日而使條理詳備一日而委曲列之無差錯也○劉台拱曰一日當作一目立一條目而委曲具列之若簿書之類王念孫曰一日與貫日相對爲文則日非目之譌也君道篇作一日而曲辨之今本日誤作內辨與別古字通周官小宰聽稱責以傅別故書別作辨鄭大夫讀爲別朝士有判書故書判爲辨鄭司農讀爲別諸子辨其等燕義辨作別大行人辨諸侯之命小行人每國辨異之大戴記朝事篇辨並作別樂記別宜居鬼而從地史記樂書別作辨又男女無辨營以立辨樂書辨並作別又樂統同禮辨異荀子樂論篇辨作別則列爲別之譌也王逸注離騷云貫累也言以累日之治而辨之於一日也先謙案注一日下各本而作如據宋台州本改正是所使夫百吏官人爲也。不足以是傷游玩安燕之樂。煩碎之事既使百吏官人爲之則不足以此害人君游燕之樂也若夫論一相以兼率之使臣下百吏莫不宿道鄉方而務論謂討論選擇之也率領也宿道止於道也向方不迷亂也臣下皆以宿道向方爲務不敢姦詐也是夫人主之職也論相乃是人主之職不在躬親小事也若是則一天下名配堯禹○王引之曰一天下上有功字而今本脱之則與下句不對下文功壹天下名配舜禹是其證之主者守至約而詳事至佚而功事任○謝本從盧校作人主者王念孫曰錢本人作之元刻世德堂本同盧從呂本案錢本是也之主者是主也是主者指上文功一天下名配堯禹之主而言非泛論人主也呂本作人主者涉下文人主者而誤先謙案王說是今從錢本改作之垂衣裳不下簟席之上而海內之人莫不願得以爲帝王夫是之謂至約樂莫大焉人主者以官人爲能者也匹夫者以自能爲能者也人主得使人爲之匹夫則無所移之百畝一守事業窮無所移之也百畝一夫之守事業耕稼也耕稼窮於此無所移於人若人主必躬治小事則與匹夫何異也今以一人兼聽天下日有餘而治

不足者。使人為之也。今以一人兼聽天下之大自稱日有餘言兼聽之日有餘也而治不足謂所治之事少而不足言不足治也使人為之故得如此尸子曰堯南撫交阯北懷幽都東西至日之所出入有餘日而不足於治者恕也韓子曰夫為人主而身察百官則日不足力不給也故先王舍己能而因法數審賞罰故治不足而日有餘上之任勢使然也日而賣反大有天下。小有一國。天子諸侯。○盧文弨曰虞王合校本作天下謂天子一國謂諸侯也必自為之然後可。則勞苦秏顇莫甚焉。秏謂精神竭秏顇顚顇也如是則雖臧獲不肯與天子易埶業。臧獲奴婢也方言曰荊淮海岱之閒罵奴曰臧罵婢曰獲燕齊亡奴謂之臧亡婢謂之獲或曰取貨謂之臧擒得謂之獲皆謂有罪為奴婢者故周禮其奴男子入於罪隸女子入於舂槀埶業權埶事業也○盧文弨曰案方言燕齊作燕之北郊又周禮其奴無婢字王念孫曰勢者位也埶覬權鰍隲所居曰勢所執曰業楊以勢為權勢失之臧獲無權勢不得言與天子易權勢以是縣天下。一四海何。故必自為之。以是一人之寡縣天下之重一四海之大何故必自為之言力不任之也○先謙案楊解縣天下非也說見王制彊國篇為之者役夫之道也。墨子之說也。墨子之說必自勞苦矣論德使能而官施之者。聖王

分印圖片的方法

之道也。儒之所謹守也。官施謂建百官施布職事。先謙案施用也官施之者官之用之也臣道篇爪牙之士施與此義同楊訓施爲布而增職事二字以成其義非也官義具富國解蔽二篇楊以官爲建百官亦誤傳曰。農分田而耕，賈分貨而販，百工分事而勸。○郝懿行曰自此至禮法之大分也共十二句本篇下文亦同唯無傳曰二字或係省文或此不皆傳語未可知也士大夫分職而聽，聽其政治建國諸侯之君分土而守。三公摠方而議。摠領也議其所摠之政自陝以東周公主之自陝以西召公主之一相處於內是摠方而議之也則天子共己而已。共讀爲恭或讀爲拱垂拱而已也○先謙案羣書治要而已作止矣以下文則天子共己而止矣證之此亦當作共己而止矣注而已也正釋而止矣之義正文已字後人所改治要又刪一而字宋台州本作而矣明奪止字虞王本作而已矣無注或讀以下九字葢以意刪改出若、入若、天下莫不平均，莫不治辨。若如此也出若人若謂內外皆如此也謂如論德使能官施之事或曰若順也是百王之所同也，而禮法之大分也。禮法大分在任人各使當其職分也百里之地，可以取天下。是不虛其難者，在人主之知之也。所患人主不知小國可以取天下之道也取天下者，非負其土地而從之之謂也。非謂它國負荷其土地來而從我之謂也道足以壹人而已矣。其道足以齊壹人故天下歸之也彼其人苟壹，則其土地且奚去我而適它？彼國之人苟一於我則其土地奚往哉○郝懿行曰此言有人斯有土也壹當爲一謂齊一也此文上作壹人下作一人參差錯出由寫書者誤分之故百里之地，其等位爵服，足以容天下之賢士矣。此論百里國取天下之道賢士有道德者也其官職事業，足以容天下之能士矣。能士者才藝也循其舊法，擇其善者而明用之，足以順服好利之人矣。擇舊法之善者而明用之謂擇務本厚生之法而用之則民衣食足而好利之人順服也賢士一焉，能士官焉，好利之人服焉，三者具而天下盡，無有是其外矣。具謂俱爲用也故百里之地，足以竭埶矣。竭盡也有等位爵服官職事業是天下之人埶盡於此矣○先謙案虞王本注無人字是致忠信，箸仁義，足以竭人矣。致極也箸明也言極忠信明仁義足以盡天下之人謂皆來歸也兩者合而天下取，諸侯後同

一意屢翻古文多用此法

者先危。兩者合謂能盡埶盡人也詩曰。自西自東。自南自北。無思不服。一人之謂也。其道足以齊一人故四方皆歸之

羿蠭門者。善服射者也。蠭門即蠭蒙學射於羿羿蠭蒙善射故射者服之蠭音逢○盧文弨曰案史龜策傳亦作蠭門音逢迎之逢亦讀爲鼉鼓逢逢之逢門與蒙一聲之轉耳漢書藝文志有逢門射法二篇在兵家諸書多作逢字唯孟子揚子宋以後作逄音薄江反郝懿行曰蠭門它書或作逢蒙蒙門音轉實一人耳此及史龜策傳作蠭門漢藝文志作逢門逢即蠭字之省古讀蠭蓬同音故逢蒙之逢亦讀如蓬廣韻逢紐有蜂云又音峯一字二音是其證矣服者屈服也服之本義事也用也屈服是其引伸之義

王良造父者。善服馭者也。王良趙簡子之御韓子曰字伯樂造父周穆王之御皆善御者也馭與御同也

聰明君子者。善服人者也。人服而埶從之。人不服而埶去之。故王者已於服人矣。王者之功盡此也

故人主欲得善射。射遠中微。則莫若羿蠭門矣。射及遠中細微之物

欲得善馭。及速致遠。則莫若王良造父矣。欲得調壹天下。制秦楚。則莫若聰明

君子矣。荀卿在齊楚秦天下彊國故制之者也○盧文弨曰者疑是首字蓋以秦楚天下彊國故首欲制之如孟子隨秦楚朝秦楚亦每以秦楚爲言王念孫曰呂錢本欲下皆有得字是也上文兩言欲得則此亦當然元刻以下脫得字先謙案謝本從盧校作欲調壹天下無得字今依王說從呂錢本增 其用知甚簡。用智慮至少也 其爲事不勞。而功名致大。甚易處。而綦可樂也。故明君以爲寶。而愚者以爲難。明君以任賢爲寶愚者以任賢爲難也 夫貴爲天子。富有天下。名爲聖王。兼制人。人莫得而制也。是人情之所同欲也。而王者兼而有是者也。重色而衣之。重味而食之。重財物而制之。重多也直用反○盧文弨曰案正文物字元刻無 合天下而君之。飲食甚厚。聲樂甚大。臺謝甚高。謝與榭同○盧文弨曰案說文無榭字公羊宣十六年成周宣謝災書秦誓釋文云臺榭本又作謝郝懿行曰謝榭古今字也春秋宣十六年成周宣謝左公羊俱作謝穀梁作榭釋文云本或作謝今經傳皆改謝爲榭矣唯釋文及此書猶存謝字 園囿甚廣。臣使諸侯。一天下。是又人情之所同欲也。而天子之禮制如是

李斯上逐客文本此

者也。禮之與制如此其盛言盡人情之所欲也制度以陳。政令以挾。挾讀爲浹浹洽也官人失要、則死。公侯失禮、則幽。要政令之要約也禮記曰各揚其職百官廢職服大刑幽囚也春秋傳曰晉侯執衛侯歸之于京師寘諸深室也四方之國有侈離之德則必滅。侈奢侈離乖離皆謂不遵法度○王念孫曰楊分侈離爲二義非也侈亦離也爾雅曰誃離也說文曰誃離別也作侈者借字耳陳說同又云穀梁僖四年傳於是哆然外齊侯也邵氏晉涵云哆然離散之貌侈誃哆同名聲若日月。功績如天地。天下之人應之如景嚮。○盧文弨曰景俗作影嚮宋本作響古通用是又人情之所同、欲也。而王者兼而有是者也。故人之情、口好味。而臭味莫美焉。耳好聲、而聲樂莫大焉。目好色、而文章致繁。婦女莫眾焉。形體好佚。而安重閒靜莫愉焉。閒隙也或讀、爲閑愉樂也心好利、而穀祿莫厚焉。合天下之所同願。兼而有之。睪牢天下、而制之。若制子孫。睪牢未詳睪或作畢言盡牢籠天下也新序作宰牢戰國策燕太子丹謂荆軻曰秦有貪功之心非盡天下之地牢海內之王其意不厭或曰睪讀如以䕸荼蓼之䕸牢與漢書巳㛮轅釜之轅義同皆料理斡運之意也○盧文弨曰案後漢書馬融傳皋牢陵山章懷注云皋牢猶牢籠也引此作皋牢皋俗作皐亦轉爲睪郝懿行曰案干祿字書睪俗皋字蓋皋俗作皐譌轉爲睪又復加頭作睾以別於睪此正如漢成皋印文作白下人人下羊又作則下羊展轉增譌卽此類也皋韜爲覆冒之意故皋牢亦爲牢籠皆雙聲疊韻字也馬融傳云皋牢陵山章懷注引此卽作皋字是已然攷睾字由來已久曹大家言睾子佐禹顏氏家訓皐分澤片蓋此俗字起於六朝以前正朱育所偁近鄙別字者也皋與宰音義異而古書亦通用故此睾牢楊注引新序鯀本作宰牢又列子望其壙宰如此書大略篇作皋如皆其證矣王念孫曰此字困學紀聞已辯之人苟不狂惑戇陋者其誰能睹是而不樂也哉欲是之主並肩而存能建是之士不世絕○先謙案不世絕者不絕於世也君道篇彼或蓄積而得之者不世絕與此句法同千歲而不合何也曰人主不公人臣不忠也人主則外賢而偏舉人臣則爭職而妬賢是其所以不合之故也外賢疏賢也偏舉偏黨而舉所愛也人主胡不廣焉無䘏親疏無偏貴賤唯誠能之求廣焉開泰貌或曰讀爲曠誠能實能也○王念

孫曰偏當爲倫字之誤也倫與論同也大雅靈臺箋曰論之言倫是論與倫義通王制必卽天論論或爲倫是論與倫字亦相通言不卹親疏不論貴賤也臣道性惡二篇竝云不卹是非不論曲直是其證**若是則人臣輕職業讓賢而安隨其後**○王念孫曰輕職下本無業字輕職讓賢與上文爭職妒賢正相反多一業字則累於詞矣輕職謂重賢而輕職也可言輕職不可言輕職業業字蓋涉下文王業而衍先謙案羣書治要後下有矣字**如是則舜禹還至王業還起**還復○王念孫曰還至卽至也還起卽起也漢書董仲舒傳還至而立有效是也楊訓還爲復失之**功壹天下名配舜禹物由有可樂如是其美焉者乎**○盧文弨曰元刻無焉字**嗚呼君人者亦可以察若言矣**可以察如此之言也**楊朱哭衢涂曰此夫過舉蹞步而覺跌千里者夫哀哭之**楊朱戰國時人後於墨子與墨子弟子禽滑釐辨論其說在愛己不拔一毛以利天下與墨子相反衢涂歧路也秦俗以兩爲衢或曰四達謂之衢覺知也半步曰蹞跌差也言此歧路第過舉半步則知差而哭況跌千里者乎故甚哀而哭之易曰差以毫釐謬以千里也○郝懿行曰下一夫字疑當作末形缺而譌末者無也言無有覺知而哀哭之者劉台拱曰覺跌千里言至千里而後覺其差注似非顧千里曰覺疑當讀爲較音校孟子音義離婁下告

子上盡心下覺音校几三見盧學士鍾山札記云云在本書覺
有校義一條文選西京賦注引鄧析子賢愚之相覺若九地之
下與重天之顚亦覺義之一證則言此衢涂過舉第半步而其
較之乃差千里明甚楊讀覺如字以覺知爲義非也又下文覺
亦讀爲較不覺言不較榮安存三者與辱危亡三者之衢也楊
注以不知爲義亦非俞樾曰覺當爲㬿玉篇引聲類曰㬿誤也
廣雅釋詁同㬿訓誤正與楊注跌訓差其義相近言此岐路第
過舉蹞步而其㬿跌乃至千里故可悲也自㬿誤爲覺而義不
可明矣先謙案衢涂過舉蹞步卽覺其跌至千里喻人一念得
失可知畢生不必果至千里而後覺其差也下文覺字與此相
應不當改字下夫字上
屬爲句諸說皆未當此。亦榮辱。安危。存亡之衢。已此其爲可
哀甚於衢涂。此謂求誠能之士也不求則滅亡故可哀甚於衢涂也嗚呼哀哉君人者千
歲而不覺也。嘆君人者千歲而不知求誠能之士
無國而不有治法。無國而不有亂法。無國而不有賢士。無國而
不有罷士。國語曰罷士無伍罷女無家韋昭曰病也無行曰罷周禮以嘉石平罷民謂平之使善者也無國
而不有愿民。無國而不有悍民。無國而不有美俗。無國而不有

惡俗。兩者竝行。而國在上偏。而國安在下偏。而國危。上偏偏行上事也謂治法多亂法少賢士多罷士少愿民多悍民少之類下偏反是○王念孫曰尋繹文義竝行下不當有而國二字蓋涉下文兩而國而衍又云國在謂國存也在字不屬下讀下偏與上偏相對下偏上不當有在字據楊注云上偏偏行上事也謂治法多亂法少賢士多罷士少之類下偏反是則所見本作下偏而國危明甚後人誤以在上二字連讀又於下偏上增在字而不知與正文注文皆不合也余前謂兩者竝行下衍而國二字失之上一。而王。下一。而亡。謂令行也○先謙案上一下一與上上偏下偏相對爲文下云四者齊是謂上一荀又自釋之矣楊以一爲令行誤故其法治。其佐賢。其民愿。其俗美。○謝本從盧校作其治法王念孫曰呂錢本其治法作其法治案上文治法與亂法對賢士與罷士對愿民與悍民對美俗與惡俗對此云其法治其佐賢其民愿其俗美皆承上文而言則作其法治者是也先謙案王說是今改從呂錢本而四者齊。夫是之謂上一。如是則不戰而勝。不攻而得。甲兵不勞。而天下服。盧文弨曰甲兵宋本作用兵今從元刻先謙案宋台州本作甲兵故湯以亳。武王以鄗。鄗與鎬同皆百里之地也。天下爲一。諸侯爲臣。

通達之屬，莫不從服，無它故焉，四者齊也。齊謂無所闕也。桀紂即序於有天下之勢，索爲匹夫而不可得也，即序於有天下之埶，謂就王者之次序爲天子也。王念孫曰：序字義不可通，序當爲厚字之誤也。隸書厚序相似，傳寫易訛，說見解蔽篇。非言桀紂有天下之勢雖厚，曾不得以匹夫終其身也。仲尼篇曰：桀紂厚於有天下之勢而不得以匹夫老。彊國篇曰：厚於有天下之勢，索爲匹夫不可得也，桀紂是也。皆其證。楊望文生義而曲爲之說。是無它故焉，四者竝亡也。故百王之法不同若是，所歸者一也。

上莫不致愛其下，而制之以禮。上之於下，如保赤子。政令制度，所以接下之人百姓，有不理者如豪末，則雖孤獨鰥寡，必不加焉。不以豪末不理加於孤獨鰥寡也。四者人所輕賤，故聖王尤愛之。孝經曰：不敢侮於鰥寡，而況於士民乎。故下之親上，歡如父母，可殺而不可使不順。君臣上下，貴賤長幼，至于庶人，莫不以是爲隆正。是謂親上也。皆以親上爲隆正也。先謙案：隆正猶中正，說見致士篇。然後皆內自省，以謹於分。愛敬其上，故不敢踰越也。是百王之所以同也，而禮法之樞要也。是百王之同用愛民之道而得民也。○盧文弨曰：正文以同疑當作同以，觀注以同用爲言可見。王念孫曰：盧說非也。是百王之所以同，以衍文也。上下文皆云是百王之所同，而禮法之大分也。禮論篇云是百王之所同，古今之所一也。皆言所同，不言所以同，則以爲衍文明矣。據楊注言同用愛民之道，則所見本似已衍以字。然後農分田而耕，賈分貨而販，百工分事而勸，士大夫分職而聽，建國諸侯之君分土而守，三公揔方而議，則天子共己而止矣。○先謙案：以上文證之，當爲共己，各本作其己，形近致誤，今從宋台州本改正。出若入若，天下莫不平均，莫不治辨，是百王之所同，而禮法之大分也。亦謂致愛其下，故皆勸勉，餘並已解上也。若夫貫日而治平，權物而稱用，貫日，積日也。使條理平正，權制物使稱於用。稱，尺證反。○郝懿行曰：荀書多言貫日，貫者穿也，日以爲事，如聯絡貫穿，此日也。俞樾曰：上文云若夫貫日而治詳，君道篇云併耳目之樂而親自貫日而治詳，兩文相同，此文平字疑亦當作詳，蓋段羊爲詳，又誤羊爲平耳，楊注非。使衣服有制，宮室有度。人徒有數。喪祭械用。皆有等宜。以是用挾於萬物。人徒謂胥徒給徭役者也械用器用也皆有等宜言等差皆得其宜也挾讀爲浹。王念孫曰案用挾二字文義不明用當爲周字之誤也周挾即周浹君道篇曰先王審禮以方皇周浹於天下禮論篇曰方皇周挾曲得其次序楊彼注曰挾讀爲浹帀也言於是禮之中徘徊周帀委曲皆得其次序而不亂此注亦曰挾讀爲浹則楊本正作周挾明矣尺寸尋丈。莫得不循乎制度數量。然後行。盧文弨曰各本作制數度量今從宋本王念孫曰作制數度量者是也富國篇曰無制數度量則國貧是其證宋本數度二字互誤耳禮記王制度量數制鄭注曰度丈尺也量斗斛也數百十也制布帛幅廣狹也數制即制數則是官人使吏之事也。不足數於大君子之前。官人列官之人使吏所使役之吏數閱數也大君子謂人君也。先謙案大君子君子之尤著者猶聖人崇稱之曰大聖人也不指人君言仲尼篇兩云彼固曷足稱乎大君子之門哉大君子即指仲尼尤其明證稱數義同楊注誤故君人者。立隆政本朝而當。隆政所隆之政也當丁浪反。郝懿行曰隆政下作隆正是也此隆政爲假借楊注失檢彊國篇以隆正脩政竝言益知此注之非蓋由望文生訓恆坐此失所使要百事者。誠仁人也。主百事之要約綱紀者謂相也則身佚而國治功大而名美上可以王下可以霸立隆正本朝而不當所使要百事者非仁人也則身勞而國亂功廢而名辱社稷必危是人君者之樞機也樞機在得賢相人君當爲君人也○謝本依盧校也上有者字王念孫曰下者字涉上者字而衍呂錢本也上皆無者字先謙案王說是今依呂錢本刪故能當一人而天下取失當一人而社稷危不能當一人而能當千人百人都說無之有也論說之中無此事能當謂能用人之當也當皆丁浪反既能當一人則身有何勞而爲而爲皆助語也垂衣裳而天下定故湯用伊尹文王用呂尚武王用召公成王用周公旦卑者五伯卑言功業卑於王者伯讀爲霸齊桓公閨門之內縣樂奢泰游抗之脩縣簨簴也泰與汰同抗與玩同言齊桓唯此是脩也於天下不見謂脩天下不謂之脩飾也然九合諸侯一匡天下爲五伯長是亦無它故焉知一政於管仲也是君人者之要守也要守在知任賢也知

者易爲之輿力。而功名綦大。智者知任賢之君也 舍是而孰足爲也。舍是任賢之事何足爲之言其餘皆不足爲也 故古之人有大功名者。必道是者也。道行也必行此任賢之事 喪其國。危其身者。必反是者也。故孔子曰。知者之知。固以多矣。有以守少。能無察乎。上知音智下知如字有讀爲又下同守少謂任賢恭己而已也 愚者。之知。固以少矣。有以守多。能無狂乎。此之謂也。守多謂自任主百事者也事煩則狂亂也

治國者分已定。則主相臣下百吏。各謹其所聞。不務聽其所不聞。謹謂守行無越思 各謹其所見。不務視其所不見。所聞所見。誠以齊矣。齊謂各當其事不侵越也 則雖幽閒隱辟。百姓莫敢不敬分安制。以化其上。是治國之徵也。閒讀爲閑辟讀爲僻安制謂安於國之制度不敢踰分徵驗也治國之徵驗在分定○謝本從盧校作以禮化其上王念孫曰元刻無禮字是也主相臣下百吏各謹其所見聞覲上而民自化之故曰莫敢不敬分安

制以化其上化上不當有禮字俗書禮字或作礼形與化相似化誤爲礼後人因改爲禮淮南道應篇孔子亦可謂知化矣今本化誤爲禮宋本作禮化者一本作禮一本作化而寫者因誤合之也羣書治要正作以化其上無禮字先謙案王說是今從元刻删禮字

主道治近不治遠。人主之道如此治明不治幽。治一不治二。主能治近則遠者理。主能治明則幽者化。主能當一則百事正。夫兼聽天下。日有餘而治不足者如此也。是治之極也。既能治近。又務治遠。既能治明。又務見幽。既能當一。又務正百。當丁浪反是過者也。過猶不及也。○王念孫曰元刻作過猶不及也語意較足羣書治要與元刻同先謙案謝本從盧校作猶不及也今依王說從元刻增過字辟之是猶立直木而求其景之枉也。不能治近。又務治遠。不能察明。又務見幽。不能當一。又務正百。是悖者也。悖惑辟之是猶立枉木而求其景之直也。故明主好要。而闇主好詳。一任相而委之是好要不委人而自治百事是好詳也主好要則百事詳。主好詳則百事荒。

力不及故荒也君者論一相，陳一法，明一指，以兼覆之，兼炤之，以觀其盛者也。論選擇也。指，指歸也。一法一指皆謂紀綱也。盛讀爲成，觀其成功也。相者論列百官之長，要百事之聽，列，置於列位也。聽，治也。要，取百事之治，考其得失也。要，一堯反。以飾朝廷臣下百吏之分，脩飾使各當分。度其功勞，論其慶賞，歲終奉其成功以效於君，當則可，不當則廢。效，致也。周禮大宰歲終則令百官府各正其治，受其會，聽其政事而詔王廢置也。故君人勞於索之，而休於使之。索，求也。休，息也。

用國者，○盧文弨曰用各本周宋本元刻竝作用得百姓之力者富，得百姓之死者彊，得百姓之譽者榮。三得者具而天下歸之，三得者亡而天下去之。天下歸之之謂王，天下去之之謂亡。湯武者循其道，○先謙案虞王本循作修行其義，興天下同利，除天下同害，天下歸之。故厚德音以先之，明禮義以道之，致忠信以愛之，賞賢使能以次之，賞當爲尙爵服賞慶以申重之，時其事，輕其任，以調齊之，潢然兼覆之，養長之，如保赤子。潢與滉同，大水貌也。○先謙案：潢然，解在富國篇。生民則致寬，生民生活民謂衣食也。使民則綦理，辯政令制度，所以接天下之人百姓，有非理者如豪末，則雖孤獨鰥寡必不加焉。○王念孫曰：案天下之人百姓，天字後人所加也。下者對上而言，上文云上之於下如保赤子，政令制度所以接下之人百姓，有不理者如豪末，則雖孤獨鰥寡必不加焉，文正與此同。又王制篇云之所以接下之人百姓者則庸寬惠，又云之所以接下之人百姓者則好取侵奪，又云之所以接下之人百姓者則好用其死力矣，而慢其功勞，好用其籍斂矣，而忘其本務。議兵篇云其所以接下之人百姓者無禮義忠信。彊國篇云今上不貴義，不敬義，如是則下之人百姓皆有棄義之志，而有趨姦之心矣。人百姓猶言眾百姓。王霸篇曰：朝廷群臣之俗若是，則夫眾庶百姓亦從而成俗於不隆禮義而好貪利矣。語意略與此同。彼言眾庶百姓，猶此言人百姓也。又見下。皆其證也。又案下之人百姓者，人眾也，謂下之眾百姓也。儒效篇云塗之人百姓積善而全盡謂之聖人，亦謂塗之眾百姓也。師彖傳曰：師，眾也。爾雅曰：師，人也。郭注曰：謂人眾。是人與眾同義。春秋隱四年衛人立晉，公羊傳曰：其稱人何？眾立之之辭也。穀梁傳曰：衛人者，眾辭也。柴誓曰：人無譁。鄭注曰：人謂軍之士眾。史記鄒陽傳：人無不按劍相

姚云愉當讀爲偷

是故百姓貴之如帝親之如父母爲之出死斷脰者漢書人作眾皆其證也亡而不愉者無它故焉不愉不字剩耳。郝懿行曰按富國篇作出死斷亡而愉此作不愉故楊云不字剩但攷古書水旁心旁易爲淆譌故地理志愼陽乃滇陽也準是而言不愉或不渝之形譌亦未可定渝者變也其義自通先謙案楊郝二說並非也愉讀爲偸說具富國篇羣書治要作偸道德誠明利澤誠厚也亂世不然汙漫突盜以先之突陵觸盜竊也權謀傾覆以示之俳優侏儒婦女之請謁以悖之俳優倡優侏儒短人可戲弄者悖亂也使愚詔知使不肖臨賢生民則致貧隘使民則綦勞苦。先謙案羣書治要綦作甚是故百姓賤之如尩惡之如鬼字書無尩字蓋當爲尩病人也禮記曰吾欲暴尩而奚若新序作賤之如尫豕。郝懿行曰按尩當作尫與鬼相韻注引新序黔本作賤之如尫豕豕字衍耳楊云尩當爲尩似不如依新序作尫爲長尩形近尩尫形略亦相近日欲司閒而相與投藉之去逐之司閒伺其閒隙投擿也藉踐也一作投錯之卒有寇難之事又望百姓之爲己死不可得也說無以取之焉論說

之中無以此事爲得也卒千忽反

孔子曰：審吾所以適人，適人之所以來我也，此之謂也。適人往與人也審愼其與人之道爲其復來報我也。王念孫曰下適字涉上適字而衍據楊注云審愼其與人之道爲其復來報我也則無下適字明矣羣書治要無下適字

傷國者何也？曰：以小人尚民而威，尚上也使小人在上位而作威也以非所取於民而巧，若邸甲田賦之類也。兪樾曰按非所猶非時也文十三年公羊傳往黨衞侯會公于沓何休解詁曰黨所也所猶時也以非時取於民而巧言以非時取民而巧爲之名也是傷國之大災也。大國之主也，而好見小利，是傷國；其於聲色、臺謝、園囿也，愈厭而好新，是傷國；厭足也一占反不好循正其所以有，啖啖常欲人之有，是傷國。啖啖幷吞之貌。盧文弨曰案循正本卷前作脩正似脩字是郝懿行曰案啖者噍啖也啖啖欲貪之貌上云不脩正其所以有然常欲人之有此作循正循脩古字通也王引之曰啖啖猶歁歁也說文歁歁得也讀若貪歁與啖聲近而字通故曰啖啖然常欲人之有楊云啖啖幷吞之貌則誤讀爲啖食之啖矣先謙案王氏雜志云今本脩誤作循據上文改政與正同啖啖然今本

脫然字，據上文補。據此，王所見本正作政。荀書正、政通用也。謝本作咲咲，咲咲下應有然字。王說是。咲咲爲欲貪貌，義自可通，不必如王說讀咲爲欲。三、邪者在匈中，而又好以權謀傾覆之人斷事其外。事，任也。謂斷決任事於外也。若是，則權輕、名辱，社稷必危。是傷國者也。大國之主也，不隆本行，不敬舊法，而好詐故。故，事變也。○王念孫曰：故亦詐也。晉語多爲之故以變其志，韋注曰：謂多作計術以變易其志。呂氏春秋論人篇釋智謀，去巧故，高注曰：巧故，僞詐也。淮南主術篇上多故則下多詐，高注曰：故，巧也。是故與詐同義。王制篇曰：進退貴賤則舉幽險詐故。大戴記文王官人篇曰：以故取利。管子心術篇曰：恬愉無爲，去知與故。淮南原道篇曰：偶𦳣智故，曲巧僞詐。故皆謂詐也。故曰不隆本行，不敬舊法，而好詐故。楊分詐故爲二義，失之。若是，則夫朝廷羣臣亦從而成俗於不隆禮義而好傾覆也。以不隆禮義爲成俗。○謝本從盧校無於字。王念孫曰：呂錢本成俗下皆有於字。案呂錢本是也。亦從而成俗於不隆禮義而好傾覆也十五字爲一句。下文云則夫衆庶百姓亦從而成俗於不隆禮義而好貪利矣，句法正與此同。元刻以下脫於字，則失其句矣。先謙案：王說是，今依呂錢本增。朝廷羣臣之俗，若是，則夫衆庶百姓亦從

刘辰翁曰淡儒者经济確[illegible]中窾

而成俗於不隆禮義而好貪利矣君臣上下之俗莫不若是則地雖廣權必輕人雖衆兵必弱刑罰雖繁令不下通夫是之謂危國是傷國者也儒者爲之不然必將曲辨辨理也委曲使歸於理也○郝懿行曰按辨古辯字先謙案虞王本作辯下同朝廷必將隆禮義而審貴賤若是則士大夫莫不敬節死制者矣節忠義制職分○盧文弨曰敬節元刻作貴節王引之曰敬當作敄敄與務古字通說文敄彊也爾雅務彊也敄與敬字相似因譌務節謂以節操爲務也曲禮曰士死制務節與死制同義下文云士大夫務節死制是其證今本作敬節則於義疏矣元刻作貴節者以意改之耳百官則將齊其制度重其官秩若是則百吏莫不畏法而遵繩矣秩祿也其制馭百官必將齊一其制度使有守也厚重其秩祿使不貪也關市幾而不征質律禁止而不偏質律質劑也可以爲法故言質律也禁止而不偏謂禁止姦人不偏聽也周禮小宰聽賣買以質劑鄭司農云質劑平市價今之月平是也鄭康成云兩書一札同而別之長曰質短曰劑皆今之券書也左氏傳曰趙盾爲政董逋逃由質要或曰質正也如是則商賈莫不敦慤而

無詐矣。百工將時斬伐，佻其期日，而利其巧任，如是則百工莫不忠信而不楛矣。時斬伐，卽周禮仲冬斬陽木、仲夏斬陰木是也。佻與傜同，緩也，謂不迫促也。巧任，巧者之任。不迫促則百工自利矣。楛謂器惡不牢固也。晏子春秋曰：「景公之時，晏子請發粟，公不許。當爲路寢之臺，令吏重其績，遠其涂，佻其日而不趨。三年臺成而民振，欲上悅乎君，游民足乎食。」彼佻亦與此同也。○盧文弨曰：案所引晏子見襍上篇，作「故上悅乎游民足乎食」，微不同。又云：注當云「佻與窕同」，案爾雅云：「窕，肆也。」古書窕字皆訓寬肆，不當作傜。俞樾曰：巧任與期日對文，楊注非其義也。莊子秋水篇曰：「任士之所勞。」釋文引李注曰：「任，能也。」然則巧任猶巧能也。言佻緩其期日，而其巧能者則豐厚其氣稟以利之，百工乃忠信而不楛矣。

縣鄙將輕田野之稅，省刀布之斂，罕舉力役，無奪農時，如是則農夫莫不朴力而寡能矣。但質朴而力作，不務它能也。

士大夫務節死制，然而兵勁。然而，當爲然後。○王念孫曰：案楊以下文作「然後」，故云「當爲然後」。不知此然而與他處言然而者不同。然，如是也。纖覼言如是而兵勁也。文王世子曰：「然而衆知父子之道矣。」義與此然而同。

百吏畏法循繩，然後國常不亂。商賈敦慤無詐，則商旅安，貨通財。

某按求讀畢其財
求之求

而國求給矣所求之物皆給足也○王念孫曰商旅安貨通財當作商旅安貨財通貨財通與商旅安對文今本作貨通財則義不可通王制篇使賓旅安而貨財通是其證今本貨譌作賓辯見王制篇百工忠信而不楛則器用巧便而財不匱矣農夫朴力而寡能則上不失天時下不失地利中得人和而百事不廢是之謂政令行風俗美以守則固以征則彊居則有名動則有功此儒之所謂曲辨也

荀子卷第七

荀子集解

三

錢檟曰細看居王道霸等篇則知荀卿王道並禮樂足以爲天下法世乃因李斯之亂而罪荀卿者也

孫鑛曰別本無傳字

荀子卷弟八 ○盧文弨曰此卷各本皆無注

唐登仕郎守大理評事楊倞注

王先謙集解

君道篇弟十二

有亂君，無亂國；有治人，無治法。○先謙案：無治法者，法無定也。故貴有治人。致士篇云：有良法而亂者有之矣，有君子而亂者，自古及今，未嘗聞也。意與此同。羿之法非亡也，而羿不世中；禹之法猶存，而夏不世王。故法不能獨立，類不能自行。○先謙案：類，例也。荀書多法類並舉，說詳大略篇。得其人則存，失其人則亡。法者，治之端也；君子者，法之原也。故有君子，則法雖省，足以徧矣；無君子，則法雖具，失先後之施，不能應事之變，足以亂矣。不知法之義，而正法之數者，雖博臨事必亂。故明主急得其人，而闇主急得其埶。○先謙案：先

不能應變是無法

李攀龍曰意脈曲妙

執位也說見儒效篇急得其人則身佚而國治功大而名美上可以王下可以霸不急得其人而急得其埶則身勞而國亂功廢而名辱社稷必危故君人者勞於索之而休於使之書曰惟文王敬忌一人以擇此之謂也

合符節別契券者所以爲信也上好權謀則臣下百吏誕詐之人乘是而後欺探籌投鉤者所以爲公也○郝懿行曰探籌刻竹爲書令人探取蓋如今之掣籤投鉤未知其審古有藏彄今有拈鬮疑皆非是愼子曰投鉤以分財投策以分馬上好曲私則臣下百吏乘是而後偏衡石稱縣者所以爲平也上好傾覆則臣下百吏乘是而後險斗斛敦槩者所以爲嘖也○盧文弨曰斗元刻作勝案三輔黃圖御宿園出栗十五枚一勝大梨如五勝勝與升通用敦槩卽準槩嘖情也易繫辭傳見天下之賾京房作嘖太元羨初一測黃純于潛化在嘖也皆訓情此當作情實解郝懿行曰斗斛或作勝斛勝與升雖同音假借然作斗斛爲長槩卽杚也所

許國曰古色蒼然

以平斗斛者敦亦其類但形狀今未聞 上好貪利則臣下百吏乘是而後豐取刻

鄙

與以無度取於民。謝本從盧校而後下有鄙字盧文弨曰宋本世德堂本皆無鄙字今從元刻王念孫曰案元刻有鄙字者後人以意加之也後人以上文云乘是而後欺乘是而後偏乘是而後險疑此處乘是而後下脫一字又以上句言貪利故加人鄙字耳今案上文欺與信相反偏與公相反險與平相反此下豐取刻與以無度取於民無度與嘖亦相反嘖者齊也說文嫧齊也嫧與嘖通又說文嬻嬻相嬻也釋名曰幘賾也下齊眉賾然也文曰儹嬻也以木作之上乎賾然也又曰嬻嬻也叚使整嬻爫獙法也並聲近而義同無度則不齊故與嘖相反若云乘是而後鄙則鄙與嘖義非相反與上三條不合且加一鄙字則下文豐取刻與云云竟成贅語矣盧據元刻加鄙字又訓嘖為情皆失之呂錢本皆無鄙字先謙案王說是今從宋本刪鄙字 故械數者治之流也非治之原也君子者治之原也官人守數君子養原原清則流清原濁則流濁故上好禮義尚賢使能無貪利之心則下亦將綦辭讓致忠信而謹於臣子矣如是則雖在小民不待合符節別契券而信不待探籌投鉤而公不待衡石稱縣而平不待斗斛敦槩

孫鑛復周罕待字

而嘖。故賞不用而民勸，罰不用而民服，有司不勞而事治，政令不煩而俗美，百姓莫敢不順上之法，象上之志，而勸上之事，而安樂之矣。盧文弨曰：「而勸上之事」，元刻作「勸上之事」。故藉斂忘費，事業忘勞，寇難忘死，城郭不待飾而固，兵刃不待陵而勁，先謙案：陵謂厲兵刃也。敵國不待服而詘，四海之民不待令而一，夫是之謂至平。詩曰：「王猶允塞，謝本從盧校「猶」作「猷」。王念孫曰：呂錢本「猷」作「猶」，又見議兵篇。先謙案：呂錢本是，今改正。說詳議兵。徐方既來。」此之謂也。

請問爲人君？曰：以禮分施，均徧而不偏。請問爲人臣？曰：以禮待君，忠順而不懈。郝懿行曰：「待」字誤，韓詩外傳四作「事」，是也。蓋「事」譌爲「侍」，又譌爲「待」耳。「懈」宜依韓詩外傳作「解」，古書皆然，轉寫者依今書作「懈」耳。請問爲人父？曰：寬惠而有禮。請問爲人子？曰：敬愛而致文。郝懿行曰：「文」，韓詩外傳四作「恭」，於義較長。請問爲人兄？曰：慈愛而見

孫鏞曰大約淺易

友。請問爲人弟。曰敬詘而不苟。元刻作不悖。盧文弨曰請問爲人夫。曰致功而不流。致臨而有辨。郝懿行曰辨韓詩外傳四作別謂夫婦有別也致功而不流句未詳疑有譌字請問爲人妻。曰夫有禮則柔從聽侍。夫無禮則恐懼而自竦也。此道也偏立而亂。俱立而治。其足以稽矣。請問兼能之奈何。曰審之禮也。古者先王審禮以方皇周浹於天下。郝懿行曰方讀爲旁古字通用旁薄唐皇皆大也周浹皆徧也荀書浹多作挾先謙案此浹字後人所改也依荀書皆作挾動無不當也。故君子恭而不難。敬而不鞏。盧文弨曰恭而不難所謂恭而安也說文鞏以韋束也此亦謂敬而不過於拘束也王引之曰難讀詩不戁不竦之戁鞏讀方言蛩烘戰栗也之蛩說見經義述聞大戴記曾子立事篇盧說皆失之貧窮而不約。富貴而不驕。竝遇變態而不窮。審之禮也。謝本從盧校態作應盧文弨曰變應宋本作變態郝懿行曰變應韓詩外傳四作應變王念孫曰案元刻以下文有應變故故改變態爲變應而不知其謬也竝遇變態而不窮者竝猶普也徧也說[illegible]賜[illegible]隅竝言徧遇萬事之變態而應之不窮也下文云其應變故也齊給便捷而不惑變故即此所謂變態也改變態爲變應則反與下文不合矣先謙案王說是今依宋本改故君子之於禮敬而安之其於事也徑而不失其於人也寡怨寬裕而無阿其所爲身也謹修飾而不危○盧文弨曰修飾元刻作修飭案飾與飭古皆通用勑音賚然漢已來亦即作勑字用王念孫曰案危讀爲詭言君子脩飭其身而不詭於義也淮南主術篇詭危古字通說見經義述聞緇衣其應變故也齊給便捷而不惑其於天地萬物也不務說其所以然而致善用其材其於百官之事技藝之人也不與之爭能而致善用其功其待上也忠順而不懈○盧文弨曰待俗間本作侍先謙案依上郝說待上亦當爲事上其使下也均徧而不偏其交遊也緣義而有類○盧文弨曰元刻作緣類而有義郝懿行曰韓詩外傳四作緣類而有義較長其居鄉里也容而不亂是故窮則必有名達則必有功仁厚兼覆天下而不閔明達用天地理萬變而不疑○盧文弨曰元刻作理萬物變而不凝王念孫曰用天地而不疑義不可通用

修身爲得人之本

王納諫曰君射句插得錯綜頓挫

李塗曰此段絕似管子連有法

當爲周字之誤也言其智足以周天地理萬變而不疑血氣和平，志意廣大，行義塞於天地之間，仁知之極也，夫是之謂聖人審之禮也。

請問爲國？曰：聞修身，未嘗聞爲國也。君者，儀也，儀正而景正；君者，槃也，槃圓而水圓；君者，盂也，盂方而水方。盧文弨曰：案帝範注引君者儀也下有民者景也句，又君者槃也下有民者水也句，無君者盂也二句。王念孫曰：案廣韻君字注所引與帝範注同。既言儀正而景正，則當有民者景也句；既言槃圓而水圓，則當有民者水也句。呂錢本並有民者水也句既以槃喻君，則不必更以盂喻。二書所引有民者景也、民者水也，而無君者盂也二句，於義爲長。藝文類聚雜器物部太平御覽器物部二並引作君者盤也民者水也盤圓則水圓盤方則水方君射則臣決。楚莊王好細腰，故朝有餓人。故曰：聞脩身，未嘗聞爲國也。

君者，民之原也，原清則流清，原濁則流濁。故有社稷者而不能愛民，不能利民，而求民之親愛己，不可得也。民不親不愛，而求其爲己用，爲己死，不可得也。謝本從盧校不親不愛上有之字王念孫曰元刻無之字案無之字者是也下文民不爲己用不爲己死而求兵之勁城之固不可得也民下無之字是其證韓詩外傳無之字先謙案文義不當有之字今依元刻刪民不爲己用。不爲己死。而求兵之勁。城之固。不可得也。兵不勁。城不固。而求敵之不至。不可得也。敵至而求無危削。不滅亡。不可得也。○王念孫曰元刻滅上無不字是也宋本有上不字者涉上下諸不字而衍無亦不也纖觀無危削滅亡卽不危削滅亡也外傳作不危削滅亡是其證先謙案羣書治要有不字危削滅亡之情。舉積此矣。而求安樂。是狂生者也。○盧文弨曰元刻作是聞難狂生者也王念孫曰錢佃校本亦云是狂生者也諸本作是聞難狂生者也案此文本作危削滅亡之情舉積此矣而求安樂是聞不亦難乎是狂生者也今本脫聞不亦難乎是六字此閒兩是字相亂而脫去六字元刻亦僅存聞難二字外傳作大危削滅亡之情皆積於此而求安樂是聞不亦難乎是枉生者也枉蓋狂之誤臣道篇亦云迷亂狂生俞樾曰狂卽㞷之段字說文土部㞷草木妄生也從之在土上讀若皇狂說文作狂本從㞷聲故義得通狂生㞷以草木爲比故下云不胥時而落落亦以草木言也臣道篇迷亂狂生義同楊倞注曰迷亂其君使生狂也未得其義韓詩外傳作枉生枉亦㞷之段字狂生者不胥時而落。○盧文弨曰胥須也先謙

蓄積依也德堂本作積蓄
王納諫曰蓄勤有凋

案謝本從盧校樂作落宋台州本作樂是也釋詁毗劉暴樂也大雅桑柔捋采其劉傳劉爆爍而希也箋及已捋采之時則葉爆爍而疏樂爍同字荀書作樂與雅訓合宋槧呂本影鈔本作樂世德堂本改落由不知古義耳盧失校今正餘詳攷證

故人主欲彊固安樂則莫若反之民欲附下一民則莫若反之政欲修政美國則莫若求其人

王念孫曰案外傳作修政美俗是也上文曰政令不煩而俗美儒效篇曰在本朝則美政在下位則美俗王霸篇曰政令行風俗美皆以政與俗竝言之蓋二者恆相因也今本美俗作美國則泛而不切矣先謙案羣書治要作美國

彼或蓄積而得之者不世絕彼其人者生乎今之世而志乎古之道以天下之王公莫好之也然而于是獨好之以天下之民莫欲之也然而于是獨爲之好之者貧爲之者窮然而于是獨猶將爲之也

王念孫曰案三于是皆義不可通當依外傳作是子是子二字對上文王公與民而言下文曰非于是子莫足以舉之故舉是子而用之是其證今本作于是者是子譌爲是于後人因改爲于是耳莫欲之亦當依外傳作莫爲之莫好之與獨好之相應莫爲之亦與獨爲之相應今本作欲之則旣與爲之不

相應，又與好之相複矣。于是獨猶將爲之，當作是子猶將爲之。言雖好之者貧，爲之者窮，而是子猶將爲之也。猶上不當有獨字，蓋涉上文兩獨字而衍，外傳無。不爲少頃輟焉。曉然獨明於先王之所以得之，所以失之，知國之安危臧否，若別白黑，是其人者也。○王念孫曰：案者字此句或爲結上之詞，或爲起下之詞，皆不當有者字，外傳作則是其人也，無者字。大用之則天下爲一，諸侯爲臣。小用之則威行鄰敵。縱不能用，使無去其疆域，則國終身無故。故君人者愛民而安，好士而榮，兩者無一焉而亡。詩曰：介人維藩，大師維垣。此之謂也。○盧文弨曰：介人，詩攷與元刻同，宋本作价。

道者何也？曰：君道也。○王念孫曰：案此篇以君道爲題，而又釋之曰道者何也，曰君道也，則贅矣。韓詩外傳作道者何也，曰君之所道也，於義爲長。君之所道，謂君之所行也。儒效篇曰：道者，人之所道也。與此文同一例。今本蓋脫之所二字。君者何也？曰：能羣也。能羣也者何也？曰：善生養人者也，善班治人者也。○先謙案：班讀曰辨，儀禮士虞注：古文班或爲辨。辨治同義，說詳不苟篇。善顯設人者

生養依世德堂本作養生

Will

也。俞樾曰設者大也考工記桃氏曰中其莖設其後鄭注曰從中以卻稍大之也賈疏曰後鄭意訓設爲大故易繫辭曰益長裕而不設鄭注曰設大也是設有大誼顯設猶云顯大先謙案設用也顯設人猶言顯用人臣道篇云正義之臣設言正義之臣用也議兵篇云請問王者之兵設何道何行而可言用何道何行而可也說文設施陳也廣雅釋詁設施也是設與施同義施訓用故設亦通訓爲用矣施義詳臣道篇善藩飾人者也。善生養人者人親之。善班治人者人安之。善顯設人者人樂之。善藩飾人者人榮之。四統者俱。而天下歸之。夫是之謂能羣。不能生養人者人不親也。不能班治人者人不安也。不能顯設人者人不樂也。不能藩飾人者人不榮也。四統者亡。而天下去之。先謙案統猶言總要也夫是之謂匹夫。故曰。道存則國存。道亡則國亡。省工賈。眾農夫。禁盜賊。除姦邪。是所以生養之也。天子三公。諸侯一相。大夫擅官。先謙案說文擅專也言得專其官事士保職。莫不法度而公。是所以班治之也。論德而定次。○先謙案論當爲論說見儒效篇量能而授官。皆使其人載其事。而各得其所宜。○王念孫曰人載其事而各得其所宜謂人人皆載其事而得其宜也使下不當有其字蓋涉下兩其字而衍榮辱篇曰皆使人載其事而各得其宜正論篇曰皆使民載其事而各得其宜使下皆無其字上賢使之爲三公。次賢使之爲諸侯。下賢使之爲士大夫。是所以顯設之也。修冠弁衣裳。黼黻文章。琱琢刻鏤。皆有等差。是所以藩飾之也。故由天子至於庶人也。莫不騁其能。得其志。安樂其事。是所同也。衣煖而食充。居安而游樂。事時制明而用足。是又所同也。若夫重色而成文章。重味而成珍備。○俞樾曰珍備二字無義此本作重味而備珍怪正論篇食飲則重太牢而備珍怪是其證也因涉上句重色而成文章誤衍成字遂倒備珍爲珍備而臆刪怪字矣韓詩外傳作重色而成文累味而備珍上句無章字下句無怪字然成文備珍正本荀子可據以訂正是所衍也。○盧文弨曰衍俗閒本作術先謙案賦篇暴人衍矣楊注衍饒也此言重色重味皆所饒爲之有餘之意也故云財衍以明辨異下文衍及百姓同聖王財衍以明辨異。盧文弨曰：財衍元刻作則術。上以飾賢良而明貴賤，下以飾長幼而明親疏。上在王公之朝，下在百姓之家，天下曉然皆知其非以爲異也，將以明分達治而保萬世也。故天子諸侯無靡費之用，士大夫無流淫之行，百吏官人無怠慢之事，衆庶百姓無姦怪之俗，無盜賊之罪，其能以稱義徧矣。故曰：治則衍及百姓，亂則不足及王公，此之謂也。

至道大形。先謙案：言至道至於大形之時。隆禮至法則國有常，尚賢使能則民知方。先謙案：方，皆知所向。纂論公察則民不疑。先謙案：爾雅釋詁：纂，繼也。纂論謂使人相繼論議之，與公察對文，皆所以使民不疑也。成相篇云「公察善思論不亂」。賞克罰偷則民不怠。王念孫曰：克當爲免，字之誤也。免與勉同，言勉者賞之，偷者罰之也。王制篇曰「百克免盡而衆庶不偷」，是其證也。又樂論篇「弟子免學」，漢書薛宣傳「宣因移書勞免之」，今本免作勉，後人所改。宋本毛本皆作免，顏注讀爲勉。僶勉，谷永傳「閔免遁樂」，竝以免爲勉。韓詩外傳正作「賞勉罰偷」。

兼聽齊明。則天下歸之。然後明分職。序事業。材技官能。先謙案材以驗技官以程能上文云量能而授官王制篇云無能不官正論篇云能不稱官卽官能之義莫不治理。則公道達而私門塞矣。公義明而私事息矣。如是則德厚者進。而佞說者止。貪利者退。而廉節者起。書曰。先時者殺無赦。不逮時者殺無赦。人習其事而固。先謙案固者不移易之謂易繫辭下傳注固不傾移也禮論篇云禮之中焉能勿易謂之能固人之百事。如耳目鼻口之不可以相借官也。故職分而民不探。次定而序不亂。王念孫曰不探二字義不可通外傳作不慢是也下文曰臣下百吏至於庶人莫不脩己而後敢安正顚與政誠能而後敢受職正所謂職分而民不慢也隸書曼字或作㝅與罙字畧相似故慢誤爲探兼聽齊明。而百事不留。如是。則臣下百吏至于庶人。莫不修己而後敢安正。誠能而後敢受職。百姓易俗。小人變心。姦怪之屬。莫不反慤。夫是之謂政教之極。故天子不視而見。不聽而聰。

康海曰：章法句法俱佳。

不慮而知，不動而功，塊然獨坐而天下從之如一體，如四胑之從心。○盧文弨曰：四胑宋本作四支。夫是之謂大形。詩曰：「温温恭人，維德之基。」此之謂也。

爲人主者，莫不欲彊而惡弱，欲安而惡危，欲榮而惡辱，是禹桀之所同也。要此三欲，辟此三惡，果何道而便？曰：在慎取相，道莫徑是矣。○先謙案：徑猶疾也，便也。脩身篇云「莫徑由禮義」，與此同。故知而不仁不可，仁而不知不可，既知且仁，是人主之寶也，而王霸之佐也。不急得不知，得而不用不仁。無其人而幸有其功，愚莫大焉。今人主有六患：○俞樾曰：下文使賢者爲之則與不肖者規之，使知者慮之則與愚者論之，使脩士行之則與汙邪之人疑之，止可云三患，不可云六患。六疑大字之誤，學者誤以下文一句爲一患，故臆改爲六。不知合二句方成一患。若止是使賢者爲之，知者慮之，脩士行之，非患也。使賢者爲之，則與不肖者規之；使知者慮之，則與愚者

用人貴專

論之。使脩士行之。則與汙邪之人疑之。先謙案羣書治要汙作姦下同雖欲成功得乎哉。譬之是猶立直木而恐其景之枉也。惑莫大焉。語曰。好女之色。惡者之孽也。王念孫曰孽猶害也下文云眾人之痤汙邪之賊義竝與此同議兵篇曰百姓莫不敦惡莫不毒孽言莫不毒害也緇衣引大甲曰自作孽言自作害也小雅十月篇下民之孽箋曰孽妖孽謂相爲災害也昭十年左傳蘊利生孽杜注曰孽妖害也公正之士。眾人之痤也。先謙案玉篇痤癱也循乎道之人。汙邪之賊也。盧文弨曰元刻循作脩王念孫曰循道之人與好女之色公正之士對文則循下不當有乎字羣書治要無俞樾曰循乃脩字之誤元刻是也脩道與汙邪相反上文曰使脩士行之則與汙邪之人疑之亦以脩與汙邪對是其證今使汙邪之人論其怨賊而求其無偏。得乎哉。譬之是猶立枉木而求其景之直也。亂莫大焉。故古之人爲之不然。其取人有道。其用人有法。取人之道。參之以禮。用人之法。禁之以等。先謙案彊國篇云夫義者所以限禁人之爲惡與姦者也限禁連文是禁與限同義禁之以等猶言限

王納諫曰有一種嵌穴玲瓏之致

揭費

之以階級耳行義動靜度之以禮知慮取舍稽之以成日月積久校之以功故卑不得以臨尊輕不得以縣重愚不得以謀知是以萬舉不過也故校之以禮而觀其能安敬也與之舉錯遷移而觀其能應變也與之安燕而觀其能無流慆也○盧文弨曰流慆疑卽流淫元刻作陷無流字接之以聲色權利忿怒患險而觀其能無離守也彼誠有之者與誠無之者若白黑然可詘邪哉○先謙案廣雅釋詁詘屈也呂覽壅塞篇注詘枉也言白黑分明焉可枉屈乎哉故伯樂不可欺以馬而君子不可欺以人此明王之道也人主欲得善射射遠中微者縣貴爵重賞以招致之內不可以阿子弟外不可以隱遠人能中是者取之是豈不必得之之道也哉○王念孫曰案不猶非也說見釋詞雖聖人不能易也欲得善馭速致遠者一日而千里○盧文弨曰善馭下俗間本有及字王念孫曰欲得善馭速致遠者

踪妱蹏本元刻世德堂本速上有及字盧從宋本云俗閒本有及字案有及字者是也及速與致遠對文行速則難及道遠則難致故唯善馭者乃能及速致遠非謂其致遠之速也則不得以速致致遠連讀善馭及速致遠與善射射遠中微對文若無及字則與上文不對一證也王霸篇云欲得善射射遠中微則莫若羿蠭門矣欲得善馭及速致遠則莫若王良造父矣與此文同一例二證也淮南主術篇云夫載重而馬羸雖造父不能以致遠車輕而馬良雖中工可使追速追速致遠即及速致遠三證也羣書治要有及字四證也俞樾曰王謂有及字者是不知此與彼文不同彼無一日而千里五字故有及速二字此云一日而千里則及速不待言矣荀子原文不獨無及字并無速字儒效篇曰輿固馬選矣而不能以致遠一日而千里則非造父也亦言一日千里而無及速之文可證也俗本據王霸篇誤加及速二字呂錢本無及字而有速字則刪之未盡者耳　縣

貴爵重賞以招致之內不可以阿子弟外不可以隱遠人能致是者取之是豈不必得之之道也哉雖聖人不能易也欲治國馭民調壹上下將內以固城外以拒難治則制人人不能制也亂則危辱滅亡可立而待也然而求卿相輔佐則獨不若是其

用人貴公

某按州與儔同

孫鑛曰波瀾

公也。案唯便嬖親比己者之用也。豈不過甚矣哉。故有社稷者莫不欲彊、俄則弱矣、莫不欲安、俄則危矣、莫不欲存、俄則亡矣。古有萬國、今有數十焉。王念孫曰案富國篇數十作十數是也當荀子著書時國之存者已無數十矣是無它故、莫不失之是也。謂用人不公故明主有私人以金石珠玉。無私人以官職事業。是何也。曰本不利於所私也。先謙案本字無義大之誤也富國篇云有分者天下之本利也楊注本當爲大與此正同彼不能而主使之則是主闇也。臣不能而誣能。先謙案誣能自以爲能大畧篇云不能而居之誣也則是臣詐也。主闇於上。臣詐於下。滅亡無日。俱害之道也。夫文王非無貴戚也。非無子弟也。非無便嬖也。倜然乃舉太公於州人而用之。郝懿行曰按倜超遠也韓詩外傳四倜作超州作舟此作州者或形譌或假借字耳兪樾曰按州人當從韓詩外傳作舟人太公身爲漁父而釣於渭濱故言舟人也舟州古字通豈私之也哉。以爲親邪、則周姬

孫鏞以為好 明白覺
得大雅

姓也而彼姜姓也以為故邪則未嘗相識也以為好麗邪則夫人行年七十有二齺然而齒墮矣。盧文弨曰齺當作齵與齴同韓詩外傳作齴郝懿行曰按齺當依韓詩外傳四作齴說文齴無齒也蓋篆文齴與齺形近而譌耳然而用之者夫文王欲立貴道欲白貴名以惠天下而不可以獨也非于是子莫足以舉之故舉是子而用之。盧文弨曰兩是子宋本俱作子是於是乎貴道果立貴名果明。顧千里曰明疑當作白荀子屢言貴名白上文欲白貴名下文亦作白不作明又屢言白皆其證也儒效篇一斷而白楊注白儒效此篇楊注亡宋本與今本同蓋皆誤韓詩外傳四有此句正作貴名果白亦其一證兼制天下立七十一國姬姓獨居五十三人周之子孫苟不狂惑者莫不為天下之顯諸侯如是者能愛人也故舉天下之大道立天下之大功然後隱其所憐所愛。先謙案呂覽圜道篇高注隱私也其下猶足以為天下之顯諸侯故曰唯明主為能愛其所愛闇主則必危其所愛此之

用人貴周

李攀龍曰：如此發端甚是奇妙，然管韓亦有此說。
孫鑛曰：亦然但可亦是

謂也。

牆之外，目不見也；里之前，耳不聞也；而人主之守司，遠者天下，近者境內，不可不略知也。天下之變，境內之事，有弛易齵差者矣。○先謙案：易繫辭「易者使傾」，注：「易，慢易也。」弛易猶言弛慢。齵不正曰齵。齵差，參差不齊。而人主無由知之，則是拘脅蔽塞之端也。耳目之明，如是其狹也；人主之守司，如是其廣也；其中不可以不知也，如是其危也。○王念孫曰：呂錢本其下有中字。案呂錢本是也。其中謂廣與狹之中也。耳目之所及甚狹，其所不及者甚廣，其中之事或弛易齵差，而人主不知，則必有拘脅蔽塞之患，故曰其中不可以不知，若是其危也。元刻始脫中字。先謙案：謝本從盧校脫中字，今依王說從宋本增。然則人主將何以知之？曰：便嬖左右者，人主之所以窺遠收衆之門戶牖嚮也，不可不早具也。○盧文弨曰：嚮與向同。故人主必將有便嬖左右足信者然後可；其知惠足使規物，○盧文弨曰：惠宋本作慧，古通用。先謙案：便嬖猶近

申時行曰論事懇切有攘臂扼腕之意

習也荀書用便嬖不作邪佞解其端誠足使定物，然後可。夫是之謂國具。人主不能不有遊觀安燕之時，則不得不有疾病物故之變焉。如是國者事物之至也如泉原，一物不應，亂之端也。故曰人主不可以獨也。卿相輔佐，人主之基杖也。俞樾曰基杖二字義不可通基當爲綦綦儀禮士喪禮組綦繫于踵鄭注曰綦屨係也所以拘止屨也漢書揚雄傳屨欃槍以爲綦綦外戚傳思君兮屨綦綦也杖也皆人所以行者故以爲喻不可不早具也。故人主必將有卿相輔佐足任者，然後可。其德音足以塡撫百姓，盧文弨曰塡卽鎭字元刻作鎭其知慮足以應待萬變，然後可。夫是之謂國具。四鄰諸侯之相與，不可以不相接也，然而不必相親也。○先謙案不皆和好之國故人主必將有足使喻志決疑於遠方者，然後可。其辯說足以解煩，其知慮足以決疑，其齊斷足以距難，不還秩，不反君。○王念孫曰秩當爲私字之誤也還讀爲營言不營私不叛君也營與還古同

某按材人篇題也
用人貴富

聲而通用管子山至數篇曰大夫自還而不盡忠謂自營其私也秦策曰公孫鞅盡公不還私謂不營私也成相篇比周還主黨與施還主謂營惑其主也字或作環臣道篇朋黨比周以環主圖私為務是也又齊風還篇子之還兮漢書地理志還作營亦以聲同而借用還字或作環韓子五蠹篇曰古者蒼頡之作書也自環者謂之私私本作厶見下說文厶字解引作自營為厶管子君臣篇曰兼上下以環其私韓子人主篇曰當途之臣得勢擅事以環其私皆謂營其私也然而應薄扞患足以持社稷。○俞樾曰薄之言迫也僖二十三年左傳薄而觀之文十二年傳薄之河杜注並曰薄迫也然則應薄猶應迫也言有偪迫者足以應之也臣道篇曰應卒遇變卒與薄義相近然後可。夫是之謂國具。故人主無便嬖左右足信者謂之闇。無卿相輔佐足任者謂之獨。所使於四鄰諸侯者非其人謂之孤。孤獨而晻謂之危。國雖若存。古之人曰亡矣。詩曰濟濟多士。文王以寧。此之謂也。

材人。○盧文弨曰謂王者因人之材而器使之之道也愿慤拘錄。○盧文弨曰榮辱篇作軥錄注謂軥與拘同蓋據此文然吏材非僅取愿慤檢束而已必將取其勤勞趨事者則作劬錄義長計數纖嗇。而無敢遺

損益依世德堂本作益損

世德堂本謂作爲

喪。是官人使吏之材也。脩飾端正。○盧文弨曰元刻脩飾作脩飾尊法敬分而無傾側之心。守職循業。○盧文弨曰元刻循作脩不敢損益。可傳世也。而不可使侵奪。是士大夫官師之材也。知隆禮義之爲尊君也。知好士之爲美名也。知愛民之爲安國也。知有常法之爲一俗也。知尚賢使能之爲長功也。知務本禁末之爲多材也。知無與下爭小利之爲便於事也。知明制度權物稱用之爲不泥也。○先謙案不泥者明制度權物稱用有似乎拘泥也是卿相輔佐之材也。未及君道也。能論官此三材者而無失其次。是謂人主之道也。若是則身佚而國治功大而名美。上可以王。下可以霸。是人主之要守也。人主不能論此三材者。不知道此道。○先謙案道此道道由此道也安値將卑埶出勞併耳目之樂。○先謙案値與直同併與屏同彊國篇併己之私欲楊注併讀曰屏屏棄也與此同而親自貫日而治詳。一內而曲辨之。○先謙案王霸篇作一日而曲辨之內蓋日之誤慮與臣下爭小察而綦偏能。自古及今。未有如此而不亂者也。是所謂視乎不可見。聽乎不可聞。爲乎不可成。此之謂也。○盧文弨曰不知道此下三十二字元刻無

荀子卷弟八

某按論倫同字倫類也
孫鏘曰有逸气亦淨細然尚未工麗
錢穆曰諸篇多用此法豈不能過三百乘耶

荀子卷第九

唐登仕郎守大理評事楊　倞　注

臣　王先謙集解

臣道篇第十三

人臣之論：論人臣之善惡。○先謙案：論者，倫之借字，說見儒效篇。下同。有態臣者，有篡臣者，有功臣者，有聖臣者。解並在下。內不足使一民，外不足使距難，百姓不親，諸侯不信，然而巧敏佞說，說，音悅，或作倪。善取寵乎上，是態臣者也。以佞媚爲容態。上不忠乎君，下善取譽乎民，不卹公道通義，朋黨比周，以環主圖私爲務，是篡臣者也。環主，環繞其主，不使賢臣得用。圖，謀也。篡臣者，篡奪君政也。○王念孫曰：楊說甚迂。環讀爲營，營，營惑也，謂營惑其主也。呂氏春秋尊師篇注曰：營，惑也。大戴禮文王官人篇曰：煩亂以事而志不營。又曰：臨之以貨色而不可營。荀子宥坐篇曰：言談足以飾邪營眾。皆是也。營訓爲惑，故或謂之營惑，漢書淮南王安傳「營惑百姓」是也。營與環古同聲而通用。春秋文十四年有星孛入于北斗，穀梁傳曰：其曰入北斗，斗有環域也。環域即營域，猶營衞之爲環衞，營繞之爲環繞，說見前。

大臣重臣俱於覽

栘不隱字或作還成相篇云比周還主黨與施是也楊注還繞也讀與此注同還營古本通用說見前不還難內足使以一民，外足使以距難。民親之，士信之。上忠乎君，下愛百姓而不倦。是功臣者也。民親士信然後立功也。○盧文弨曰：兩以字元刻無，宋本有。上則能尊君，下則能愛民。政令教化，刑下如影。刑，制也。言施政令教化以制其下，如影之隨形，形動而輒隨，不使違越也。○盧文弨曰：刑元刻作形，注同，今從宋本。郝懿行曰：刑與型同，模范之屬，作器之法也。此言政令教化爲民所法，刑猶形也，民猶影也，如影隨形，不暫停也。影當作景，轉寫從俗。王念孫曰：古無訓刑爲制者。刑如刑于寡妻之刑。刑，法也。言下之法上，如影之從形。先謙案：宋台州本影作景。應卒遇變，齊給如響。齊，疾也。給，供給也。應事而至謂之給。夫卒變入所遲疑，今聖臣應之疾速如響之應聲。卒，蒼忽反。推類接譽，以待無方，曲成制象，是聖臣者也。此明應卒遇變之意。無方，無常也。推其比類，接其聲譽，言見其本而知其末也。待之無常，謂不滯於一隅也。委曲皆成制度法象，言物至而應，無非由法，不苟而行之也。聖者，無所不通之謂也。○俞樾曰：楊注未得接譽之義。接其聲譽，豈遂足應無方乎？譽當讀爲豫。昭二年左傳宣子譽之，孟子梁惠王篇引作豫。梁惠王篇一游一豫，昭二年注引作譽，是古字譽與豫通也。大略

張榜曰叙次高潔亦有鍊法

篇曰先事慮事謂之接先患慮患謂之豫即此文接譽之義先謙案楊倞說皆非譽即與字說見儒效篇故用聖臣者王用功臣者彊用篡臣者危用態臣者亡態臣用則必死篡臣用則必危此言態臣甚於篡臣者蓋當時多用佞媚變詐之人深欲戒之故極言之也功臣用則必榮聖臣用則必尊故齊之蘇秦蘇秦初相趙後仕燕終死於齊故曰齊之蘇秦楚之州侯楚襄王佞臣也戰國策莊辛諫襄王曰君王左州侯右夏侯輦從鄢陵君與壽陵君載方府之金與之馳騁乎雲夢之中不知穰侯方受令乎秦王塡黽塞之內而投己乎黽塞之外韓子曰州侯相荊貴而荊王疑之因問左右對曰無有如出一口也秦之張儀可謂態臣者也皆變態佞媚之臣儀或作祿韓之張去疾蓋張良之祖漢書良其先韓人大父開地相韓昭侯宣惠王襄哀王父平相釐王悼惠王五世事韓戰國策韓有張翠納賂於宣太后○盧文弨曰韓昭侯至五世事俗本皆脫去宋本元刻並有之唯少襄哀王三字今并攷良傳補正趙之奉陽後語蘇秦說趙肅侯肅侯之弟奉陽君爲相不說蘇秦蘇秦乃去之又戰國策蘇秦說趙王曰天下之卿相人臣乃至布衣之士莫不高大王之行義皆願奉教陳忠於前之日久矣雖然奉陽君妬大王不得任事是以外賓客游談之士無敢盡忠於前

凶吉依世德堂本乙

盧藏用云奉陽君名成又案後語奉陽君卒蘇秦乃從燕來說肅侯合從之事而公子成武靈王時猶不肯胡服卽公子成非奉陽君也齊之孟嘗。可謂篡臣也。史記曰齊閔王既滅宋益驕欲盡滅孟嘗孟嘗君恐乃如魏魏昭王以爲相西合於秦趙與燕共伐破齊後齊襄王立孟嘗中立爲諸侯無所屬襄王新立畏孟嘗而與連和是篡臣也○盧文弨曰欲盡滅孟嘗史記作欲去孟嘗君齊之管仲。晉之咎犯。咎與舅同晉文公之舅狐偃犯其字也楚之孫叔敖。可謂功臣矣。殷之伊尹。周之太公。可謂聖臣矣。是人臣之論也。吉凶賢不肖之極也。國之吉凶人君賢不肖極於論臣也必謹志之而愼自爲擇取焉。足以稽矣。志記也言必謹記此四臣之安危而愼自擇取則足以稽考用臣也

從命而利君謂之順。從命而不利君謂之諂。逆命而利君謂之忠。逆命而不利君謂之篡。不卹君之榮辱。不卹國之臧否。偷合苟容。以持祿養交而已耳。謂之國賊。養交謂養其與君交接之人不忤犯使怒也或曰養其外交若蘇秦張儀孟嘗君所至爲相也○王念孫曰後說是持祿養交見後議兵篇持養下君有過謀過事、

只此二著君去又不能死又不能其諫亦不真矣

將危國家殞社稷之懼也大臣父兄有能進言於君用則可不用則去謂之諫○盧文弨曰父兄宋本作父子兄弟今從元刻有能進言於君用則可不用則死謂之爭有能比知同力讀為智比合也知率羣臣百吏而相與彊君撟君彊其亮切撟與矯同屈也○盧文弨曰撟宋本作橋卷內同先謙案羣書治要作矯君雖不安不能不聽遂以解國之大患除國之大害成於尊君安國謂之輔事見平原君傳有能抗君之命竊君之重反君之事以安國之危除君之辱功伐足以成國之大利謂之拂抗拒也戰功曰伐左傳郄至驟稱其伐拂讀為弼弼所以輔正弓弩者也或讀為咈違君之意也謂若信陵君違魏王之命竊其兵符殺晉鄙反軍不救趙之事遂破秦而存趙夫輔車相依今趙存則魏安故曰安國之危除君之辱也○盧文弨曰注或讀為咈舊本咈作佛訛案說文咈違也今改正故諫爭輔拂之人社稷之臣也國君之寶也明君所尊厚也○先謙案羣書治要作明君之所尊所厚也宋台州本同治要而闇主惑君以為己賊也○盧文弨

好同未嘗不独

曰主惑二字疑衍故明君之所賞闇君之所罰也闇君之所賞明君之所殺也伊尹箕子可謂諫矣伊尹諫太甲箕子諫紂比干子胥可謂爭矣平原君之於趙可謂輔矣信陵君之於魏可謂拂矣○盧文弨曰於趙於魏下俗本並有也字宋本元刻皆無傳曰從道不從君此之謂也故正義之臣設則朝廷不頗設謂置於列位頗邪也○先謙案設猶用也說見君道篇諫爭輔拂之人信則君過不遠信謂見信於君或曰信讀爲伸謂道行也○先謙案以上下文例之或說較長爪牙之士施則仇讎不作爪牙之士勇力之臣也施謂展其材也○俞樾曰莊子秋水篇是謂謝施釋文引司馬注曰施用也淮南子原道篇施之無窮高誘注亦曰施用也爪牙之士施猶曰爪牙之士用楊訓施爲展而以展其材足成之迂矣邊境之臣處則疆垂不喪垂與陲同○先謙案羣書治要作界垂故明主好同而闇主好獨獨謂自任其智明主尚賢使能而饗其盛盛謂大業言饗其臣之功業也○先謙案盛成也說具榮辱篇楊注非闇主妬賢畏能而滅其功滅掩沒也罰其忠賞其賊

錢犢曰精嚴可進
陳恆一爵

夫是之謂至闇。桀紂所以滅也。

事、聖君者。有聽從、無諫爭。聖君無失事、中君者。有諫爭、無諂諛。中君可上可下，若齊桓公者也。諂諛則遂成闇君也。事、暴君者。有補、削、無撟拂。補謂彌縫其闕，削謂除去其惡，言不敢顯諫，闇匡救之也。撟謂屈其性也。拂，違也。撟拂則身見害，使君有殺賢之名，故不爲也。拂音佛。○盧文弨曰：拂讀爲弼，前注是也。此音佛，誤。王引之曰：楊分補與削爲二義，非也。聽從、諫爭、諂諛、補削、撟拂，皆兩字同義。補削謂彌縫其闕也。削者，縫也。韓子難篇曰：管仲善制割，賓胥無善削縫，隰朋善純緣，衣成，君舉而服之。制割、削縫、純緣，亦兩字同義。禮注以削爲翦，[illegible]說與楊注同。呂氏春秋行論篇曰：莊王方削袂。燕策曰：身自削甲札，妻自組甲絣。蓋古者謂縫爲削，而後世小學書皆無此訓，失其傳久矣。迫脅於亂時。窮居於暴國。而無所避之。則崇其美。揚其善。違其惡。○王念孫曰：違讀爲諱。諱其惡與隱其敗同意。曲禮注曰：諱，辟也。辟與避同。緇衣注曰：違，辟也。諱、違皆從韋聲，而皆訓爲避，故字亦相通。墨子非命篇爾不諱而羸不可，諱與違同。隱其敗。言其所長。不稱其所短。以爲成俗。謂危行言遜以避害也。以爲成俗，言如此而不變，若舊俗然也。詩曰。國有大命。不可以告人。妨其躬。

身。郝懿行曰：有命不以告人，明哲所以保身。上云以爲成俗，言彼習非勝是，不可變移，默足以容，庶不有害於躬也。躬身一耳，爲足句兼取韻。此之謂也。逸詩。

恭敬而遜，聽從而敏，不敢有以私決擇也。敏謂承命而速行，不敢更私自決斷選擇也。○盧文弨曰：不敢有下元刻無以字，下句同。不敢有以私取與也，以順上爲志，是事聖君之義也。但稟命而已。忠信而不諛，諫爭而不諂，撟然剛折，端志而無傾側之心，撟彊貌。禮記曰：和而不流，彊哉撟。剛折，剛直面折也。端志，不邪曲也。是案曰是，非案曰非，是事中君之義也。調而不流，柔而不屈，寬容而不亂，雖調和而不至流湎，雖柔從而不屈曲，雖寬容而不與爲亂也。曉然以至道而無不調和也。曉然，明喻之貌。至道，無爲不爭之道。以至道，則暴君不能加怒，無不調和，言皆不違拂也。○俞樾曰：然字衍文，當作曉以至道而無不調和也。言事暴君者當以至道曉之也。楊注不詞。而能化易，時關內之，是事暴君之義也。關當爲開，傳寫誤耳。內與納同。言既以沖和事之，則能化易其暴戾之性，時以善道開納之也。或曰：以道關通於君之心中也。

○郝懿行曰關閉也內入也化易者謂開導其善心關內者謂掩閉其邪志王念孫曰或說近之凡通言於上曰關周官條狼氏誓大夫曰敢不關鞭五百先鄭司農曰不關謂不關於君也史記梁孝王世家曰大臣及袁盎等有所關說於景帝佞幸傳曰公卿皆因關說索隱曰關通也謂公卿因之而通其詞說漢書注曰關說者言由之而納說是關與納義近書大傳雖禽獸之聲猶悉關於律鄭注曰關猶入也入亦納也虾敔人日期旗　書故曰時關內之不當改關爲開**若馭樸馬**樸馬未調習之馬不可遽牽制必縱緩之事暴君之難故重明之也**若養赤子**赤子嬰兒也未有所知必在順適其性不驚懼也**若食餧人**使飢渴於至道如餧人之欲食或曰餧人併與之食則必死今以善道節量與之不使狂惑也莊子曰人惑則死○郝懿行曰樸馬未調也赤子難曉也餧人毋速飽也三者正明化易關內之事蓋必順從其意與之推移因而逆過其邪施之犍閉庶令回心易嚮日遷善而不自知也下四句仍申明此恉其妙全在於因憂懼喜怒其因之之事也改過辨故入道除怨其因之之權也**故因其懼也而改其過**懼則思德故因使其改過**因其憂也而辨其故**辨其致憂之端則遷善也○王念孫曰楊說辨字故字之義皆誤辨讀爲變變其故謂去故而就新也憂懼者改過遷善之機故曰因其懼也而改其過因其憂也而變其故變亦改也辨或作辯廣雅曰辯變也坤文言由辯之不早

辯也辯荀本作變莊子逍遙遊篇乘天地之正而御陰陽之辯辯與變同因其喜也而入其道欣喜之時多所聽納故因以道入之因其怨也而除其怨怨惡之人因君怒除去之也曲得所謂焉雖憂懼喜怒之殊委曲皆得所謂所謂卽化易君性也書曰從命而不拂微諫而不倦為上則明為下則遜此之謂也書伊訓也○盧文弨曰案此逸書也郝懿行曰此逸書楊以為伊訓異文非是

事人而不順者不疾者也不順上意也疾速也不疾言怠慢也疾而不順者不敬者也敬而不順者不忠者也忠而不順者無功者也有功而不順者無德者也故無德之為道也傷疾墮功滅苦故君子不為也傷疾墮功滅苦未詳或恐錯誤耳為或為違○盧文弨曰故無德元刻作故德郝懿行曰疾者速也苦者勞也言事人之道苟無德以將之則雖有敏疾之美自傷敗之雖有功業自墮壞之雖有勤苦自滅沒之所以然者才不勝德功不補過有而不能自保其有也古來功勤忠敏之士或搆凶釁不能善處功名之際者無德故耳傷疾墮功義具上文敬忠皆得謂之勞苦

故以滅苦包之楊氏未加省照疑其錯誤非也王念孫曰苦當爲善字之誤也隸書苦字作與善相似疾與功已見上文善卽上文之忠敬也傷疾墮功滅善皆承上文言之先謙案郝王二說並通

有大忠者○有次忠者○有下忠者○有國賊者○以德復君而化之○大忠也○復報也以德行之事報白於君使自化於善周禮宰夫掌諸臣之復萬民之逆也○兪樾曰韓詩外傳復作覆當從之以德覆君訓其德甚大君德在其覆冒之中故足以化之下文曰若周公之於成王也可謂大忠矣是大忠之名非周公不足當也楊氏不知復與覆通而訓復爲報謂以德行之事報白於君然則如次忠之以德調君而補之者豈不以德行報白乎且但報白而已又何足以化之乎先謙案羣書治要正作覆以德調君而補之○次忠也○謂匡救其惡也○郝懿行曰補之韓詩外傳作輔之亦於義爲長楊注非以是諫非而怒之○下忠也○使君有害賢之名故爲下忠也不卹君之榮辱○不卹國之臧否○偷合苟容以之持祿養交而已耳○國賊也○若周公之於成王也○可謂大忠矣○若管仲之於桓公○可謂次忠矣○若子胥之於夫差○可謂下忠矣○若曹觸

龍之於紂者。可謂國賊矣。說苑曰桀貴爲天子富有天下其左師觸龍者諂諛不正此云紂未知孰是。○先謙案議兵篇微子開封於宋曹觸龍斷於軍皆殷紂時事則說苑誤也

仁者必敬人。凡人非賢。則案不肖也。人賢而不敬。則是禽獸也。禽獸不知敬賢○盧文弨曰正文不敬舊作不能敬今改正或疑是不能下脫敬字人。不肖而不敬。則是狎虎也。狎輕侮也言必見害禽獸則亂。狎虎則危。災及其身矣。詩曰不敢暴虎。不敢馮河。人知其一。莫知其它。戰戰兢兢。如臨深淵。如履薄冰。此之謂也。詩小雅小旻之篇暴虎徒搏馮河徒涉人知其一莫知其它言人皆知暴虎馮河立至於害而不知小人爲害有甚於此也○王引之曰荀子引詩至莫知其它而止戰戰兢兢三句則後人取詩詞增入也此承上文人不肖而不敬則是狎虎而言言人但知暴虎馮河之害而不知不敬小人之害與此同故曰不敢暴虎不敢馮河人知其一莫知其它此之謂也此之謂也四字正承人知其一莫知其它而言若加入戰戰兢兢三句則與此之謂也義不相屬矣據楊注但釋不敢暴虎四句而不釋戰戰兢兢三句則所見本無此三句甚明一證也又小閔傳曰它不敬小人之危殆也箋曰人皆知

統類即今之系統說也

㬥虎馮河立至之害而無知當畏慎小人能危亡也傳箋皆本於荀子二證也呂氏春秋安死篇詩曰不敢㬥虎不敢馮河人知其一莫知其它此言不知鄰類也所引詩詞至莫知其它而止高注曰人皆知小人之爲非不知不敬小人之危殆故曰不知鄰類也此之謂也文與荀子正同高注曰人皆知其一莫知其它此之謂也淮南本經篇詩云不敢㬥虎不敢馮河立至害也故曰知其一而不知當畏慎小人危亡也故曰莫知其它此不免於惑故曰此之謂也呂覽淮南高注皆本於荀子三證也

故仁者必敬人。敬人有道。賢者則貴而敬之。不肖者則畏而敬之。賢者則親而敬之。不肖者則疏而敬之。其敬一也。其情二也。若夫忠信端愨而不害傷。則無接而不然。是仁人之質也。其敬雖異至於忠信端愨不傷害則凡所接物皆然言嘉善而矜不能不以人之不肖逆詐待之而欲傷害之也質體也

忠信以爲質。端愨以爲統。統綱紀也言以端愨自處而待物者也○先謙案注以各本作已據宋台州本改正禮義以爲文。用爲文飾倫類以爲理。倫人倫類物之種類言推近以知遠以此爲條理也喘而言。臑而動。而一可以爲法則。臑與勸學篇蝡同喘微言也臑微動也一皆也言一動一息之閒皆

可以爲法則也臑人允反○先謙案蝡集韻或作蠕史記匈奴傳索隱引三蒼云蠕蠕動貌音軟今正文及注作臑是蠕之誤字說文臑臂羊矢據注引勸學篇及音義知楊所見本尙作蠕不作臑也詩曰：不僭不賊，鮮不爲則。此之謂也。詩大雅抑之篇言不僭差賊害則少不爲人法則矣

恭敬，禮也；調和，樂也；調和不爭競也謹愼，利也；鬭怒，害也。故君子安禮樂利，謹愼而無鬭怒。○王念孫曰樂利當爲樂樂樂樂與安禮對文安禮樂樂承上禮樂而言謹愼而無鬭怒承上謹愼鬭怒而言今本作樂利者涉上利也而誤俞樾曰樂利當爲和樂和樂與安禮相對成文安禮和樂承上禮樂而言謹愼而無鬭怒承上謹愼鬭怒而言因和字譌作利又涉上文謹愼利也疑利字屬謹愼言遂移置樂字之下使安禮樂利謹愼兩句相對而文義俱違矣先謙案二說竝通是以百舉不過也。小人反是。

通忠之順，忠有所雍塞故通之然而終歸於順也權險之平，權危險之事使至於平也或曰權變也既不可扶持則變危險使治平也其禍亂之從聲，君雖禍亂應聲而從之也三者，非明主莫之能知也。闇君不知所以殺害忠賢而身死國亡也爭然後善，戾然後功，出死無私，致

世德堂本通情作同情

忠而公。夫是之謂通忠之順。信陵君似之矣。諫爭君然後能善違戾君然後立功出身死戰不爲私事而歸於至忠至公信陵君諫魏王請救趙不從遂矯君命破秦而魏國以安故似之奪然後義。殺然後仁。上下易位然後貞。奪者不義之名殺者不仁之稱上下易位則非貞也而湯武惡桀紂之亂天下而奪之是義也不忍蒼生之涂炭而殺之是仁也雖上下易位而使賢愚當分歸於正道是貞也功參天地。澤被生民。夫是之謂權險之平。湯武是也。過而通情。○先謙案君本過也而曲通其情以爲順善和而無經。經常也但和順上意而無常守不卹是非。不論曲直。偷合苟容。迷亂狂生。迷亂其君使生狂也○先謙案狂是峑之借字說見君道篇夫是之謂禍亂之從聲。飛廉惡來是也。傳曰。斬而齊。枉而順。不同而壹。此言反經合道如信陵湯武者也所以斬之取其齊也所以枉曲之取其順也所以不同取其一也初雖似乖戾然終歸於理者也詩曰。受小球大球。爲下國綴旒。此之謂也。詩商頌長發之篇球玉也鄭玄云綴猶結也旒旌旗之垂者言湯既爲天所命則受小玉謂尺二寸圭也受大玉謂珽也長三尺執圭搢珽以與諸侯會同結定其心如

致士世德堂本作士致

旌旗之旗縿著焉引此以明湯武取天下權險之平為救下國者也

致士篇第十四

明致賢士之義

衡聽。顯幽。重明。退姦進良之術。衡平也謂不偏聽也顯幽謂使幽人明顯不壅蔽也重明謂既明又使明也書曰德明惟明能顯幽則重明矣能退姦則良進矣。俞樾曰按楊注衡平也下文衡至注曰衡讀為橫前後兩字異訓失之衡聽之衡亦當讀為橫蓋彼以衡至故亦以衡聽也古橫衡同字詩衡門篇釋文曰衡古文橫字是其證也漢書王莽傳昔帝堯橫被四表魏志文帝紀引獻帝傳曰廣被四表是橫廣音近義通流言之屬一時而並至故曰橫至猶曰大至矣先謙案重明猶書堯典之明明此言用人之術

朋黨比周之譽。君子不聽。殘賊加累之譖。君子不用。殘賊謂賊害人加累以罪惡加累誣人也隱忌雍蔽之人。君子不近。隱亦蔽也忌謂妬賢雍讀曰擁。王念孫曰楊誤分隱忌為二義且下文言雍蔽則隱忌非雍蔽也隱忌即意忌謂妬賢也史記平津侯傳云宏為人意忌外寬內深酷吏傳云張湯文深意忌唯其意忌是以雍蔽秦誓曰人之有技冒疾以惡之所謂意忌也又曰人之彥聖而違之俾不達所謂雍蔽也意隱聲相近意忌之為隱忌若左氏春秋經之季孫意如公羊作隱如矣[illegible]

孝文紀故楚相蘇意漢紀作蘇隱凡之部之字或與諄部相轉上去聲亦然樂記天地訢合鄭注訢讀爲熹射義耄期稱道不亂者大雅行葦傳作耄勤左傳曹公子欣時公羊作喜時荀子性惡篇驊騮騹驥即騏驥皆其例也貨、財、禽犢之請，君子不許。行賂請謁者也凡流言、流說、流事、流謀、流譽、流愬、不官而衡至者，君子慎之。流者無根源之謂愬譖也不官謂無主首也衡讀爲橫橫至橫逆而至也聞聽而明譽之，君子聞聽流言流說則明白稱譽謂顯露其事不爲隱蔽如此則姦人不敢獻其謀也定其當而當，然後士其刑賞而還與之。士當爲事行也言定其當否既當之後乃行其刑賞反與之也謂其言當於善則事之以賞當於惡則事之以刑當丁浪反。郝懿行曰士者事也古士仕事俱通用此士謂事其事也王引之曰士字義不可通士當爲出字之誤也隸書出字省作士故諸書中出字或誤作士說見大略篇敎出下高注淮南說林篇曰當丁浪反猶實也言定其善惡之實而當然後出其刑賞而還與之也楊讀士爲事又訓事爲行展轉以求其通鑿矣先謙案王說是如是，則姦言、姦說、姦事、姦謀、姦譽、姦愬莫之試也。忠言、忠說、忠事、忠謀、忠譽、忠愬莫不明通，方起以尚盡矣。明通謂明白通達其意方起並起尚與上同上盡謂盡忠於上也。俞樾曰盡忠於上而曰上盡甚爲不詞盡當讀爲進列子天瑞篇終進乎不知也張湛注曰進當爲盡是

其證也漢書高帝紀主進顏師古注曰進字本作賮又作贐音
皆同耳古字叚借故轉而爲進然則以盡爲進猶以進爲贐矣
爾雅釋詁藎進也藎從盡聲則盡亦進也尙盡猶言上進忠言
忠說忠事忠謀忠譽忠愬皆顯進於上故曰莫不明通方起以
上進矣楊氏知尙之爲上而不知盡之爲進於古人叚借之義未盡得也

夫是之謂衡聽、顯幽、重明、退姦、進良之術。

。盧文弨曰下似當別爲一條先謙案盧說是今從之

川淵深而魚鱉歸之，山林茂而禽獸歸之，刑政平而百姓歸之，禮義備而君子歸之。故禮及身而行脩，義及國而政明，能以禮挾而貴名白，天下願，令行禁止，王者之事畢矣。

挾讀爲浹能以禮浹洽者則貴
名明白天下皆願從之也。盧文弨曰貴名白王制篇作名聲
日聞此恐有訛王念孫曰儒效篇曰貴名白而天下治君道篇
曰文王欲立貴道欲白貴名則貴名白三字不訛韓詩外傳作
貴名自揚義亦同也王制篇作名聲日聞乃後人所改辯見王
制顧千里曰禮下疑當有義字承上禮義備而君子歸之故禮
及身而行脩義及國而政明言之楊注已無義字非也韓詩外
傳五有此句作能以禮扶身疑
扶身二字亦義挾二字之誤

詩曰：惠此中國，以綏四方。此之

謂也。詩大雅民勞之篇中國京師也四方諸夏也引此以明自近及遠也川淵者。龍魚之居也。山林者。鳥獸之居也。國家者。士民之居也。川淵枯。則龍魚去之。山林險。則鳥獸去之。○郝懿行曰險當爲儉儉與險古通用儉如山之童林木之濯濯皆是王念孫曰險乃儉借字否象傳君子以儉德辟難虞注儉或作險大戴記文王官人篇多稽而儉貌逸周書儉作險襄二十九年左傳險而易行杜注險當爲儉山林儉則鳥獸無所依而去之猶川淵枯而龍魚去之也此與上文山林茂正相反國家失政。則士民去之。無土則人不安居。無人則土不守。無道法則人不至。無君子則道不舉。故土之與人也。道之與法也者。國家之本作也。本作猶本務也。○王念孫曰楊未解作字之義國家之本作道法之總要相對爲文作者始也始亦本也總亦要也上文云無土則人不安居無人則土不守無道法則人不至故此四者爲國家之本始也魯頌駉篇傳曰作始也廣雅爾雅皐陶謨烝民乃粒萬邦作乂作與乃相對爲文言烝民乃粒萬邦始乂也禹貢萊夷作牧言萊夷水退始放牧也沱潛既道雲夢土作乂作與既相對爲文言沱潛之水既道雲夢之土始乂也義見經義述聞君子也者。道法之摠要也。不可少頃曠也。得之則治。失之則亂。得之則安。失之則危。得之則存。失之則亡。故有良法而亂者有之矣。有君子而亂者。自古及今未嘗聞也。傳曰。治生乎君子。亂生乎小人。此之謂也。盧文弨曰前王制篇亦有此數語或是脫簡於彼

得衆動天。得衆則可以動天言人之所欲天必從之美意延年。美意樂意也無憂患則延年也誠信如神。誠信則如神明言物不能欺也夸誕逐魂。逐魂逐去其精魂猶喪精也矜夸妄誕作僞心勞故喪其精魂此四者皆言善惡之應也。郝懿行曰按四句一韻文如箴銘而與上下頗不相蒙疑或它篇之誤脫魂者神也夸奢誕謾所謂逐物意移心動神疲者也先謙案郝說是今別爲一條

人主之患。不在乎不言用賢。而在乎誠必用賢。盧文弨曰此句有誤當作而在乎不誠用賢王念孫曰案當作而在乎不誠必用賢言用賢之不誠不必也管子九守篇曰用賞者貴誠用刑者貴必呂氏春秋論威篇曰又況乎萬乘之國而有所誠必乎賈子道術篇曰伏義誠必謂之節淮南兵略篇曰將不誠必則卒不勇敢校乘七發曰誠必不悔決絕以諾皆以誠必連文則必字不可刪先謙案羣書治要作不在乎不言而在乎不誠治要引書多節

（刪而不增字其引此文誠上有不字此脫不字之明證）夫言用賢者口也，卻賢者行也，（無善行則賢不至也）口行相反，而欲賢者之至，不肖者之退也，不亦難乎！夫耀蟬者務在明其火，振其樹而已。（郝懿行曰耀俗燿字燿者照也燿蟬者火必明而後蟬投焉蟬以陽明爲趨也照蟹者火必闇而後蟹赴焉蟹以陰闇爲居也二者君子小人之分途也故明主求賢如燿蟬闇主蒐慝如照蟹）火不明，雖振其樹，無益也。（南方人照蟬取而食之禮記有蜩范是也）今人主有能明其德，則天下歸之，若蟬之歸明火也。

臨事接民，而以義變應，寬裕而多容，恭敬以先之，政之始也。（多容廣納也）然後中和察斷以輔之，政之隆也。（政之崇高在輔以中和察斷斷丁亂反○王念孫曰政之隆謂政之中也孝經曰夫孝始於事親中於事君終於立身彼以中對始終此以隆對始終是隆卽中也楊以隆爲崇高失之又正論篇凡議必將立隆正然後可也無隆正則是非不分而辯訟不決隆正謂中正也王霸篇曰君臣上下貴賤長少至於庶人莫不以是爲隆正下文天下之大隆亦謂大中也楊以隆爲崇高亦失之）然後進退誅賞之，政之終也。故一年與之始。三年與之終。夫不教而殺謂之虐故爲政之始寬裕多容三年政成然後進退誅賞也用其終爲始。則政令不行。而上下怨疾。亂所以自作也。先賞罰後德化則亂書曰。義刑義殺。勿庸以即女。惟曰未有順事。言先教也。書康誥言雖義刑義殺亦勿用即行之當先教後刑也雖先後不失尚謙曰我未有順事故使民犯法躬自厚而薄責於人也程者。物之準也。程者度量之摠名也禮者。節之準也。節謂君臣之差等也程以立數。禮以定倫。言有程則可以立一二之數有禮則可以定君臣父子之倫也德以敘位。能以授官。度其德以序上下之位考其能以授所任之官若夔典樂伯夷典禮之比也凡節奏欲陵。而生民欲寬。節奏謂禮節奏陵峻也侵陵亦嚴峻之義生民謂以德教生養民也言人君自守禮之節奏則欲嚴峻不弛慢養民則欲寬容不迫切之也。王念孫曰楊說陵字之義及下節奏陵而文法皆非是節奏欲陵而生民欲寬者陵謂嚴密也故與寬相反富國篇曰其於貨財取與計數也寬饒簡易其於禮義節奏也陵謹盡察陵謹與寬饒亦相反節奏陵謹即此所云節奏欲陵也楊訓陵爲侵陵說與此注同節奏陵而文。生民寬而安。節奏雖峻亦有文飾不至於刻急。郝懿行曰陵者陵喻高峻也。節奏以禮言，欲其高峻，防踰越也。生民以田畜言，欲其寬饒，不陝隘也。節奏陵而文，敦禮讓也。生民寬而安，樂太平也。王念孫曰：而猶則也。孟子公孫丑篇「可以仕則仕，可以止則止，可以久則久，可以速則速」，萬章篇作「可以速而速，可以久而久，可以處而處，可以仕而仕」。言節奏陵則文生，民寬則安也。節奏密則成文，樂記曰「節奏合以成文」是也。陵字或作凌，管子中匡篇曰「有司寬而不淩」。上文、下安，功名之極也，不可以加矣。

君者，國之隆也；父者，家之隆也。隆猶尊也。隆一而治，二而亂。自古及今，未有二隆爭重而能長久者。

師術有四，而博習不與焉。術，法也。言有四德則可以為人師。師法不在博習也。與音豫。尊嚴而憚，可以為師；耆艾而信，可以為師；五十曰艾，六十曰耆。誦說而不陵不犯，可以為師；誦謂誦經，說謂解說，謂守其誦說，不自陵突觸犯。言行其所學。○先謙案：不陵不犯，謂謹守師說者。下知微而論，如喪欲速貧，死欲速朽，有若以為非夫子之言是也。知微而論，可以為師。知精微之理而能講論。論，盧困反。○郝懿行曰：論與倫古字通，言知極精微而皆中倫理也。注非。故師術有四，而博習不與焉。水深而回。回流旋也。水深不湍峻，則多旋流也。樹落則糞本。謂木葉落糞其根也。○謝本從盧校作水深則回樹落糞本。盧文弨曰：宋本作水深而回樹落則糞本，今從元刻。郝懿行曰：回，旋流也。糞，壅根也。二句喻弟子於師不忘水源木本之意。俞樾曰：樹落下當有則字。此以上二句喻下一句，若無則字，句法不一律矣。盧從元刻，其實宋本是也。古書每以而則互用。孟子告子篇：人有雞犬放則知求之，有放心而不知求。墨子明鬼篇：非父則母，非兄而姒。史記欒布傳：與楚則漢破，與漢而楚破。皆其證也。宋本上句用而字，下二句用則字，必荀子之原文。先謙案：俞說是，今從宋本。弟子通利則思師。思其厚於己也。詩曰：無言不讎，無德不報。此之謂也。此言為善則物必報之也。

賞不欲僭，刑不欲濫。賞僭則利及小人，刑濫則害及君子。若不幸而過，寧僭無濫。與其害善，不若利淫。○盧文弨曰：此數語全本左傳。考荀卿以左氏春秋授張蒼，蒼授賈誼，荀子固傳左氏者之祖師也。

荀子卷第九

荀子卷第十

唐登仕郎守大理評事楊　倞　注

臣　王先謙集解

議兵篇第十五

臨武君與孫卿子議兵於趙孝成王前。臨武君蓋楚將，未知姓名。戰國策曰：天下合從，趙使魏加見楚春申君曰：君有將乎？春申君曰：有矣，僕欲將臨武君。魏加曰：臣少之時好射，臣願以射譬可乎？春申君曰：可。魏加曰：異日者更羸與魏王處京臺之下，更羸曰：臣能爲王引弓虛發而下鳥。有間，鳴鴈從東方來，更羸以虛發而下之。王曰：射之精乃至於此乎？更羸曰：此孽也。王曰：先生何以知之？對曰：其飛徐者，其故創痛也；其鳴悲者，久失羣也。故創未息而驚心未去，聞弦音烈而高飛，故隕也。今臨武君嘗爲秦孽，不可以爲距秦之將。趙孝成王，晉大夫趙夙之後，簡子十世孫。或曰：劉向敘云孫卿至趙，與孫臏議兵趙孝成王前，臨武君即孫臏也。今案史記年表，齊宣王二年，孫臏爲軍師，則敗魏於馬陵，至趙孝成王元年已七十餘年，年代相遠，疑臨武君非此孫臏也。○盧文弨曰：案楊氏改書名作荀卿子，而此篇正文仍作孫卿子，依漢以來相傳之舊也本篇內微子開封於宋注甚明注更嬴楚策作更嬴又其故創痛也策無其字此注脫故字今增又故創未息作故創痛未息今從策刪痛字王曰：請問兵要。臨武君對曰：上得天時，若順太歲下得地利，若右背山陵前左水澤之比也觀敵之反孤虛之類也○先謙案反各本譌及據宋台州本改正變動，後之發，先之至，此用兵之要術也。孫卿子曰：不然。臣所聞古之道，凡用兵攻戰之本，在乎壹民。弓矢不調，則羿不能以中微；六馬不和，則造父不能以致遠；士民不親附，則湯武不能以必勝也。故善附民者，是乃善用兵者也。故兵要在乎善附民而已。○王念孫曰元刻無善字梾臟案無善字者是也下文臨武君曰豈必待附民哉正對此句而言則無善字明矣宋本有善字者涉上文善附民者而衍羣書治要亦無善字臨武君曰：不然。兵之所貴者埶利也，乘埶爭利所行者變詐也。奇詐○盧文弨曰所行新序三作所上善用兵者，感忽悠闇，莫知其所從出。感忽悠闇皆謂倏忽之間也感忽怳忽也悠闇遠視不分辨之貌莫知所從出謂若九天之上

九地之下使敵人不測魯連子曰弃感忽之恥立累世之功也
〇盧文弨曰案齊策載魯連與燕將書云除感忿之恥而立累
世之功彼上文云去忿恚之心而成終身之名則下句不當又
云感忿此引作感忽是也新序又作奄忽義亦同注立字舊脫
今補郝懿行曰案感讀如揻揻撼古今字也感忽搖疾
之意倏闇神祕之意兵貴神速如處女脫兔之喻也

孫吳用之。無敵於天下。豈必待附民哉。孫謂吳王闔閭將孫武吳謂魏武侯將吳起也

孫卿子曰。不然。臣之所道。仁人之兵。王者之志也。帝王之志意如此也

君之所貴。權謀埶利也。所行攻奪變詐也。諸侯之事也。仁人之兵。不可詐也。彼可詐者。怠慢者也。路亶者也。路暴露也亶讀爲袒露袒謂上下不相覆蓋新序作落單

〇郝懿行曰路亶新序作落單蓋離落單薄之意楊注非王念
孫曰路單猶羸憊也上不恤民則民皆羸憊故下句云君臣上
下之閒滑然有離德也孟子滕文公篇是率天下而路也趙注
云是率導天下之人以羸路也人今本羸路作路羸[illegible]後管
子五輔篇云臣貧寠振罷露資乏絕韓子亡徵篇云好罷露百
姓呂氏春秋不屈篇云士民罷潞路露潞竝通是路爲羸憊也
爾雅云癉病也大雅板篇下民卒癉毛傳云癉病也病亦謂羸
憊也緇衣引詩下民卒擅釋文擅作亶癉擅亶竝通秦策士民

潞病於內高注云潞羸也潞病與路亶亦同義新序雜事篇作落單晏子外篇云路世之政單事之教或言路亶或言路單或言落單其義一而已矣楊說皆失之）君臣上下之間，滑然有離德者也。（滑亂也音骨言彼可欺詐者皆如此之國○王引之曰滑當爲渙說卦曰渙者離也雜卦曰渙離也下文事大敵堅則渙然離耳是渙爲離貌故曰渙然有離德俗書渙字作渙滑字作滑二形略相似故渙譌爲滑新序雜事篇正作渙然有離德韓詩外傳作奐然有離德奐乃奐之譌渙奐古字通文選笙賦注引埤蒼云奐散也）故以桀詐桀，猶巧拙有幸焉；以桀詐堯，譬之若以卵投石，以指撓沸，（撓攪也以指撓沸言必爛也新序作以指繞沸）若赴水火，入焉焦沒耳。（王念孫曰案焉猶則也說見釋詞）故仁人上下，（說仁人上下相愛之意）百將一心，三軍同力。臣之於君也，下之於上也，若子之事父，弟之事兄，若手臂之扞頭目而覆胸腹也。詐而襲之，與先驚而後擊之，一也。（先擊頭目使知之而後擊之豈手臂有不救也○先謙案言此兩者俱無所用注義似隔）且仁人之用十里之國，則將有百里之聽；（聽猶耳目也言遠人自爲其耳目或曰謂間諜者）用百里之國則將有千里之聽，用千里之國則將有四海之聽，必將聰明警戒和傳而一。耳目明而警戒相傳以和無有二心也一云傳或爲傅傅衆也而一如一也言和衆如一也○先謙案傳爲摶字之誤說見儒效篇故仁人之兵，聚則成卒，散則成列，卒卒伍列行列言動皆有備也延則若莫邪之長刃，嬰之者斷；兌則若莫邪之利鋒，當之者潰，兌猶聚也與隊同謂聚之使短潰壞散也新序作銳則若莫邪之利鋒也○盧文弨曰延新序作鋋韓詩外傳三作延居又兌作銳居居案延讀延袤之延延東西曰延嬰今櫻字謂橫布則其鋒長櫻之者皆斷也兌讀爲銳謂直擣則其鋒利遇之者潰也外傳兩居字與下文圜居一例可知注未是矣郝懿行曰延者長也兌與銳同荀書皆然古字通也延新序作鋋誤字或叚借耳延訓長故云若莫邪之長刃兌訓利故言若莫邪之利鋒楊注非韓詩外傳作延居銳居與下圜居爲儷其義甚明俞樾曰楊訓兌爲聚不如盧說之長惟依外傳延居銳居爲說則非也延則若莫邪之長刃兌則若莫邪之利鋒與上文聚則成卒散則成列句法一律不得有居字下文云圜居而方止此自以圜居方止相對成義外傳因圜居之文改作方居以對之遂於此文延下銳下各衍居字盧據以說荀子誤矣延之言長也故若長刃銳之言利也故若利鋒以文義論亦不當有居字圜居而方止，則若盤石然，觸之者角摧；圜居方止謂不動時也則如大石之不可移動也○盧文弨曰方止各本作方正今從新序案外傳作方居郝懿行曰韓詩外傳作圜居則若巨山之不可移也方居則若盤石之不可拔也語尤明晰此方止卽方居變文以儷句耳先謙案郝說方止非也說詳上案角鹿埵隴種東籠而退耳。其義未詳蓋皆摧敗披靡之貌或曰鹿埵垂下之貌如禾實垂下然埵丁果反隴種遺失貌如隴之種物然或曰卽龍鍾也東籠與涷瀧同沾溼貌如衣服之沾溼然新序作隴種而退無鹿埵字○盧文弨曰垂下之貌舊脫垂字今補案說文禾實垂下謂之穡丁果切楊意埵讀爲穡故音義皆與之同也又卽龍鍾也舊脫龍字龍鍾乃當時常語今補又案方言瀧涿謂之霑漬廣韻涷瀧霑漬也故楊云涷瀧沾溼貌舊誤作涷隴今改正沾亦霑之誤字也劉台拱曰鹿埵上角字涉上而誤衍案語詞郝懿行曰鹿埵隴種東籠蓋皆摧敗披靡之貌顧氏炎武鋧坳引舊唐書竇軌傳我隴種車騎未足給公北史李穆傳籠涷軍士爾曹主何在爾獨住此蓋周隋時人尚有此語此等皆古方俗之言不必强解楊氏旣云未詳又引或說鹿埵龍鍾涷瀧似皆失之新序止有隴種無鹿埵且夫暴國之君，將誰與至哉？彼其所與至者，必其民也。而其民之親我，歡若父母；其好我，芬若椒蘭。

將能爲可好則思過半矣

彼反顧其上則若灼黥如畏灼黥若仇讎人之情雖桀跖豈又肯爲其所惡賊其所好者哉○盧文弨曰豈又新序作豈有是猶使人之子孫自賊其父母也彼必將來告之夫又何可詐也不可得詐襲也故仁人用國日明日益明察○俞樾曰楊注非也明之言盛也淮南子說林篇曰長而愈明高注曰明猶盛也禮記明堂位正義曰明堂盛貌然則明之訓盛蓋古誼也國日明猶言國日盛矣諸侯先順者安後順者危慮敵之者削反之者亡謀慮與之爲敵者土地必見侵削反謂不服從也○先謙案慮大氐也說見王制篇詩曰武王載發有虔秉鉞如火烈烈則莫我敢遏此之謂也詩殷頌武王湯也發讀爲旆虔敬遏止也湯建旆興師本由仁義雖用武持鉞而猶以敬爲先故得如火之盛無能止之也○郝懿行曰發揚起也猶書之言我武惟揚也毛詩作載旆傳云旆旗也毛詩本同出荀卿不應有異說文引詩又作載坺然則坺發蓋皆旆之同音叚借字耳韓詩外傳引亦作旆

孝成王臨武君曰善請問王者之兵設何道何行而可設謂制置道謂論說教令也行動用也○王念孫曰道術也楊以道爲論說教令失之先謙案設猶用也

上足卬三字盡兵法

說見君道篇孫卿子曰凡在大王將率末事也臣請遂道王者諸侯彊弱存亡之效安危之埶率與帥同所類反道說也效驗也孝成王見荀卿論兵謂王者以兵爲急故遂問用兵之術荀卿欲陳王道因不荅其問故言凡在大王之所務將帥乃其末事耳所急敎化也遂廣說湯武五霸及戰國諸侯之事○先謙案以下文凡在於軍將率末事也證之是謂凡在大王之將率者皆末事也楊注誤君賢者其國治君不能者其國亂隆禮貴義者其國治簡禮賤義者其國亂治者彊亂者弱是彊弱之本也上足卬則下可用也上不卬則下不可用也卬古仰字不仰不足仰也下託上曰仰宜向反能敎且化長養之是足仰○謝本作上不足卬盧文弨曰以注觀之正文當本是上不卬卬衍足字先謙案盧說是此後人妄加今依注文刪足字以復唐人注本之舊下可用則彊下不可用則弱是彊弱之常也隆禮效功上也重祿貴節次也上功賤節下也是彊弱之凡也效驗也功戰功也效功謂不使賞僭也重祿重難其祿不使素餐也節忠義也君能隆禮驗功則彊上戰功輕忠義則弱大凡如此也好士者彊不好

叙三國兵制漫失如在目中

士者弱（士賢士也）。愛民者強，不愛民者弱。政令信者強，政令不信者弱（信謂使下可信）。民齊者強，民不齊者弱（齊謂同力。○謝本從盧校作不齊者弱。王念孫曰：案元刻不齊上亦有民字，是也。[illegible]上文之政令，下文之賞刑、械用、兵革，皆於上下句兩見，則民字亦當兩見。先謙案：王說是，今依元刻增民字）。賞重者強，賞輕者弱（重難其賞，使必賞有功，則強；輕易其賞，則弱也）。刑威者強，刑侮者弱（刑當罪，使民可畏，則強；不當罪，則人侮慢，故弱也）。械用兵革攻完便利者強（攻當爲功。功，精好加功者也。器械牢固，便利於用，則強也。○盧文弨曰：攻與工、功古多通用。攻，治也。卽依本字不改亦可）。械用兵革窳楛不便利者弱（窳，器病也，音庾。楛，濫惡，謂不堅固也）。重用兵者強，輕用兵者弱（重難用兵者強）。權出一者強，權出二者弱（政多門則弱也）。是強弱之常也。

齊人隆技擊（技，材力也。齊人以勇力擊斬敵者號爲技擊。孟康曰：兵家之技巧。技巧者，習手足，便器械，積機關，以立攻守之勝）。其技也，得一首者，則賜贖錙金，無本賞矣（八兩曰錙。本賞謂有功同受賞也。其技擊之術，斬得一首，則官賜錙金贖之。斬首雖戰敗亦賞，不斬首雖勝亦不賞，是無本賞也。○郭嵩燾曰：此與秦首虜之法同以得首爲功賞不問其戰事之勝敗故曰無本賞漢世軍法抵罪得贖免當亦起於戰國之季言苟得首者有罪當贖僅納錙金以得首爲重取決一夫之勇也

是事小敵毳則偷可用也

可偷竊用之也毳讀爲脆史記聶政謂嚴仲子曰居可以旦夕得甘脆以養親也○先謙案晉語其下偷以幸韋注偷苟且也偷可用謂苟且用之猶爲可也楊注非

事大敵堅則渙焉離耳

易說卦曰渙者離也

若飛鳥然傾側反覆無日

若飛鳥言無馮依也無日言傾側反覆之速不得一日也○盧文弨曰注言無馮依也宋本作言無馮依而易也今從元刻

是亡國之兵也兵莫弱是矣是其去賃市傭而戰之幾矣

此與賃市中傭作之人而使之戰相去幾何也○盧文弨曰正文其去宋本作其出今從元刻

魏氏之武卒以度取之

武卒選擇武勇之卒號爲武卒度取之謂取其長短材力中度者○汪中曰度程也下文所云是也注非

衣三屬之甲

如淳曰上身一髀褌一脛繳一凡三屬也衣於氣反屬之欲反○盧文弨曰案考工記釋文屬之樹反

操十二石之弩負服矢五十置戈其上

置戈於身之上謂荷戈也○盧文弨曰元刻作負矢無服字與漢書同王念孫曰此本作服矢五十箇服矢卽負矢負與服古同聲而通用考工記車人牝服先鄭司農云服讀爲負故漢書

作負今本作負服矢者校書者依漢書旁記負字而寫者誤合之也元刻無服字則又後人依漢書删之也俞樾曰服字實不可無服者箙之叚字説文竹部箙弩矢箙也經傳通以服爲之詩采薇篇象弭魚服國語齊語服無矢皆是也負服矢五十个者盛矢五十个於服而負之也若但云負矢則矢無服不可負若云負矢服則疑五十个以服計矣故曰負服矢五十个古人之辭所以簡而明也漢書奪服字元刻從之非是置戈其上承負服矢五十个而言所謂其上者矢服之上也葢負矢服於背而荷戈於肩戈之上半適在矢服之上故曰置戈其上也楊注不解服字之義故於此句亦失其解而曰置戈於身之上不可通矣先謙案俞説是**冠軸帶劍**軸與胄同漢書作胄帶劍顔師古曰著兜鍪而又帶劍也**贏三日之糧**

日中而趨百里贏負擔也日中一日之中也○俞樾曰日中者自旦至於日中葢半日而趨百里也楊注謂一日之中則但云日趨百里足矣**中試則復其戶利其田宅**復其戶不傜役也利其田宅不征衆也顔師古曰利謂給其便利之處中丁仲反復方目反○盧文弨曰注不征衆衆字誤疑作稅先謙案試之而中程則用爲武卒優之如此上所謂以度取之**是數年而衰而未可奪也改造則不易周也**此中試者筋力數年而衰亦未可遽奪其優復使皆怨也改造更選擇也則又如前**是故地雖大其稅必寡是**

阸而之一語大盡兵機

危國之兵也。傜復既多則稅寡貧用貧乏之故國危秦人其生民也陿阸其使民也酷烈生民所生之民陿阸謂秦地險固也酷烈嚴刑罰也地險固則寇不能害嚴刑罰則人皆致死也。盧文弨曰陿阸俗本作狹隘今從宋本郝懿行曰陿阸猶狹隘也謂民生計窮蹙王霸篇云生民則致貧隘語意正同注以陿阸謂秦地險固非也下云隱之以阸亦非地險王念孫曰楊注沿刑法志注而誤劫之以埶謂以威埶劫迫之使出戰隱之以阸謂隱蔽以險阸使敵不能害鄭氏曰秦地多阸藏隱其民於阸中也。郭嵩燾曰秦遠交近攻侵伐無虛日未嘗以險阸自隱也劫之以埶承上酷烈言隱之以阸承上狹隘言其民本無生計又甚迫蹙之使亟鶩於戰以邀賞也下文阸而用之正申此義忸之以慶賞忸與狃同串習也戰勝則與之賞慶使習以爲常忸女九反鰌之以刑罰鰌藉也不勝則以刑罰陵藉之莊子風謂蛇曰鰌我亦勝我音秋或作蹭七六反。盧文弨曰鰌亦音蹴見彊國篇注元刻七六作七由非今從宋本使天下之民所以要利於上者非鬬無由也。顧千里曰天字疑不當有此以下之民與要利於上相對爲文謂秦民非謂天下之民明甚宋本與今本同葢皆誤阸而用之得而後功之守險阸而用之既得勝乃賞其功所以人自爲戰而立功者衆也。先謙案阸而用之蘊國篇所云如牆厭雷擊下文除阨其下獲其功用義與此同楊謂守險阨非也功賞相長也五甲首而隸五家有功而賞之使相長獲得五甲首則役隸鄉里之五家也是最為眾彊長久多地以正故四世有勝非幸也數也為之有根本不邀一時之利故能眾彊長久也不復其戶利其田宅故多地也以正言比齊魏之苟且為正言秦亦非天幸有術數然也四世孝公惠王武王昭王也故齊之技擊不可以遇魏氏之武卒魏氏之武卒不可以遇秦之銳士秦之銳士不可以當桓文之節制桓文之節制不可以敵湯武之仁義有遇之者若以焦熬投石焉以魏遇秦猶以焦熬之物投石也熬五刀反○盧文弨曰有遇之者二句似專言天下無有能敵仁義者注惟云以魏遇秦殆以當時無湯武並無桓文故也然無妨據理為說或云末二句當並從齊說下王念孫曰或說是俞樾曰楊注猶以焦熬之物投石也然以投石為喻不必言焦熬之物注義未安上文云以桀詐堯譬之若以卵投石以指撓沸此文以焦熬投石疑有奪誤當云以指焦熬以卵投石焦讀為撨廣雅釋詁曰撨拭也說文火部熬乾煎也然則以指撨熬其義猶以指撓沸也先謙案下文明言招近募選隆埶詐尚功利之兵勝不勝無常代翕代

張云云則此有遇之者二句專謂湯武之仁義無敵楊注誤兼是數國者，皆干賞蹈利之兵也，傭徒鬻賣之道也，未有貴上、安制、綦節之理也。干求也言秦魏雖足以相勝皆求賞蹈利之兵與傭徒之人鬻賣其力作無異未有愛貴其上爲之致死安於制度自不踰越極於忠義心不爲非之理者也諸侯有能微妙之以節，則作而兼殆之耳。微妙精盡也節仁義也作起也殆危也諸侯有能精盡仁義則能起而兼危此數國謂擒滅之○盧文弨曰舊本注作則能起而無危也兼此數國誤今據正文刪正故招近募選，隆埶詐，尚功利，是漸之也。近當爲延傳寫誤耳招延謂引致之也募選謂以財召之而選擇可者此論齊之技擊也隆埶詐謂以威埶變詐爲尚此論秦也尚功利謂有功則利其田宅論魏也漸進也言漸進而近於法未爲理也或曰漸浸漬也謂其賞罰纔可漸染於外中心未悅服漸子廉切○俞樾曰楊云近當爲延是也招延二字同義則募選二字亦必同義募乃纂字之誤纂選皆具也說詳王制篇楊注募選謂以財召之而選擇可者非是先謙案漸詐欺也說詳不苟篇禮義教化，是齊之也。服其心是齊壹人之術也故以詐遇詐，猶有巧拙焉。猶齊之技擊不可以當魏之武卒也以詐遇齊，辟之猶以錐刀墮太山也。隓音隳，墮毀也。隳許唯反。非天下之愚人莫敢試。故王者之兵不試。一舉而定，不必試也。湯武之誅桀紂也，拱挹指麾，而彊暴之國莫不趨使，誅其元惡，其餘獷悍者皆化而來臣役也。○王念孫曰：拱挹指麾，盧依富國篇改挹爲揖。案揖與挹通，不煩改字。宥坐篇挹而損之，淮南道應篇挹作揖。晏子諫篇晏子下車挹之，挹即揖。諸本皆作挹，呂本挹作揖，盧因改爲揖，誤。先謙案：謝本從盧校作拱揖，今依王說改正。誅桀紂若誅獨夫。故泰誓曰：獨夫紂。此之謂也。故兵大齊則制天下，小齊則治鄰敵。以禮義敎化大齊之，謂湯武也。小謂未能大備，若五霸者也。治鄰敵，言鄰敵受其治化耳。○盧文弨曰：宋本故兵大齊提行起，今案連上文，是或中間有注脫去耳。王念孫曰：治讀爲殆。殆，危也。謂危鄰敵也。王制篇曰：威彊未足以殆鄰敵。王霸篇曰：威動天下，彊殆中國。彊國篇曰：威動海內，彊殆中國。殆治古字通。彊國篇彊殆中國，楊注殆或爲治。史記張儀傳以秦卒之勇，車騎之眾，以治諸侯，譬若馳韓盧而搏蹇兔也。治諸侯即殆諸侯。楊謂受其治化，則非用兵之事矣。若夫招近募選，隆埶詐，尚功利之兵，則勝不勝無常，代翕代張，代存代亡，相爲雌雄耳矣。翕，斂也。代翕代張，代存代亡，若言代強代弱也。○先謙案：宋台州本注若作猶。夫是之謂盜兵，君子不由也。

本統卬大齊

由用也以詐力相勝是盜賊之兵也故齊之田單楚之莊蹻秦之衛鞅燕之繆蟣是皆世俗之所謂善用兵者也田單齊襄王臣安平君也史記莊蹻者楚莊王苗裔楚威王使爲將將兵循江而上略蜀黔中以西蹻至滇池方三百里地肥饒數千里以兵威定屬楚欲歸報會秦擊奪楚巴黔中郡道塞不通因還以其衆至滇變服從其俗焉衛鞅秦孝公臣封爲商君者也繆蟣未聞也是其巧拙強弱則未有以相君也若其道一也雖術不同皆出於變詐故曰其道一也○盧文弨曰相君元刻作相若注首有相若相似也五字今從宋本先謙案相君猶言相長也廣雅釋詁長君也長訓君則君亦訓長元刻及注五字皆妄人增改未及和齊也數子之術未能及於和齊人心也掎契司詐權謀傾覆未免盜兵也契讀爲挈挈持也掎挈猶言掎摭也司讀爲伺詐欺詐也皆謂因其危弱即掩襲之也齊桓晉文楚莊吳闔閭越句踐是皆和齊之兵也可謂入其域矣入禮義教化之域孟康曰入王兵之域也然而未有本統也本統謂前行素修若湯武也故可以霸而不可以王是強弱之效也湯武王而桓文霸齊魏則代存代亡是其效也孝成王臨武君曰

悔生乎動無悔者靜極也

錢檟曰數言總挈兵事之要

善。請問爲將。孫卿子曰。知莫大乎棄疑。不用疑謀是智之大。○先謙案言用人不疑行莫大乎無過。事莫大乎無悔。○先謙案當理而行故無過慮必先事故無悔事至無悔而止矣。成不可必也。不可必不得必謂成功忘其警備莊子曰聖人以必不必故多功衆人以不必必故无功也。○盧文弨曰成不可必也五字乃起下之詞注不得必三字宋本元刻皆無俗間本有之下引莊子語舊本多訛今悉從元刻改正先謙案言成功不能期必於一出故下云有功如幸文義甚明楊盧說非故制號政令欲嚴以威。慶賞刑罰欲必以信。處舍收藏欲周以固。處舍營壘也收藏財物也周密牢固則敵不能陵奪矣徙舉進退欲安以重。欲疾以速。靜則安重而不爲輕舉動則疾速而不失機權窺敵觀變欲潛以深。欲伍以參。謂使間諜觀敵欲潛隱深入之也伍參猶錯雜也使間諜或參之或伍之於敵之閒而盡知其事韓子曰省同異之言以知朋黨之分偶參伍之驗以責陳言之實又曰參之以比物伍之以合參也遇敵決戰必道吾所明。無道吾所疑。○道言也行也王念孫曰道當訓爲行夫是之謂六術。自制號政令已下有六也無欲將而惡廢。○先謙案無以所欲

（而將之無以所惡而廢之唯視其能否無私好惡苟書多以欲惡代好惡）無急勝而忘敗。無威內而輕外。無見其利而不顧其害。（強使人出戰而輕敵）凡慮事欲孰而用財欲泰。（孰謂精審泰謂不吝賞也）夫是之謂五權。（五者為將之機權也）所以不受命於主有三。可殺而不可使處不完。可殺而不可使擊不勝。可殺而不可使欺百姓。夫是之謂三至。（至謂一守而不變）凡受命於主而行三軍。三軍既定。百官得序。羣物皆正。（百官軍之百吏得序各當其任）則主不能喜。敵不能怒。（不苟徇上意故主不能喜不為變詐故敵不能怒也）夫是之謂至臣。（為臣之至當也）慮必先事而申之以敬。（謀慮必在事先重之以敬常戒懼而有備也）慎終如始。終始如一。夫是之謂大吉。（言必無覆敗之禍也）凡百事之成也。必在敬之。其敗也。必在慢之。故敬勝怠則吉。怠勝敬則滅。計勝欲則從。欲勝計則凶。戰如守。（不務越逐也書曰不愆于五步六步乃止齊焉）行如戰。有功如幸。（不務驕矜）敬謀無壙。

無壙。（言不敢須臾不敬也。壙與曠同。）敬事無壙，敬吏無壙，敬眾無壙，敬敵無壙，夫是之謂五無壙。慎行此六術、五權、三至，而處之以恭敬無壙，夫是之謂天下之將，則通於神明矣。（天下莫及之將。）臨武君曰：善。請問王者之軍制。孫卿子曰：將死鼓，（死謂不棄之而奔亡也。左傳曰：師之耳目在吾旗鼓。）御死轡，百吏死職，士大夫死行列。聞鼓聲而進，聞金聲而退，順命爲上，有功次之。（軍之所重在順命，故有功次之。）令不進而進，猶令不退而退也，其罪惟均。（令，敎令也。言使之不進而進，猶令不退而退，其罪同也。）不殺老弱，不獵禾稼，（獵與躐同，踐也。）服者不禽，格者不舍，犇命者不獲。（服謂不戰而退者，不追禽之。格謂相距捍者。犇命謂奔走來歸其命者，不獲之爲囚俘也。犇與奔同。）凡誅，非誅其百姓也，誅其亂百姓者也。百姓有扞其賊，則是亦賊也。（扞其賊，謂爲賊之扞蔽也。）以故順刃者生，蘇刃者死，犇命者貢。（順刃謂不戰偝之而走者。蘇讀爲傃，傃，向也，謂相向格鬭者。貢謂取歸命者獻於上將也。）微子開封於宋。紂之庶兄名啟歸周後封於宋此云開者蓋漢景帝諱劉向改之也曹觸龍斷於軍。說苑曰桀貴爲天子富有四海其臣有左師觸龍者諂諛不正此云紂臣當是說苑誤又戰國策趙有左師觸龍說太后請長安君質秦豈復與古人同官名乎○盧文弨曰史記趙世家左師觸龍言願見太后言字當屬下讀趙策誤作觸讋當以此注爲正殷之服民。所以養生之者也。無異周人。○先謙案服民當作民服此誤倒耳當封而封當殺而殺皆所以養生其民故殷民服之故近者歌謳而樂之。遠者竭蹷而趨之。竭蹷顛仆猶言匍匐也新序作竭走而趨之無幽閒辟陋之國。莫不趨使而安樂之。四海之內若一家。通達之屬。莫不從服。夫是之謂人師。師長詩曰。自西自東。自南自北。無思不服。此之謂也。詩大雅文王有聲之篇王者有誅。而無戰。城守不攻。兵格不擊。德義未加所以敵人不服故不攻擊也且恐傷我之士卒也上下相喜則慶之。敵人上下相愛悅則慶賀之豈況侵伐乎不屠城。屠謂毀其城殺其民若屠者然也不潛軍。○先謙案潛襲敵之不備不畱眾。不久畱暴露於外也師不越時。古者行役不踰時也故亂者樂其政。不安其上。欲其至也。東征西怨之比 臨武君曰善。

陳囂問孫卿子曰。先生議兵。常以仁義爲本。陳囂荀卿弟子言先生之議常言兵以仁義爲本也 仁者愛人。義者循理。然則又何以兵爲。愛人則懼其殺傷循理則不欲爭奪焉肯抗兵相加乎 凡所爲有兵者。爲爭奪也。非謂愛人循理 孫卿子曰。非女所知也。彼仁者愛人。愛人故惡人之害之也。義者循理。循理故惡人之亂之也。彼兵者。所以禁暴除害也。非爭奪也。故仁人之兵。所存者神。所過者化。所存止之處畏之如神所過往之國無不從化 若時雨之降。莫不說喜。是以堯伐驩兜。伐亦誅也書曰放驩兜于崇山也 舜伐有苗。命禹伐之書曰帝曰咨禹惟時有苗弗率汝徂征之 禹伐共工。書曰流共工于幽州皆堯之事此云禹伐共工未詳也 湯伐有夏。文王伐崇。武王伐紂。此四帝兩王。夏殷或稱王或稱帝曲禮曰措之廟立之主曰帝蓋亦論夏殷也至周自貶損全稱王故以文武爲兩王也 皆以仁義之兵。行於天下也。故近者親其善，遠方慕其德。王念孫曰：慕其德，德本作義，後人改義爲德，以與服極爲韻，而不知與下文德字相復也。文選爲袁紹檄豫州文注、石闕銘注、太平御覽兵部五十三引此並作義。兵不血刃，遠邇來服，德盛於此，施及四極。詩曰：淑人君子，其儀不忒。此之謂也。詩曹風尸鳩之篇。○陳奐曰：案玩上文語意，其下尚有其儀不忒，正是四國二句，今脫之也。儀卽義也，故尸鳩篇儀皆讀爲義。王念孫曰：此正承上文遠方慕義而言，所引詩葢本作其義不忒，今本義作儀者，後人據詩改之耳。

李斯問孫卿子曰：李斯，孫卿弟子，後爲秦相。秦四世有勝，兵强海內，威行諸侯，非以仁義爲之也，以便從事而已。便其所從之事而已，謂若刦之以埶，隱之以阸，忸之以慶賞，鰌之以刑罰之比。孫卿子曰：非女所知也。女所謂便者，不便之便也。汝以不便人爲便也。吾所謂仁義者，大便之便也。吾以大便人爲便也。彼仁義者，所以脩政者也。政脩則民親其上，樂其君，而輕爲之死。故曰：凡在於軍，將率末事也。荀卿前對趙孝成王有此言語，弟子所知，故引以答之也。○謝本從盧校軍作君。盧文弨曰舊本作凡在於軍今案當是君字先謙案凡在下作一句讀不改軍爲君說自可通盧不當臆改秦四世有勝。諰諰然常恐天下之一合而軋己也。漢書諰作鰓蘇林曰讀如愼而無禮則葸之葸鰓懼貌也先禮反張晏曰軋蹍轢也此所謂末世之兵。未有本統也。本統前行素脩故湯之放桀也。非其逐之鳴條之時也。武王之誅紂也。非以甲子之朝而後勝之也。皆前行素脩也。此所謂仁義之兵也。前行素脩謂前已行之素已脩之行讀如字今女不求之於本。而索之於末。此世之所以亂也。本謂仁義末謂變詐世所以亂亦由不求於本而索於末如李斯之說也

禮者。治辨之極也。强國之本也。威行之道也。功名之總也。辨別也總要也强國謂强其國也○先謙案强國史記作强固正義云固堅固也言國以禮義四方欽仰無有攻伐故爲强而且堅固之本也以禮義導天下天下服而歸之故爲威行之道也以禮義率天下天下咸遵之故爲功名之總總合也聚也王公由之所以得天下也。○盧文弨曰元刻得作一史記禮書韓詩外傳四皆同不由。所以隕

社稷也。○先謙案：史記隕作捐。故堅甲利兵，不足以爲勝；高城深池，不足以爲固；嚴令繁刑，不足以爲威。由其道則行，不由其道則廢。由，用也。道卽禮也。用禮卽行，不用禮雖堅甲嚴刑皆不足恃也。楚人鮫革犀兕以爲甲，鞈如金石；鞈，堅貌。以鮫魚皮及犀兕爲甲，堅如金石之不可入。史記作堅如金石。鞈，古洽反。管子曰：制重罪入以兵甲犀脅二戟，輕罪入蘭盾鞈革二戟。犀兕堅如金石之狀也。○王念孫曰：楊本作鞈如金石，與史記不同，然鞈訓堅貌，諸書未有明文。說文：鞈，防扞也（今本扞譌作汗，據玉篇、廣韻改）。尹注管子小匡篇曰：鞈革，重革，當心著之，可以禦矢。皆不訓爲堅貌。史記而外，韓詩外傳亦作堅如金石，文選三月三日曲水詩序注引荀子正作堅，太平御覽兵部八十七同。鈔本北堂書鈔武功部九引作牢如金石（陳禹謨本改爲堅），此是避隋文帝諱，故改堅爲牢。然則虞所見本正作堅，與楊本異也。兪樾曰：史記禮書作堅如金石，故楊注訓鞈爲堅貌，卽引史記爲證。然鞈之訓堅貌，諸書皆無明文，殆非也。說文鞈有二：其一見革部，爲正篆；其一見鼓部，爲鼛篆之古文。鼛，鼓聲也。故文選上林賦「鏗鎗闛鞈」，李善注曰：鏗鎗，鐘聲也；闛鞈，鼓聲也。此文鞈如金石，當以聲言，不當以貌言，謂扣之而其聲鞈然如金石也。必以鼓聲相況者，鼓是革所爲，上云鮫革犀兕以爲甲，則亦革所爲也，正見其屬辭之密。史記作堅，自與荀子異，不得竝爲一談也宛鉅鐵釶，慘如蠭蠆。宛地名屬南陽徐廣曰大剛曰鉅鉇與鍦同矛也方言云自關而西謂之矛吳揚之間謂之鍦言宛地出此剛鐵爲矛慘如蠭蠆言其中人之慘毒也鍦音啻○盧文弨曰案今方言云矛吳揚江淮南楚五湖之間謂之鍦無自關而西謂之矛七字先謙案史記作宛之鉅鐵施鑽如蠭蠆索隱云鑽謂矛刃及矢鏃也史鉇爲施慘爲鑽故索隱以施屬下讀望文解之例以上下文鞈如金石卒如飄風則荀子本書文義較長輕利僄遬，卒如飄風。言楚人之趫捷也僄亦輕也匹妙反或當爲嫖姚之嫖嫖驍勇也遬與速同然而兵殆於垂沙，唐蔑死。殆謂危亡也垂沙地名未詳所在漢地理志沛郡有垂蔑豈垂沙乎史記楚懷王二十八年秦與齊韓魏共攻楚殺楚將唐昧取我重丘而去昧與蔑同○盧文弨曰垂沙史記作垂涉王念孫曰案垂字古讀若陀說見唐韻正垂沙蓋地名之疊韻者韓詩外傳及淮南兵略篇並作兵殆於垂沙楚策云垂沙之事死者以千數則作垂沙者是莊蹻起，楚分而爲三四。司馬貞史記索隱曰莊蹻楚將言其起爲亂後楚遂分爲四韓子曰楚王欲伐越莊子曰臣患目能見百步而不見其睫王之兵敗於齊晉莊蹻爲盜境內吏不能禁而欲伐越此智之如目也蹻初爲盜後爲楚將○先謙案史記引三四作四參參與三同索隱誤以參字下屬是豈無堅甲利兵也哉？其所以統之者非其道故也。汝潁以爲險。江漢以爲池。限之以鄧林。緣之以方城。鄧林北界鄧地之山林緣繞也方城楚北界山名也然而秦師至。而鄢郢舉。若振槁然。舉謂舉而取之鄢郢楚都振擊也槁枯葉也謂白起伐楚一戰舉鄢郢也是豈無固塞隘阻也哉。其所以統之者。非其道故也。紂剖比干。囚箕子。爲炮烙刑。列女傳曰炮烙爲膏銅柱加之炭上令有罪者行焉輒墮火中紂與妲己大笑烙古責反○盧文弨曰炮烙之刑古書亦作炮格之刑格讀如皮格之格古閣格一也史記索隱鄒誕生音閣此注云烙古責反可證楊時本尚作格也王念孫曰此段氏若膺說也說見鍾山札記昔嘗閱盧校荀子多用段說故盧本前列參訂名氏有金壇段若膺而書中所引段說則唯有禮論篇持虎一條余未見段氏校本無從採錄故但據所見之書略舉一二焉殺戮無時。臣下懔然。莫必其命。懔然悚栗之貌莫自謂必全其命也然而周師至。而令不行乎下。不能用其民。是豈令不嚴刑不繁也哉。其所以統之者。非其道故也。古之兵。戈矛弓矢而已矣。然而敵國不待試而詘。試用也詘服也城郭不辨。辨治也或音辦○郝懿行曰古無辦字荀書多以辨爲辦此注音義兩得之溝池不抇。抇古掘字史記作城郭不集溝池不掘文子曰無伐樹木無鉏墳墓鉏亦音掘或曰拑當作抇篆文抇字與拑字相近遂誤耳○盧文弨曰案甘聲之拑不當爲古掘字注前一說非後一說當作抇是也正論篇大古薄葬故不抇亂今厚葬飾棺故抇也又列子說符篇俄而抇其谷呂覽節喪篇葬淺則狐狸抇之皆作抇字知此拑字誤

固塞不樹○機變不張○固塞謂使邊境險固若今之邊城也樹立也塞先代反機變謂器械變動攻敵也○先謙案說文固四塞也周禮掌固注固國所依阻者也國曰固野曰險此篇固塞與機變對文上與險阻對文彊國篇固塞險形執便固塞與形執對文皆二字平列與富國篇云其塞固者不同楊注未了機變二字平列注云器械變動亦未安

然而國晏然○不畏外而明內者○無它故焉○內當爲固史記作晏然不畏外而固也○王念孫曰此當依史記作不畏外而固今本而下有明字者涉下文明道而衍

明道而分鈞之○盧文弨曰史記外傳俱作均分之王念孫曰均與鈞通亦當依史記外傳乙轉

時使而誠愛之○下之和上也如影嚮○和胡臥反有不由令者○然後誅之以刑○王念孫曰誅之以刑本作俟之以刑此後人不解俟字之義而妄改之也韓詩外傳史記皆作俟之以刑正義訓俟爲待王制篇曰以不善至者待之以刑足與此互相證明矣宥坐篇亦曰躬行不從然後俟之以刑衿

（躬行作郵民辭見宥坐）故刑一人而天下服。罪人不郵其上。知罪之在己也。是故刑罰省而威流。（郵怨也流行也言通流也。先謙案史記郵作尤威流作威行如流）無它故焉。由其道故也。古者帝堯之治天下也。蓋殺一人。刑二人。而天下治。（殺一人謂殛鯀于羽山刑二人謂流共工于幽州放驩兜于崇山。郝懿行曰刑殺皆未聞楊注謬鯀死於殛所非堯殺之殛古書本作極極非殺也上云堯伐驩兜舜伐有苗禹伐共工此等皆不必强解）傳曰。威厲而不試。刑錯而不用。此之謂也。（厲謂抗舉使人畏之。王念孫曰諸書無訓厲為抗舉者余謂厲猛也（宣十二年左傳注厲猛也）（王制篇曰威嚴猛厲）錯置也置設也言威雖猛而不試刑雖設而不用也宥坐篇威厲而不試刑錯而不用義同（楊彼注云厲抗也但抗其威而不用也錯置也）如置物於地不動也亦非錯誤設置之置與史記周本紀刑錯四十餘年之錯不同）

凡人之動也、為賞慶為之。則見害傷焉止。矣。故賞慶刑罰埶詐、不足以盡人之力、致人之死、為、人主上者也、其所以接下之百、姓者。無、禮、義、忠、信、焉、慮、率、用、賞、慶、刑、罰、埶、詐、除、阸、其下、獲其功

用而已矣。焉慮無慮猶言大凡也除謂驅逐阸謂迫蹙若秦劫之以埶隱之以阸狃之以慶賞之類阸或爲險也○王念孫曰此當作其所以接下之人百姓者人百姓衆百姓也今本無人字乃後人不曉古義而妄刪之見前天下之人百姓下說無禮義忠信句焉慮率用賞慶刑罰埶詐除阸其下獲其功用而已矣焉語詞也說見釋詞慮大凡也說見前慮以王命全其德下除阸二字義不相屬楊以除爲驅逐非也除當爲險俗書之誤也俗書險字作険形與除相似險與阸同義馮衍顯志賦悲時俗之險阸是也或作險隘楚辭離騷路幽昧以險隘是也楊注阸或爲險當作除或爲險今作阸者因正文及注內三阸字而誤除與險俗書相近阸與險形聲皆相遠以是明之**大寇則至，使之持危城則必畔，遇敵處戰則必北，**北敗走也北者乖背之名故以敗走爲北也○盧文弨曰大寇則至元刻則字在至字下屬下句王念孫曰大寇則至則者若也與下三則字異義又禮論篇今夫大鳥獸則失亡其羣匹云云則亦若也古或謂若爲則說見釋詞則字下**勞苦煩辱則必犇，**犇與奔同**霍焉離耳，下反制其上。**霍焉猶渙焉也離散之後則上下易位若秦項然○先謙案焉猶然也上文云滑然有離德又云渙焉離耳渙霍滑三字一聲之轉**故賞慶刑罰埶詐之爲道者，傭徒粥賣之道也，不足以合大衆、美國家，故古之人羞而不道也。故厚德**

音以先之。明禮義以道之。致忠信以愛之。尚賢使能以次之。爵服慶賞以申之。時其事。輕其任。事作業任力役以調齊之。長養之。如保赤子。政令以定。風俗以一。有離俗不順其上。則百姓莫不敦惡。莫不毒孽。若祓不祥。敦厚也毒害也孽謂祓孽祓除之也。○盧文弨曰方言諄憎所疾也宋魯凡相惡謂之諄憎此敦當與諄同王念孫曰楊說敦惡禮論篇同又云或曰敦讀爲頓頓困躓也皆非也說文憝怨也廣雅憝惡也康誥罔不憝傳曰人無不惡之者孟子萬章篇引書作譈法言重黎篇楚懺羣策而自屈其力李注懺惡也譈懺敦竝與憝同本篇敦惡與毒孽對文禮論篇之敦惡與喜樂哀痛對文則敦不得訓爲厚亦不得讀爲困頓之頓也盧引方言諄憎所疾也諄郭音之潤反宋魯凡相惡謂之諄憎諄與敦亦聲之轉然後刑於是起矣。是大刑之所加也。辱孰大焉。將以爲利邪。則大刑加焉。身苟不狂惑戇陋。誰睹是而不改也哉。然後百姓曉然皆知脩上之法。○王念孫曰脩當爲循字之誤也隸書循脩二字傳寫往往譌溷說見管子形勢篇說循順也謂順上之法也說文循順行也鄭注尚書中候曰循順君道篇曰百姓莫敢不順上之法象上之志而勸上之事而安樂之矣文略與此同順與循古同聲而通用也大戴禮左右隱今文順爲循莊子天下篇己之大順順或作循書大傳三正若循連環白虎通義引此循作順像上之志，而安樂之。於是有能化善、脩身、正行、積禮義、尊道德。於是像之中更有能自脩德者也百姓莫不貴敬，莫不親譽，然後賞於是起矣。是高爵豐祿之所加也，榮孰大焉？將以爲害邪？則高爵豐祿以持養之。持此以養之也。○王念孫曰：持養二字平列，持亦養也，非持此以養之之謂。臣道篇云「偷合苟容，以持祿養交而已耳」，管子明法篇云「小臣持祿養交」，晏子春秋問篇云「仕者持祿，游者養交」，皆以持祿養交對文。荀子正論篇又以持老養衰對文。故呂氏春秋異用篇「仁人之得飴，以養疾持老也」，高注曰：「持亦養也。」今本持誤作侍又勸學篇云「除其害者以持養之」，榮辱篇云「以相羣居，以相持養」，墨子天志篇云「內有以食飢息勞，持養其萬民」，非命篇云「上以事天鬼，下以持養百姓」，今本持誤作侍呂氏春秋長見篇云「申侯伯善持養吾意」，亦皆以持養對文。生民之屬，孰不願也？雕雕焉縣貴爵重賞於其前，雕雕，章明之貌。○盧文弨曰：雕雕猶昭昭也。縣明刑大辱於其後，雖欲無化，能乎哉？故民歸之如流水，所存者神，所爲者化。存，至也。言所至之處，畏之如神；凡所施爲，民皆從化也。而順。盧文弨曰此上有脫文下云爲之化而愿爲之化而公知此句亦當是爲之化而順其上脫六字或若干字不可知矣王念孫曰汪氏中云而順上疑脫九字此句與下三句一類句末當是爲之化而順因上有化字遂相承脫夫耳覲柄申盧用汪說而小變其文俞樾曰此句與下二句本一律多一順字則不詞矣而順當作順而順而猶從而也順而暴悍勇力之屬爲之化而愿旁辟曲私之屬爲之化而公矜糾收繚之屬爲之化而調皆承上文所存者神所爲者化而言性惡篇曰順是故爭奪生而辭讓亡焉順是故殘賊生而忠信亡焉順是故淫亂生而禮義文理亡焉諸順字並與此同猶言順是而暴悍勇力之屬皆爲之化焉因順而譌爲而順文義遂不可通或乃疑其有闕文矣先謙案化而二字衍此文本作所存者神所爲者順文義甚明後人因孟子所存者神所過者化二語妄於者下加化字傳寫者緣下文三化而句例復於化下加而字本文遂不可通矣

暴悍勇力之屬。爲之化而愿。順從也謂好從暴悍勇力之人皆化而愿愨也

旁辟曲私之屬。爲之化而公。旁偏頗也辟讀爲僻。先謙案旁辟猶便辟旁便雙聲字

矜糾收繚之屬。爲之化而調。矜謂夸汏糾謂好發摘人過者也收謂掠美者也繚謂繚繞言委曲也四者皆鄙陋之人今被化則調和也。郝懿行曰收者拘也繚者繞也此謂矜嚴糾察拘牽繳繞之屬皆化而調和也注說收繚

非是王念孫曰案廣雅矜急也一切經音義卷二十三引廣雅曰糾急也齊語注曰糾收也糾收並從丩聲而義亦相同說文糾繩三合也今人猶謂糾繩爲收繩楚辭九章注曰糾戾也繚謂繚戾也鄉飲酒禮注曰繚猶紾也孟子告子篇注曰紾戾也矜糾收繚皆急戾之意故與調和相反暴悍勇力與愿相反旁辟曲私與公相反矜糾收繚與調相反楊說皆失之

夫是之謂大化至一。大化者皆化也至一極一也

詩曰。王猶允塞。徐方既來。此之謂也。謝本從盧校作王猷允塞徐方其來盧文弨曰詩大雅常武之篇當本有注脫之耳宋本作王猶允塞徐方既來與今詩同今從元刻君道篇亦作猷字王念孫曰案謀猶字詩皆作猶說文有猶無猷作猷者俗以猶爲猶若字猷爲謀猷字非也君道篇作猷者亦隸變耳宋錢作猶本徐方既來呂錢本竝如是與今詩同且君道篇正作徐方既來不作其來也元刻不可從此處楊氏無注者注已見於君道篇也今本君道篇注文全脫盧云注脫亦非先謙案王說是今改從宋本

凡兼人者有三術。有以德兼人者。有以力兼人者。有以富兼人者。彼貴我名聲。美我德行。欲爲我民。故辟門。除涂。以迎吾入。辟與闢同開也除涂治其道涂也因其民。襲其處。而百姓皆安。因其民之愛悅襲取其處皆安言不

驚擾也○先謙案襲亦因也楊云襲取其處非立法施令。莫不順比。比親附也施令則民親比之是故得地而權彌重，兼人而兵兪強。是以德兼人者也。兪讀爲愈下同非貴我名聲也。非美我德行也。彼畏我威，劫我埶。爲我埶所劫也故民雖有離心。不敢有畔慮。若是則戎甲兪衆。奉養必費。奉養戎甲必煩費也是故得地而權彌輕。兼人而兵兪弱。是以力兼人者也。非貴我名聲也。非美我德行也。用貧求富。用飢求飽。虛腹張口來歸我食。若是。則必發夫掌窌之粟以食之。地臧曰窌掌窌主倉稟之官窌匹孝反○王引之曰掌當爲稟稟古廩字也榮辱篇有囷窌楊彼注云圜曰囷方曰廩彼言囷窌猶此言稟窌稟窌皆所以藏粟故云發稟窌之粟以食之若云發掌窌之粟則義不可通隸書掌或作掌與稟略相似故諸書稟字或譌爲掌說見管子輕重甲篇一掌下委之財貨以富之。立良有司以接之。立溫良之有司以慰接之懼其畔去也已朞三年。然後民可信也。已過也過一朞之後至於三年然後新歸之民可信本非慕化故也○王引之曰朞者周也謂已周三年也楊注非俞樾曰楊注迂曲荀子書多用綦字作窮極之義此朞字葢亦綦字之誤已綦三年猶云已極三年也宥坐篇綦三年而百姓往矣可證此文之誤正論篇期臭味注曰期當爲綦得之矣先謙案俞說是

是故得地而權彌輕兼人而國俞貧是以富兼人者也故曰以德兼人者王以力兼人者弱以富兼人者貧古今一也

兼幷易能也唯堅凝之難焉凝定也堅固定有地爲難○盧文弨曰舊本不提行今案當分段齊能幷宋而不能凝也故魏奪之燕能幷齊而不能凝也故田單奪之韓之上地方數百里完全富足而趨趙趙不能凝也故秦奪之上地上黨之地完全言城邑也富足言府庫也趨歸也七朱反史記秦攻上黨韓不能救其守馮亭以上黨降趙趙使馬服子將兵距秦秦使白起大破馬服於長平坑四十餘萬而奪其地殺戮蕩盡○盧文弨曰注蕩疑作殆故能幷之而不能凝則必奪不能幷之又不能凝其有則必亡能凝之則必能幷之矣得之則凝兼幷無強得其地則能定之則無有強而不可兼幷者也

歸於安民以修兵要

古者湯以薄。武王以滈。薄與亳同　滈與鎬同皆百里之地也。天下為一。諸侯為臣。無它故焉。能凝之也。故凝士以禮。凝民以政。禮脩而士服。政平而民安。士服民安。夫是之謂大凝。以守則固。以征則彊。令行禁止。王者之事畢矣。

荀子卷弟十

可以喻學

荀子卷第十一

唐登仕郎守大理評事楊倞注

臣王先謙集解

彊國篇第十六

刑范正，刑與形同范法也刑范鑄劍規模之器也。郝懿行曰刑與型同范與範同皆鑄作器物之法也楊注非金錫美，工冶巧，火齊得，火齊得謂生孰齊和得宜考工記云金有六齊齊才細反剖刑而莫邪已，剖開也莫邪古之良劍然而不剝脫，不砥厲，則不可以斷繩，剝脫謂刮去其生澀砥厲謂磨淬也剝脫之，砥厲之，則劙盤盂，刎牛馬，忽然耳。劙割也音戾劙盤盂刎牛馬益古用試劍者也戰國策趙奢謂田單曰吴干將之劍肉試則斷牛馬金試則截盤盂盤盂皆銅器猶劙鍾無聲及斬牛馬者也忽然言易也。盧文弨曰劙宋本作劙元刻作劙皆訛今改正如彼國者亦彊國之剖刑已。彊國之初開刑也然而不教誨，不調一，則入不可以守，出不可以戰；教誨之。謂一之。則兵勁城固。敵國不敢嬰也。彼國者亦有砥厲。禮義節奏是也。節奏有法度也○先謙案節奏包法度在內不能訓節奏爲有法度說見富國篇故人之命在天。國之命在禮。人君者隆禮尊賢而王。重法愛民而霸。好利多詐而危。權謀傾覆幽險而亡。幽深傾險使下難知則亡也○盧文弨曰正文及注亡字上元刻並有盡字宋本無

威有三。有道德之威者。有暴察之威者。有狂妄之威者。暴察謂暴急嚴察也此三威者。不可不孰察也。禮樂則脩。分義則明。分謂上下有分義謂各得其宜舉錯則時。愛利則形。形見也愛利人之心見於外也○郝懿行曰形韓詩外傳六作刑刑者法也愛人利人皆有法不爲私恩小惠注云形見非是如是。百姓貴之如帝。高之如天。帝天神也親之如父母。畏之如神明。故賞不用而民勸。罰不用而威行。夫是之謂道德之威。禮樂則不脩。分義則不明。舉錯則不時。愛利則

不形。然而其禁暴也察其誅不服也審其刑罰重而信。其誅殺猛而必。申商之比 黭然而雷擊之。如牆厭之。黭然卒至之貌說文云黭黑色猶闇然黭烏感反厭讀爲壓○郝懿行曰黭與奄同奄然猝作之貌而與如古通用奄然如雷擊之如牆壓之皆言暴察之威所劫韓詩外傳六黭作闇而作如劉台拱曰韓詩外傳作如雷擊之此而字義亦作如王念孫曰古書多以而如互用而其義則皆爲如小雅都人士篇彼都人士垂帶而厲彼君子女卷髮如蠆大戴記衛將軍文子篇滿而不滿實如虛見善如不及孟子離婁篇文王視民如傷望道而未之見皆其證 如是百姓劫則致畏。見劫脅之時則畏也○盧文弨曰正文致字據宋本補韓詩外傳六亦同 嬴則敖上。稍嬴緩之則敖謾嬴音盈○盧文弨曰俗本上字在下句首今從宋本移正外傳亦同郝懿行曰嬴猶盈也此言百姓被威劫脅則氣怯而致畏放縱寬舒則氣盈而敖上嬴與贏同嬴有餘也有餘即弛緩故注訓嬴爲緩 執拘則最。得閒則散。最聚也閒隙也公羊傳曰會猶最也何休曰最聚也○郝懿行曰最依字書應作冣冣音才句切即古聚之假借字也俗作最非韓詩外傳六作聚聚是矣王引之曰說文冣積也徐鍇云古以聚物之聚爲冣冣與最字相似世人多見最少見冣故書傳中冣字皆譌作最韓詩外傳作執拘則聚即冣字也隱元年公羊傳及何注皆本作取今譌作最楊既覩辯見經義述聞敵中則奪。敵人得中道則奪其國一曰中擊也丁仲反○俞樾曰此以民情言不以敵國言楊注非是敵當讀爲適古字通用論語里仁篇無適也釋文曰鄭本作敵禮記玉藻篇敵者不在釋文曰敵本作適並其證也上文言劫則致畏嬴則敖上執拘則最得閒則散並就其一偏者而言之此云敵中謂適乎其中也既不用道德之威而用暴察之威適乎其中則反失其所以爲暴察矣故曰適中則奪下文曰非劫之以形埶非振之以誅殺則無以有其下正承此文而言足見楊注之非非劫之以形埶。非振之以誅殺。則無以有其下。振動夫是之謂暴察之威。無愛人之心。無利人之事。而日爲亂人之道。百姓讙敖。則從而執縛之。刑灼之。不和人心。讙喧譁也敖喧噪也亦讀爲噭謂叫呼之聲噭噭然也五刀反如是下比周賁潰以離上矣。賁讀爲憤憤然也民逃其上曰潰○郝懿行曰賁與奔古字通賁潰謂奔走潰散而去也賁韓詩外傳六作憤此作賁二義俱通似不必依彼讀憤也傾覆滅亡。可立而待也。夫是之謂狂妄之威。此三威者不可不孰察也。道德之威。成乎安彊。暴察之威。成乎危弱。狂妄之威成平滅亡也。

公孫子曰：子發將西伐蔡，克蔡，獲蔡侯，公孫子，齊相也，未知其名。後語孟嘗君客有公孫成，豈後爲齊相乎？或曰公孫名忌。子發，楚令尹，未知其姓。戰國策莊辛諫楚襄王曰：蔡聖侯南遊乎高陂，北陵乎巫山，左枕幼妾，右擁嬖女，馳騁乎高蔡之間，而不以國家爲事，不知夫子發方受命乎宣王，繫以朱絲而見之。史記蔡侯齊爲楚惠王所滅，莊辛云宣王，與史記不同。○盧文弨曰：案楚策，左枕作左抱。蔡無聖侯，吳師道謂當作靈侯，或者古通稱歟？鮑彪云：昭十一年楚子誘蔡侯般，殺之於申，經傳不書子發，蓋使子發召之。楚子，靈王，王若宣王，蔡滅入十年矣。淮南道應訓子發伐蔡，踰之宣王郊迎，人間訓又言獲罪威王者，皆失考也。今案鮑、吳之說以爲楚靈王，然誘之與伐其事不同，闕疑可也。王念孫曰：蔡在楚北，非在楚西，不得言西伐蔡。將子匠反。西當爲而，言子發將兵而伐蔡也。歸致命曰：蔡侯奉其社稷而歸之楚，歸致命于君，言蔡侯自奉其社稷歸楚，非己之功也。舍屬二三子而治其地。子舍，發名。屬，請也。之欲反二三子，楚之諸臣也。理其地，謂安輯其民也。子發不欲獨擅其功，故請諸臣理其地也。○王念孫曰：古無訓屬爲請者。屬，會也。見孟子梁惠王篇注、左傳襄三年注、齊語注、晉語注。言會諸臣以治之。先謙案：正文宋台州本、謝本作治，浙局本依注改理，非。注

此段可作家訓　光

自避唐諱既楚發其賞。既謂論功之後發行也子發辭曰：發誡布令而敵退，是主威也。徙舉相攻而敵退，是將威也。合戰用力而敵退，是衆威也。誡教也凡發誡布令而敵退則是畏其主徙舉相攻而敵退則是畏其將合戰用力而敵退則是畏其衆也臣舍不宜以衆威受賞。是時合戰用力而滅蔡故曰衆威此已上公孫子美子發之辭也已下荀卿之辭也譏之曰：子發之致命也恭，其辭賞也固。固陋也其致命難其辭賞則固陋非坦明之道也夫尚賢使能，賞有功，罰有罪，非獨一人爲之也，自古皆然彼先王之道也，一人之本也，善善惡惡之應也，彼彼賞罰也言彼賞罰者乃先王之道齊一人之本善善惡惡之報應也治必由之，古今一也。爲治必用賞罰古者明王之舉大事，立大功也，大事已博，大功已立，則君享其成，羣臣享其功，享獻也謂受其獻也士大夫益爵，官人益秩，庶人益祿。爵謂若秦庶長不更之屬官人羣吏也庶人士卒也秩祿皆謂廩食也是以爲善者勸，爲不善者沮，上下一心，三軍同力，是以百事成而功名大也。今子發獨不然。反先王之道。亂楚國之法。墮興功之臣。恥受賞之屬。人皆受賞子發獨辭是使興功之臣墮廢其志受賞之屬慚恥於心無僇乎族黨。而抑卑其後世。夫先祖有寵錫則子孫揚其功族黨遭刑戮則後世蒙其恥今子發自謂無功則子孫無以稱揚雖無刑戮之恥而後世亦抑損卑下無以光榮也○盧文弨曰正文卑其宋本作卑乎案。獨。以爲私廉。豈不過甚矣哉。故曰子發之致命也恭。其辭賞也固。

荀卿子說齊相曰。○盧文弨曰此七字元刻無從宋本補顧千里曰宋錢佃本卷末云監本有七字宋呂夏卿本有疑楊注所見與監本不同或不止少七字亦王伯厚所說監本未必是之類也處勝人之埶。行勝人之道。天下莫忿。湯武是也。處勝人之埶。不以勝人之道。以用厚於有天下之埶。索爲匹夫不可得也。桀紂是也。然則得勝人之埶者。其不如勝人之道遠矣。夫主相者。勝人以埶也。是爲是。非爲非。能爲能。不能爲不能。併己之私欲。必以道。夫公道通義之可以相兼容者。是勝人之道也。倂讀曰屏，棄也。屏棄私欲，遵達公義也。今相國上則得專主，下則得專國，相國之於勝人之埶，亶有之矣。亶讀爲擅，本亦或作擅。或曰亶，誠也。○王念孫曰：或說是也。本或作擅者，借字耳。然則胡不敺此勝人之埶，赴勝人之道，敺謂駕馭之也。或作驅，歌此勝人之執，誤也。求仁厚明通之君子而託王焉。求賢而託之以王，使輔佐也。與之參國政，正是非。如是，則國孰敢不爲義矣。國內皆化之也。君臣上下，貴賤長少，至於庶人，莫不爲義，則天下孰不欲合義矣。天下皆來歸義也。賢士願相國之朝，能士願相國之官，好利之民莫不願以齊爲歸，是一天下也。相國舍是而不爲，案直爲是世俗之所以爲，不爲勝人之道，但爲勝人之埶。○先謙案：以字疑衍。則女主亂之宮，詐臣亂之朝，貪吏亂之官，衆庶百姓皆以貪利爭奪爲俗，曷若是而可以持國乎。今巨楚縣吾前，楚在齊南，故曰前。縣，繫之也。大燕鰌吾後，燕在齊北故曰後鰌蹴也藉也如蹴踏於後莊子風謂蛇曰鰌我必勝我本亦作蹴吾後也 勁魏鉤吾右。西壤之不絕若繩。魏在齊西故曰右鉤謂如鉤取物也西壤齊西界之地若繩言細也 楚人則乃有襄賁開陽以臨吾左。襄賁開陽楚二邑在齊之東者也漢書地理志二縣皆屬東海郡賁音肥。俞樾曰乃疑又字之誤上已云巨楚縣吾前故此云楚人則又有襄賁開陽以臨吾左 是一國作謀。則三國必起而乘我。一國謀齊則三國乘其敝。俞樾曰三國乃二國之誤上文止有楚燕魏三國若依此文則是四國矣故知其誤也先謙案言一國作謀則三國共起乘我三非二之誤 如是則齊必斷而為四。三國分齊則斷為四謂楚取其二魏燕各取其一也 三國若假城然耳。言齊如三國之寄城耳不久當歸之也。俞樾曰楚雖當齊之二面要是一國不當分為二楊注非也四字疑衍文當云齊必斷而為三其下句則云國若假城耳言齊之國若假人之城不久當歸之也古四字作亖與三字混疑三譌為亖後人校正作三傳寫者遂並存四三兩字楊氏不能是正以四字屬上讀三字屬下讀而兩句俱不可通矣先謙案議兵篇云兵殆於垂沙唐蔑死莊蹻起楚分而為三四史記禮書引作四參參三同也勸學篇云君子博學而日參省乎己羣書治要作三省是參三同字之證據此荀子本書必有作四三者三四四三總謂國之分裂不為定數此文亦言

齊必斷而爲四三與議兵篇楚分而爲四三同意國若假城然耳自爲一句楊注失其讀俞氏又欲滅字以成其義皆非也

必爲天下大笑。曷若。天下必笑其無謀滅亡問以爲何如也。王念孫曰曷若二字與上下文義不相屬此涉上文曷若是而衍兩者二字指上文勝人之道與勝人之埶而言則不當有曷若二字明矣楊云問以爲何如也此望文生義而曲爲之說 **兩者孰足爲也。**兩者勝人之道與勝人之埶一則天下歸一則天下笑問何者可爲也

夫桀紂聖王之後子孫也。有天下者之世也。世謂繼也**埶籍之所存。天下之宗室也。**埶謂國籍之所在也。王念孫曰案楊注本作埶位圖籍之所在也禮運在埶者去鄭注埶埶位也是埶與位同義儒效篇履天子之籍楊彼注曰籍謂天下之圖籍也故此注亦曰埶位圖籍之所在今本位作謂圖作國則義不可通又案楊以籍爲圖籍非也籍亦位也儒效篇曰周公履天子之籍又曰反籍於成王是籍與位同義非謂圖籍也正論篇曰聖王之子也有天下之後也埶籍之所在也天下之宗室也文義並與此同盧云埶籍謂埶力憑恃籍也亦非[illegible]先謙案王室爲天下所宗故云宗室 **土地之大。封內千里。人之衆數以億萬。**其數億萬 **俄而天下倜然舉去桀紂而犇湯武。**倜然高舉之貌舉皆也犇與奔同 **反、然、舉惡桀紂而貴湯武。**反音翻翻然改變貌惡烏路反

是何也夫桀紂何失而湯武何得也假設問答曰是無它故焉桀紂者善爲人所惡也而湯武者善爲人所好也人之所惡何也曰汙漫爭奪貪利是也汙漫謂穢汙不脩潔也或曰漫謂欺誑也汙烏路反漫莫但反人之所好者何也曰禮義辭讓忠信是也今君人者辟稱比方則欲自竝乎湯武辟讀爲譬稱尺證反若其所以統之則無以異於桀紂而求有湯武之功名可乎統制治也故凡得勝者必與人也凡得人者必與道也道也者何也曰禮讓忠信是也故自四五萬而往者彊勝非衆之力也隆在信矣而往猶已上也言有兵四五萬已上者若能崇信則足以自致彊勝不必更待與國之衆也若不崇信雖有與國之衆猶無益故曰非衆之力也自數百里而往者安固非大之力也隆在脩政矣有數百里之地脩政則安固不必更在廣也荀卿嘗言湯武以百里之地王天下今言此者若言常人之理非論聖人也○王念孫曰政非政事之政脩政卽脩正也古字政與正通以言必自脩自正然後國家可得而安也

富國篇曰必先脩正其在我者王霸篇曰內不脩正其所以有皆其證信郎上所謂忠信對下陶誕比周而言脩正郎上所謂禮義對下汙漫突盜而言荀子書多言脩正作政者借字耳非脩政事之謂也楊說脩政二字未了先謙案王說是儒效篇平正和民之善平正郎平政王霸篇立隆政本朝而當隆政郎隆正與此一例 今已有數萬之衆者也陶誕比周以爭與。陶當爲檮杌之檮或曰當爲逃謂逃匿其情與謂黨與之國也。先謙案陶誕義具榮辱篇 已有數百里之國者也。汙漫突盜以爭地。突謂相凌犯也 然則是弃己之所安彊。而爭己之所以危弱也。損己之所不足。以重己之所有餘。損減也重多也不足謂信與政有餘謂衆與地也 若是其悖繆也。而求有湯武之功名可乎。辟之是猶伏而咶天。救經而引其足也。咶與舐同經縊也救縊而引其足縊愈急也。先謙案二語與仲尼篇同 說必不行矣。愈務而愈遠。爲人臣者不恤己行之不行。上行下孟反下行如字 苟得利而已矣。是渠衝入穴而求利也。渠大也渠衝攻城之大車也詩曰臨衝閑閑韓子曰奏百䊮首射侯不當彊弩趨發平城距衝不若堙內伏槖或作距衛蓋言可以距石矣○盧文弨曰案所引韓子見八說篇云登降周旋不逮日中奏百貍首射侯不當强弩趨發平城距衝不若堙穴伏櫜所云日中奏百即荀卿議兵篇所謂魏之武卒日中而趨百里是也奏百自屬上文不當連引內穴古多通用櫜櫜互異疑此櫜字是與韻協若不用韻則疑是櫜字與鞴同吹火韋囊也管子揆度篇有此字

是仁人之所羞而不爲也屈大就小務於苟得故羞而不爲也**故人莫貴乎生莫樂乎安所以養生安樂者莫大乎禮義**○王念孫曰案安樂當爲樂安養生樂安與貴生樂安並承上莫貴乎生莫樂乎安而言今本樂安二字倒轉則與上下文不合**人知貴生樂安而弃禮義辟之是猶欲壽而歾頸也**歾當爲刎○王念孫曰案說文歾或作殁呂氏春秋高義篇石渚殁頭乎王庭殁頭即刎頭也歾刎皆從勿聲故歾又讀爲刎史記循吏傳石奢[illegible]渚自刎而死索隱刎音亡粉反[illegible]是歾字兼有歾刎二讀無煩改歾爲刎也**愚莫大焉故君人者愛民而安好士而榮兩者無一焉而亡詩曰价人維藩大師維垣此之謂也**詩大雅版之篇義已解上○盧文弨曰案今詩作板爾雅釋訓作版二字古通用也章懷注後漢書董卓傳論李善注劉孝標辨命

孫鏘曰兩語隱俏

孫鏘曰本是反秦之論卻秦之謂也句格亦奇

孫鏘曰兩大扇也有調法亦以錯綜妙

孫鏘曰發意亦新

錢楷曰古句層出

論引詩皆作上帝版版先謙案虞王本作介人

力術止，義術行，曷謂也？曰：秦之謂也。力術彊兵之術義術仁義之術止謂不能進取霸王也言用力術則止用義術則行發此論以謂秦也新序李斯問孫卿曰當今之時爲秦奈何孫卿曰力術止義術行秦之謂也○盧文弨曰此所引新序今本脫郝懿行曰彊力之術雖進終止杖義之術無往不行依注引新序此荅李斯之問爲秦發也

威彊乎湯武，廣大乎舜禹，然而憂患不可勝校也，校計諰諰然諰思里反常恐天下之一合而軋己也，此所謂力術止也。曷謂乎威彊乎湯武？○先謙案以下文例之此處當有曰字而今脫之湯武也者，乃能使說己者使耳。說音悅○兪樾曰下使字當訓從爾雅釋詁使從也今楚，父死焉，國舉焉，負三王之廟而辟於陳蔡之閒，此楚頃襄王之時也父謂懷王爲秦所虜而死也至二十一年秦將白起遂拔我郢燒先王墓於夷陵襄王兵散遂不復戰東北保陳城辟音避也辟如字謂自辟遠也或曰讀爲避視可司閒，案欲剡其脛而以蹈秦之腹。視可謂觀其可伐也剡亦斬也○盧文弨曰元刻伐也下有司音伺閒隙也六

字宋本無王念孫曰斬歷以蹈秦之腹義不可通玉藻弁行剡剡起屨鄭注弁急也是剡剡爲起屨之貌然則剡其脛以蹈秦之腹亦謂起其脛以蹈秦之腹也漢書賈誼傳剡手以衝仇人之匈義與此同顏注剡利也然而秦使左案左使右案右是乃使讎人役也秦能使讎人爲之徒役謂楚襄王七年迎婦於秦城十五年與秦伐燕二十七年復與秦平而入太子質之類也○先謙案言秦之役楚使左則左使右則右此文二案字以代則字此所謂威彊乎湯武也曷謂廣大乎舜禹也曰古者百王之一天下臣諸侯也未有過封內千里者也封畿之內今秦南乃有沙羨與俱是乃江南也漢書地理志沙羨縣屬江夏郡此地俱屬秦是有江南也○盧文弨曰羨音夷先謙案沙羨城在今武昌府江夏縣西南北與胡貉爲鄰西有巴戎巴在西南戎在西皆隸屬秦東在楚者乃界於齊謂東侵土地所得者乃與齊爲界也在韓者踰常山乃有臨慮漢書地理志臨慮縣名屬河內今屬相州也○盧文弨曰慮音廬先謙案地理志作隆慮避後漢殤帝諱改林慮故城卽今彰德府林縣治林慮以山氏縣卽臨慮矣在魏者乃據圉津卽去大梁百有二十里耳圉當爲圉漢書

[illegible]
賈生治安策祖此
黄歇行文擬此

曹參下修武度圍津顔師古曰在東郡豈古名圍津轉寫爲圍或作韋津今有韋城豈是邪史記朱忌謂魏安釐王曰秦固有懷茅邢丘城垝津以臨河内河内共汲必危垝圍聲相近疑同垝居委反其在趙者剡然有苓而據松柏之塞。剡然僨鬭之貌苓地名未詳所在或曰苓與靈同漢書地理志常山郡有靈壽縣今屬眞定或曰苓當爲卷案卷縣屬河南非趙地也松柏之塞蓋趙樹松柏與秦爲界今秦據有之負西海而固常山。負背也常山本趙山秦今有之言秦背西海東向以常山爲固也是地徧天下也。威動海内。彊殆中國。秦之彊能危殆中國殆或爲治○謙案治是殆之誤字說見議兵篇○先然而憂患不可勝校也。諰諰然常恐天下之一合而軋己也。○盧文弨曰宋本無然字元刻有與前同此所謂廣大乎舜禹也。○盧文弨曰此句或疑當在彊殆中國句下王念孫曰案此汪氏中說也汪直移此句於上文彊殆中國下是也俞樾曰案上文威彊乎湯武廣大乎舜禹相對爲文是於湯武言威彊舜禹言廣大若威動海内彊殆中國下接此所所謂廣大乎舜禹也則文義錯雜矣汪說非也此所謂句當移在是地徧天下也句下試以上文例之上文曰是乃使讐人役也此所謂威彊乎湯武也此文曰是地徧天下也此所謂廣大乎舜禹也文法正相準威動海内彊殆中國二句

錢檟曰舊注於塞外三字疑衍文看來正不必衍塞外明堂盡見今行於遠與秦不出句相應

孫鏘曰掉尾斷語收大有力

孫鏘語亦近踈

又承威彊乎湯武句以起下文言威彊不言廣大者舉一以包其一耳 然則奈何。曰。節威。反文。節減威彊復用文理 案用夫端誠信全之君子治天下焉。全謂德全 因與之參國政。正是非。治曲直。聽咸陽。使聽咸陽之政 順者錯之。不順者而後誅之。錯置也謂捨而不伐 若是。則兵不復出於塞外而令行於天下矣。若是則雖爲之築明堂於塞外而朝諸侯。殆可矣。明堂天子布政之宮於塞外三字衍也以前有兵不復出於塞外故誤重寫此三字耳殆庶幾也秦若使賢人爲政雖築明堂朝諸侯庶幾可矣或曰塞外境外也明堂壇也謂巡狩至方岳之下會諸侯爲宮方三百步四門壇十有二尋深四尺加方明於其上左氏傳爲王宮於踐土亦其類也或曰築明堂於塞外謂使他國爲秦築帝宮也戰國築韓王謂張儀曰請比秦郡縣築帝宮祠春秋稱東藩是也○王念孫曰楊前說是也後説皆非 假今之世。益地不如益信之務也。

應侯問孫卿子曰。入秦何見。應侯秦相范雎封於應也杜元凱云應國在襄陽城父縣西南也○盧文弨曰案杜注無南字 孫卿子曰。其固塞險。形埶便。山林川谷美。謂多良材及溉

美秦過甚不足憑

錢穀曰古之民以下凡四小段鋪張秦所并兼天下過于豪誇

茅坤曰此論卻把秦之功利狙詐之習卻狙詐之

灌之利也天材之利多所出物產多也是形勝也形地形便而物產多所以為勝故曰如高屋之上而建瓴水也入境觀其風俗其百姓樸其聲樂不流汙流邪淫也汙濁也不流汙言清雅也其服不挑挑偷也不為奇異之服詩序曰長民者衣服不貳從容有常以齊其民則民德歸壹也○盧文弨曰案周語郤至佻天說文引作挑天是挑與佻同甚畏有司而順古之民也及都邑官府其百吏肅然莫不恭儉敦敬忠信而不楛古之吏也楛音苦濫惡也或曰讀為王事靡盬之盬盬不堅固也入其國觀其士大夫出於其門入於公門出於公門歸於其家無有私事也不比周不朋黨倜然莫不明通而公也古之士大夫也倜然高遠貌觀其朝廷其閒聽決百事不留恬然如無治者古之朝也其閒朝退也古莧反恬然安閑貌如無治者如都無聽治處也故四世有勝非幸也數也是所見也故曰佚而治約而詳不煩而功治之至也秦類之矣雖佚而治雖約而詳雖不煩而有功古之至治有如此者

今秦似之雖然則有其諰矣。諰懼○盧文弨曰正文元刻作則甚有其諰也兼是數具者而盡有之，然而縣之以王者之功名，則倜倜然其不及遠矣。縣音懸謂聯繫○先謙案楊訓縣爲聯繫非也縣猶衡也謂衡之以王者之功名則不及也荀書或言縣衡或單言縣單言衡其義竝同王霸篇云禮之所以正國也譬猶衡之於輕重也君道篇云輕不得以縣重是縣猶衡也君道篇又云衡石稱縣者所以爲平也禮論篇云衡誠縣矣則不可欺以輕重正名篇云衡不正則重縣於仰而人以爲輕輕縣於俛而人以爲重解蔽篇云聖人兼陳萬物而中縣衡焉是以眾異不得相蔽皆縣衡連言王制篇云名聲未足以縣天下也王霸篇云以是縣天下一四海正論篇云聖人備道全美是縣天下之權稱也又云聖王沒有埶籍者罷不足以縣天下所謂縣天下者王者在上能爲天下持平如縣衡然荀書明言縣天下之權稱是縣天下卽謂縣衡天下楊訓縣爲繫亦非也漢書鄒陽傳臣聞秦倚曲臺之宮縣衡天下正用荀書縣天下義是何也？則其殆無儒邪！故曰粹而王，粹謂全用儒道駮而霸，無一焉而亡。此亦秦之所短也。

積微，月不勝日，時不勝月，歲不勝時。積微細之事月不如日言常須日日留心於庶事不

（可怠忽也）凡人好敖慢小事，大事至然後興之務之，如是則常不勝夫敦比於小事者矣。（敦比精審躬親之謂。○郝懿行曰敦讀如堆敦比者敦迫比近叢集於前也注似未了先謙案敦比治也義具榮辱篇）是何也？則小事之至也數，其縣日也博，其為積也大。（數音朔博謂所縣繫時日多也大謂積小以成大若蟻蛭然也）大事之至也希，其縣日也淺，其為積也小。（時日既淺則所積亦少也）故善日者王，善時者霸，補漏者危，大荒者亡。（善謂愛惜不怠棄也補漏謂不能積功累業至於敝漏然後補之大荒謂都荒廢不治也）故王者敬日，（敬謂不敢慢也故曰吉人為善惟日不足）霸者敬時，（動作皆不失時或日時變則懼治之不立也）僅存之國危而後慼之，（慼憂）亡國至亡而後知亡，至死而後知死，亡國之禍敗不可勝悔也。（所悔之事不可勝舉言多甚也）霸者之善箸焉，可以時託也。（霸者其善明箸以其所託不失時也。○俞樾曰託乃記字之譌言霸者之善所以明著者以其可以時記也下文云王者之功名不可勝日志也正王者敬日霸者敬時之意記志義同記譌作託則時託與日志不倫矣）王者之功名不可勝，日志也。日記識其政事，故能功名不可勝數。○王念孫曰：玩楊注，則正文不可勝下當有數字。俞樾曰：日志也上亦當有可以二字，與可以時記也一例。財物貨寶以大爲重，政教功名反是，能積微者速成。詩曰：德輶如毛，民鮮克舉之。此之謂也。詩大雅烝民之篇。輶，輕也。引之以明積微至箸之功。

凡姦人之所以起者，以上之不貴義、不敬義也。上行下效。夫義者，所以限禁人之爲惡與姦者也。今上不貴義、不敬義，如是，則下之人百姓皆有棄義之志，而有趨姦之心矣，此姦人之所以起也。且上者，下之師也。夫下之和上，譬之猶響之應聲、影之像形也。故爲人上者，不可不順也。不可不順義。或曰當爲愼。夫義者，內節於人，而外節於萬物者也。節卽謂限禁也。○俞樾曰：節猶適也。呂氏春秋重己篇「故聖人必先適欲」，高注曰：「適猶節也。」然則節亦猶適矣。管子禁藏篇「故聖人之制事也，能節宮室、適車輿以實藏」，是節與適同義。下文曰「上安於主而下調於民者也」，

錢穀曰借喻 新證

訓節爲適則與調安相近楊注非是上安於主而下調於民者也得其節則上安而下調也內外上下節者義之情也義之情皆在得其節然則凡爲天下之要義爲本而信次之古者禹湯本義務信而天下治桀紂棄義倍信而天下亂故爲人上者必將愼禮義務忠信然後可此君人者之大本也愼或爲順

堂上不糞則郊草不瞻曠芸曠空也空謂無草也芸謂有草可芸鋤也堂上猶未糞除則不暇瞻視郊野之草有無也言近者未理不暇及遠魯連子謂田巴曰堂上不糞者郊草不芸也○郝懿行曰糞者坌之假借糞變作拚少儀曰埽席前曰拚經典俱通作糞王念孫曰此言事當先其所急後其所緩故堂上不糞除則不暇芸野草也芸上不當有瞻曠二字不知何處脫文闌入此句中也據楊注引魯連子堂上不糞者郊草不芸也無瞻曠二字卽其證楊注又曰堂上猶未糞除則不暇瞻視郊野之草有無也此則不得其解而曲爲之說

白刃扞乎胷則目不見流矢扞蔽也扞蔽於胷謂見斬刺也懼白刃之甚不暇憂流矢也○王念孫曰案扞蔽非斬刺之義楊說非也扞之言干也干

孫鏘曰起六切
王納諫曰深得天人相與之旨

犯也謂白刃犯胷則不暇顧流矢也史記游俠傳扞當世之文罔謂犯法也漢書董仲舒傳抵冒殊扞文穎曰扞突也突亦犯也

拔戟加乎首則十指不辭斷言不惜十指而救首也拔或作校或作枝○郝懿行曰拔讀如少儀毋拔來之拔鄭注拔疾也釋文拔王本作校然則此注拔或作校亦可注又云或作枝則非古無枝戟之名

非不以此為務也疾養緩急之有相先者也疾痛也養與癢同言非不以芻草流矢十指為務痛癢緩急有所先救者也言此者明人君當先務禮義然後及它事也

天論篇第十七

天行有常天自有常行之道也○俞樾曰爾雅釋宮行道也天行有常即天道有常楊注天自有常行之道則道字反為增出矣

不為堯存不為桀亡應之以治則吉應之以亂則凶吉凶由人非天愛堯而惡桀也

彊本而節用則天不能貧本謂農桑

養備而動時則天不能病養備謂使人衣食足動時謂勸人勤力不失時亦不使勞苦也養生既備動作以時則疾疹不作也

脩道而不貳則天不能禍貳即倍也○王念孫曰案脩當為循字之誤也隸書循脩相似說見管子形勢篇循順也貳當為貣

亦字之誤也凡經傳中貣字多誤作貳說見管子勢篇貣與忒同管子正篇如四時之不貣史記宋世家二衍貣皆以貣爲忒字本作𢗟又作貸說見管子勢篇又作慝作慝誤見後慝則大惑下忒差也言所行皆順乎道而不差則天不能禍也下文曰倍道而妄行則天不能使之吉正與此相反今本循作脩貣作貳則非其旨矣楊不知貳爲貣之誤又見下文言倍道妄行遂釋之曰貳即倍也此望下文生義而非本句之旨羣書治要作循道而不忒足正楊本之誤又禮論篇萬物變而不亂貳之則喪也貳亦當爲貣貣差也言禮能治萬變而不亂若於禮有所差忒則必失之也大戴記禮三本篇作貸之則喪是其證貣覘楊云貳謂不一亦失之又解蔽篇心枝則無知傾則不精貳則疑惑貳亦當爲貣言差忒則生疑惑也貣則疑惑猶天論篇言匿則大惑也匿與慝忒通說見匿則大惑下彼以中從爲韻畸爲爲韻匿惑爲韻此以枝知爲韻傾精爲韻貣惑爲韻忒貣慝匿竝通故貣匿竝與惑爲韻貳則非韻矣忒從弋聲於古音屬之部貳從弍聲於古音屬脂部**故水旱不能使之飢渴寒暑不能使之疾祆怪不能使之凶**畜積有素故水旱不能使之飢渴旣無飢寒之患則疫癘所不能加之也○劉台拱曰渴字衍飢當作饑此承上文而言彊本節用故水旱不能使之饑養備動時故寒暑不能使之疾脩道不貳故祆怪不能使之凶王念孫曰案羣書治要無渴字下文水旱未至而飢亦無渴字注內渴字亦後人據已衍之正文加之**本荒而用侈則天不能使之富養略而動罕則**

不与天争職能與
人事也可

天不能使之全。略，減少也。罕，希也。養略，謂使人衣食不足也。動罕，言怠惰也。衣食減少而又怠惰，則天不能全也。○俞樾曰：上云養備而動時，則天不能病；備與略義正相對，時與罕則不倫矣。罕疑屰字之誤。屰即今逆字。說文干部：屰，不順也。辵部：逆，迎也。是逆爲送逆字，其順逆字本作屰也。養略而動屰，正與養備而動時相對成義。倍道而妄行，則天不能使之吉。故水旱未至而飢，寒暑未薄而疾，薄，迫也。音博。祆怪未至而凶。○王念孫曰：未至二字與上文複，羣書治要至作生，是也。下文祆是生於亂，即其證。生至字相似，又涉上文未至而誤。受時與治世同，而殃禍與治世異，不可以怨天，其道然也。非天降災，人自使然。故明於天人之分，則可謂至人矣。知在人不在天，斯爲至人。

不爲而成，不求而得，夫是之謂天職。不爲而成，不求而得，四時行焉，百物生焉，天之職任如此，豈愛憎於堯桀之閒乎。如是者，雖深，其人不加慮焉；雖大，不加能焉；雖精，不加察焉，夫是之謂不與天爭職。其人，至人也。言天道雖深遠，至人曾不措意測度焉，以其無益於理，若措其在人者，慕其在天者，是爭職也。莊子曰：六合之外，聖人存而不論也。天有其時，地有

荀子以謂人只管人知
必自因理天
以人主之以人成之

其財人有其治夫是之謂能參人能治天時地財而用之則是參於天地舍其所以
參而願其所參則惑矣舍人事而欲知天意斯惑矣列星隨旋日月遞炤四
時代御陰陽大化風雨博施列星有列位者二十八宿也隨旋相隨回旋也炤與照同陰陽大化
謂寒暑變化萬物也博施謂廣博施行無不被也萬物各得其和以生各得其養以成
不見其事而見其功夫是之謂神和謂和氣養謂風雨不見和養之事但見成功斯所以爲
神若有眞宰然也皆知其所以成莫知其無形夫是之謂天言天道之難知或曰
當爲夫是之謂天功脫功字耳○王念孫曰或說是也人功有
形而天功無形故曰莫知其無形夫是之謂天功天功二字下
文凡三見唯聖人爲不求知天旣天道難測故聖人但修人事不務役慮於知天也天職旣立
天功旣成形具而神生好惡喜怒哀樂臧焉夫是之謂天情言人
之身亦天職天功所成立也形謂百骸
九竅神謂精魂天情所受於天之情也耳目鼻口形能各有接
而不相能也夫是之謂天官耳辨聲目辨色鼻辨臭口辨味形
辨寒熱疾養其所能皆可以接物

荀子所謂凡之報皆
如貢西國印西洋
所謂物競天擇也

而不能互相爲用官猶任也言天之所付任有如此也。王念
孫曰楊以耳目鼻口形連讀而以能字屬下讀於義未安余謂
形能當連讀能讀爲態楚辭招魂注曰態姿也形態卽形也言
耳目鼻口形態各與物接而不能互相爲用也古字能與耐通
說文䎎詩𦓎故亦與態通楚辭九章固庸態也論衡累害篇態作能
漢書司馬相如傳君子之態史記作能徐廣本作態今本如此易林无妄
之賁女工多能亂我政事能卽態字也逐簃謂故以形能連
文正名篇以耳目口鼻與形體竝列彼言形體猶此言形態心
居中虛以治五官夫是之謂天君心居於中空虛之地以制耳目鼻口形之五官是天使爲
形體之君也財非其類以養其類夫是之謂天養財與裁同飲食衣服與人異類裁而
用之可使養口腹形體故曰裁非其類以養其類是天使奉養之道如此也順其類者謂之福逆其
類者謂之禍夫是之謂天政順其類謂能裁者也逆其類謂不能裁者也天政言如賞罰之政令
自天職既立已上竝論天所置立之事已下論逆天順天之事在人所爲也暗其天君昬亂其心亂其天
官聲色臭味過度棄其天養不能務本節用逆其天政不能養其類也背其天情好惡喜怒
哀樂無節以喪天功喪其生成之天功使不蓄滋也夫是之謂大凶此皆言不修政違天之禍聖

丘濬二語沈玉

人清其天君。正其天官。備其天養。順其天政。養其天情。以全其天功。如是。則知其所爲。知其所不爲矣。知務導達不攻異端則天地官而萬物役矣。言聖人自修政則可以任天地役萬物也其行曲治。其養曲適。其生不傷。夫是之謂知天。其所自修行之政曲盡其治其所養人之術曲盡其適其生長萬物無所傷害是謂知天也言明於人事則知天物其要則曲盡也故大巧在所不爲。大智在所不慮。此明不務知天是乃知天也亦猶大巧在所不爲如天地之成萬物也若偏有所爲則其巧小矣大智在所不慮如聖人無爲而治也若偏有所慮則其智窄矣所志於天者。已其見象之可以期者矣。志記識也聖人雖不務知天猶有記識以助治道所以記識於天者其見垂象之文可以知其節候者是也謂若堯命羲和欽若昊天歷象日月星辰敬授人時者也。俞樾曰禮記緇衣篇曰爲上可望而知也爲下可述而志也鄭注志猶知也所志於天者即所知於天者下文志於地志於四時志於陰陽並同此即承上文知其所爲知其所不爲而言楊訓志爲記識非所志於地者。已其見宜之可以息者矣。所以記識於地者其見土宜可以蕃息嘉穀者是也所志於四時者。

已其見數之可以事者矣。數謂春作夏長秋斂冬藏必然之數事謂順時理其事也所記識於四時者取順時之數而令生長收藏者也所志於陰陽者已其見知之可以治者矣。知謂知其生殺也所以記識陰陽者爲知其生殺敎之爲賞罰以治之也知或爲和○王念孫曰作和者是也上文云陰陽大化萬物各得其和以生是其證陰陽見其和而聖人法之以爲治故曰所志於陰陽者以其見和之可以治者矣和與知字相似而誤楊前注謂知其生殺而敎之爲賞罰以治之此曲說也官人守天而自爲守道也。官人任人欲任人守天在於自守道也皆明不務知天之義也

治亂天邪。曰日月星辰瑞厤是禹桀之所同也。或曰當時星辰書之名也○郝懿行曰堯典厤象日月星辰此瑞厤即厤象也象謂璿璣玉衡神其器故言瑞禹以治桀以亂治亂非天也。時邪。曰繁啟蕃長於春夏。繁多也蕃茂也畜積收藏於秋冬。是又禹桀之所同也。禹以治桀以亂。治亂非時也。地邪。曰得地則生。失地則死。是又禹桀之所同也。禹以治。桀以亂。治亂非地也。皆言

此与天演論同言天人之力互相依助

古人皆常以為天予人大恩而荀子以天有其常皆自作自受非天与也故天畜人無宁[illegible]異而不宁異

在人不在天地與時也詩曰天作高山大王荒之彼作矣文王康之此之謂也詩周頌天作之篇引此以明吉凶由人如大王之能尊大岐山也

天不爲人之惡寒也輟冬地不爲人之惡遼遠也輟廣君子不爲小人匈匈也輟行匈匈諠譁之聲與訩同音凶又許用反行下孟反○盧文弨曰三輟字上俗閒本皆有而字宋本無先謙案小人下羣書治要有之字以上文例之有之字是也文選荅客難用此文亦有之字天有常道矣地有常數矣君子有常體矣君子道其常而小人計其功道言也君子常造次必守其道小人則計一時之功利因物而遷之也詩曰何恤人之言兮此之謂也逸詩也以言苟守道不違何畏人之言也○俞樾曰何恤上本有禮義之不愆五字而今奪之文選荅客難篇傳曰天不爲人之惡寒而輟其冬地不爲人之惡險而輟其廣君子不爲小人之匈匈而易其行天有常度地有常形君子有常行君子道其常小人計其功詩云禮義之不愆何恤人之言李善注曰皆孫卿子文是其證也正名篇引此詩曰禮義之不愆兮何恤人之言兮亦其證也

楚王後車千乘非知也君子啜菽飲水非愚也是節然也節謂所遇
之時命也○劉台拱曰正名篇節遇謂之命俞樾曰節猶適也
說詳彊國篇是節然也猶曰是其適然者也劉引正名篇節遇
謂之命釋之節遇之節亦當訓適適與之遇所謂命也楊注
竝非又大略篇湯旱而禱曰政不節與節亦適也謂不調適若
夫心意脩○王念孫曰心意當爲志意字之誤也荀子書皆言志意脩無言心意者脩身篇曰志意脩則驕富貴
富國篇曰脩志意正身行皆其證又榮辱篇曰志意致脩德行
致厚智慮致明正論篇曰志意脩德行厚知慮明皆與此文同
一例尤其明證德行厚知慮明生於今而志乎古則是其在我者也故
君子敬其在己者○俞樾曰敬當爲苟說文苟部苟自急敕也經典通作亟爾雅釋詁亟疾也釋文曰字又
作苟是也君子苟其在己者猶云君子急其在己者正與小人錯其在己者相對成義學者罕見苟字因誤爲敬耳而不
慕其在天者在天謂富貴也小人錯其在己者而慕其在天者錯置君子
敬其在己者而不慕其在天者是以日進也求己而不苟故日進小人錯
其在己者而慕其在天者是以日退也望徼倖而不求己故日退也故君子

王安石祖此論逆以不畏天變災之甚不善讀古書誤國

之所以日進與小人之所以日退一也皆有慕有不慕君子小人之所以相縣者在此耳星隊木鳴國人皆恐○俞樾曰木不能鳴或因風而鳴人亦不恐而此云然者蓋古有社鳴之說文選運命論里社鳴而聖人出李善注引春秋潛潭巴曰里社明此里有聖人出其呴白姓歸天辟亡明與鳴古字通所謂社鳴者社必樹其土所宜木故古文社從木作䄡社鳴實即其木鳴也古人蓋甚畏之故荀子以星隊木鳴並言也曰是何也曰無何也假設問荅無何也言不足憂也是天地之變陰陽之化物之罕至者也星隊天地之變木鳴陰陽之化罕希也怪之可也而畏之非也以其罕至謂之怪異則可因遂畏懼則非夫日月之有蝕風雨之不時怪星之黨見黨見頻見也言如朋黨之多見賢遍反○郝懿行曰黨宜訓朋出方言注不謂朋黨也韓詩外傳二黨作晝於義爲長楊注望文生訓耳王念孫曰楊說甚迂且訓黨爲頻於古無據惠氏定宇九經古義曰黨見猶所見也訓黨爲所雖據公羊注然怪星之所見殊爲不詞余謂黨古儻字儻者或然之詞怪星之黨見與日月之有蝕風雨之不時對文謂怪星之或見也莊子繕性篇物之儻來寄也釋文儻崔本

作黨史記淮陰侯傳恐其黨不就漢書伍被傳黨可以徼幸黨並與儻同韓詩外傳作怪星之晝見晝字恐是後人所改羣書治要引此正作怪星之儻見

是無世而不常有之。先謙案羣書治要常作嘗是也

上明而政平。則是雖並世起。無傷也。並世起謂一世之中並起也

上闇而政險。則是雖無一至者。無益也。夫星之隊。木之鳴。是天地之變。陰陽之化。物之罕至者也。怪之可也。而畏之非也。物之已至者。人祆則可畏也。物之既至可畏謂在人之祆也

楛耕傷稼。楛耘失薉。政險失民。楛耕謂麤惡不精也失薉謂耘耨失時使穢也政險威虐也薉與穢同。盧文弨曰耘耨失薉韓詩外傳二作枯耘傷歲枯與楛同疑是也此處句法不一律注强爲之說頗難通郝懿行曰耘耨失薉韓詩外傳二作枯耘傷歲與上句相儷是也此蓋轉寫之譌不成文義王念孫曰盧說是也楛耘失歲上對楛耕傷稼下對政險失民今本作耘耨失薉則文不成義歲之爲薉乃涉下文田稼薉惡而誤而楊所見本已然故强爲之說而不可通

田薉稼惡。糴貴民飢。道路有死人。夫是之謂人祆。政令不明。舉錯不時。本事不理。夫是之謂人祆。舉謂起兵

動衆錯謂懷安失於事機也本事農桑之事也禮義不脩。內外無別。男女淫亂。則父子相疑。上下乖離。○王念孫曰案內外無別二句爲一類父子相疑二句爲一類父子上不當有則字羣書治要無則字韓詩外傳亦無寇難竝至。夫是之謂人祆。○先謙案羣書治要三謂人祆下竝有也字下無安國下有矣字棄而不治下有也字祆是生於亂。三者錯無安國。三者三人祆也錯置也置此三祆於中國則無有安也。○王念孫曰錯交錯也說文作逪云迹逪也言此三祆交錯於國中則國必危也楊讀錯爲措置之措失之其說甚爾。其菑甚慘。爾近也三人祆之說比星隊木鳴爲淺近然其災害人則甚慘毒也勉力不時。則牛馬相生。六畜作祆。勉力力役也不時則人多怨曠其氣所感故生非其類也。○盧文弨曰宋本此段在禮義不脩之上注首有此三句直承其菑甚慘之下十一字然後接以勉力力役也云云。○王念孫曰案呂本所載正文此三句本在上文禮義不脩之上勉力不時則牛馬相生六畜作祆此是祆由人興故曰祆是生於亂自錢本始依楊注移置於下文可怪也而不可畏也之上楊注勉力不時三句云此三句直承其菑甚慘之下注可怪也二句云此二句承六畜作祆之下且刪去楊注而各本及盧本從之謬矣今錄呂本原文於左星隊木鳴國人皆恐曰是何也曰無何也是天地之變陰陽之化物之罕至者也怪之可也而畏之非也夫日月之有蝕，風雨之不時，怪星之黨見，是無世而不常有之。上明而政平，則是雖竝世起，無傷也；上闇而政險，則是雖無一至者，無益也。夫星之隊，木之鳴，是天地之變，陰陽之化，物之罕至者也；怪之，可也；而畏之，非也。物之已至者，人祅則可畏也。楛耕傷稼，耘耨失薉，政險失民，田薉稼惡，糴貴民飢，道路有死人，夫是之謂人祅。政令不明，舉錯不時，本事不理，夫是之謂人祅。

案此句當在下文六畜作祅之下乃總上之詞今則在勉力不時之上與文義不應政令不明舉錯不時本事不理勉力不時四句相連牛馬相生二句乃總承此四句而言非專承勉力不時而言

勉力不時，則牛馬相生，六畜作祅。禮義不修，內外無別，男女淫亂，則父子相疑，上下乖離，寇難竝至，夫是之謂人祅。祅是生於亂，三者錯，無安邦。其說甚爾，其菑甚慘。可怪也，而不可畏也。

不可畏也當作亦可畏也蓋星隊木鳴乃天地之變陰陽之化非人事之所招故曰怪之可也而畏之非也若牛馬相生六畜作祅則政亂之所致所謂人祅也其說甚邇其菑甚慘可怪也而亦可畏矣上文云物之已至者人祅則可畏也正與此句相應若作不可畏則與上文相反矣楊不知不爲亦之誤故識懸倒其文耳 外傳曰星隊木鳴國人皆恐何也曰是天地之變陰陽之化物之罕至者也怪之可也畏之非也夫日月之薄蝕怪星之晝見風雨之不時是無世而不嘗有也上明政平是雖竝至無傷也上闇政險是雖無一至無益也夫萬物之有災人妖最可畏也曰何謂人妖曰楛耕傷稼楛耘傷歲政險失民田薉稼惡糴貴民飢道有死人寇賊竝起上下乖離鄰人相暴對門相盜禮義不脩牛馬相生六畜作妖臣下殺上父子相疑是謂人妖是生於亂案此文與荀子略同牛馬相生六畜作妖在是謂人妖之上是牛馬相生二句乃人妖也然則荀子原文本作政令不明舉錯不時本事不理勉力不時則牛馬相生六畜作妖夫是之謂人妖明矣

可怪也，而不可畏也。

○盧文弨曰宋本有注云此二句承六畜作祅之下蓋錄之時錯亂迷誤失其次也共二十二字元刻已如其說移正故盡刪去

傳曰：「萬物之怪，書不說。」書謂六經也可以勸戒則明之不務廣說萬物之怪也無用之辯不急之察棄而不治若夫君臣之義父子之親夫婦之別則日切瑳而不舍也○郝懿行曰切瑳言務學也韓詩外傳二云夫子之門內切瑳以孝與此義合磋古作瑳今作磋

雩而雨何也曰無何也猶不雩而雨也雩求雨之禱也或者問歲旱雩則得雨此何祥也對以與不雩而雨同明非求而得也周禮司巫國大旱則率巫而舞雩也日月食而救之天旱而雩卜筮然後決大事非以爲得求也以文之也得求得所求也言爲此以示急於災害順人之意以文飾政事而已故君子以爲文而百姓以爲神以爲文則吉以爲神則凶也順人之情以爲文飾則無害淫祀求福則凶也

在天者莫明於日月在地者莫明於水火在物者莫明於珠玉在人者莫明於禮義故日月不高則光暉不赫水火不積則暉潤不博珠玉不睹乎外則王公不以爲寶○王念孫曰不睹乎外四字文義不明睹

當爲暏說文暏旦明也從日者聲玉篇丁古切暏之言著也上言日月不高則光輝不赫水火不積則輝潤不博則此言珠玉暏乎外亦謂其光采之著乎外故上文云在物者莫明於珠玉也世人多見睹少見暏故暏誤爲睹夏小正傳蓋陽氣且暏也今本且暏作旦暏誤與此同

禮義不加於國家則功名不白故人之命在天國之命在禮君人者隆禮尊賢而王重法愛民而霸好利多詐而危權謀傾覆幽險而盡亡矣幽險謂隱匿其情而凶虐難測也權謀多詐幽險三者盡亡之道也○先謙案盡字無義衍文也彊國篇四語與此同無盡字

大天而思之孰與物畜而制之尊大天而思慕之欲其豐富孰與使物畜積而我裁制之也○王念孫曰物畜而制之制當爲裁思裁爲韻頌用爲韻待使爲韻多化爲韻思裁二字於古音竝屬之部制字於古音屬祭部不得與思爲韻也又案楊注云使物畜積而我裁制之此釋正文物畜而裁之也正文作裁之而注言裁制之者加一制字以申明其義耳今正文作制之即因注内制之而誤

從天而頌之孰與制天命而用之頌者美盛德也從天而美其盛德豈如制裁天之所命而我用之謂若曲者爲輪直者爲桷任材而用也

望時而待之孰與應時而使之望時而待謂若農夫之望

歲也孰與應春生夏長之候使不失時也因物而多之孰與騁能而化之因物之自多不如騁其智能而化之使多也若后稷之播種然也思物而物之孰與理物而勿失之也思得萬物以爲己物孰與理物皆得其宜不使有所失喪願於物之所以生孰與有物之所以成故錯人而思天則失萬物之情物之生雖在天成之則在人也此皆言理平豐富在人所爲不在天也若廢人而妄思天雖勞心苦思猶無益也百王之無變足以爲道貫無變不易也百王不易者謂禮也言禮可以爲道之條貫也一廢一起應之以貫雖質文廢起時有不同然其要歸以禮爲條貫論語孔子曰殷因於夏禮所損益可知也周因於殷禮所損益可知也其或繼周者雖百代可知也理貫不亂知禮則其條貫不亂也不知貫不知應變不知以禮爲條貫則不能應變言必差錯而亂也○郝懿行曰逸詩云九變復貫知言之選荀此語所本上云百王之無變足以爲道貫道即禮也貫之大體未嘗亡也亂生其差治盡其詳差謬也所以亂者生於條貫差謬所以治者在於精詳也故道之所善中則可從畸則不可爲

匿則大惑。畸者不偶之名，謂偏也。道之所善，得中則從，偏側則不可為。匿謂隱匿其情。禮者明示人者也，若隱匿則大惑。畸音羈。○王念孫曰：隱匿與大惑義不相屬，楊曲為之說，非也。匿與慝同。逸周書大戒篇「克禁淫謀，眾匿乃雍」，管子七法篇「百匿傷上威」，並以匿為慝。又管子明法篇「比周以相為匿」，明法解匿作慝。漢書五行志洪範氏用僭朔而月見東方謂之仄慝書大傳慝作匿慝差也或者書王嘉傳引此或作慝說釋之曰民用僭差不壹董仲舒雨雹對曰無有差慝言大惑生於差慝也。上文曰亂生其差，正謂此也。道貴乎中，畸則偏，差則惑矣。故曰中則可從，畸則不可為，慝則大惑。又樂論篇曰「亂世之徵，其聲樂險，其文章匿而采」，匿亦讀為慝，慝，邪也，言文章淫慝而多采飾也。邶風柏舟傳曰：「慝，邪也。」漢書嚴安傳「樂失而淫，禮失而采」，如淳曰：「采，飾也。」水行者表深，表不明則陷；表，標準也。陷，溺也。○俞樾曰：水行當作行水。行水者表深，與下文治民者表道一律。孟子離婁篇「如智者若禹之行水也」，此行水二字之證。治民者表道，表不明則亂。禮者，表也。非禮，昏世也；昏世，大亂也。昏世謂使世昏闇也。故道無不明，外內異表，隱顯有常，民陷乃去。道，禮也。外謂朝聘，內謂冠昏，所表識章示各異也。隱顯即內外也。有常，言有常法也。如此，民陷溺之患乃去也。○郝懿行曰：外內皆謂禮也。禮有內心，有外心。竹箭有筠，禮之外心也；松柏有心，禮之內心也。注非。萬物為道一偏，一物為萬物一偏，愚者為一物一偏，愚者不能盡一物也。

說老子不似

而自以爲知道無知也以偏爲知道豈有知哉愼子有見於後無見於先愼到本黃老之術明不尚賢不使能之道故莊子論愼到曰塊不失道以其無爭先之意故曰見後而不見先也漢書藝文志愼子著書四十二篇班固曰先申韓申韓稱之也老子有見於詘無見於信老子周之守藏史姓李字伯陽號稱老聃孔子之師也著五千言其意多以屈爲伸以柔勝剛故曰見詘而不見信也信讀爲伸墨子有見於齊無見於畸畸謂不齊也墨子著書有上同兼愛是見齊而不見畸也宋子有見於少無見於多宋子名鈃宋人也與孟子同時下篇云宋子以人之情爲欲寡而皆以己之情爲欲多爲過也據此說則是少而不見多也鈃音形又胡泠反漢書藝文志有宋子十八篇班固曰荀卿道宋子其言黃老意○盧文弨曰注引下篇元刻作宋子以人之情欲寡而皆以己之情欲多是過也與下篇合但引書不必定全依本文楊氏以情欲二字相連慮人不明故以兩爲字間之不可謂衍文今并下一爲字皆從宋本有後而無先則羣衆無門夫羣衆在上之開導皆處後而不處先羣衆無門戶也有詘而無信則貴賤不分貴者伸而賤者詘則分別矣若皆貴柔弱卑下則無貴賤之別矣有齊而無畸則政令不施夫施政令所以治不齊者若上同則

政令何施也有少而無多則羣衆不化夫欲多則可以勸誘爲善若皆欲少則何能化之書曰無有作好遵王之道無有作惡遵王之路此之謂也書洪範以喻偏好則非遵王道也

荀子卷第十一

荀子卷第十二

唐登仕郎守大理評事楊　倞　注

臣　王先謙集解

正論篇第十八

世俗之爲說者曰：主道利周。是不然。此一篇皆論世俗之乖謬荀卿以正論辨之周密也謂隱匿其情不使下知也世俗以爲主道利在如此也。先謙案楊注此一篇至辨之十七字應在正論篇第十八下傳鈔者誤入正文主者民之唱也，上者下之儀也。謂下法上之表儀也。先謙案周語儀之於民韋注儀準也文選東京賦儀姬伯之渭陽薛注儀則也言上是下之準則彼將聽唱而應，視儀而動。唱默則民無應也，儀隱則下無動也。不應不動，則上下無以相有也。上不導其下則下無以效上是不相須也。先謙案有當爲胥字之誤也據注云是不相須也則正文非相有明甚詩桑扈疏胥須古今字孟子萬章篇趙注胥須也是胥須字義並同故正文云無以相胥注即以是不相須也釋之胥與有形近致誣若是。則與無上同也。不祥莫大焉。故上者下之本也。上宣明則下治辨矣。宣露辨別也下知所從則明別於事也〇郝懿行曰辨與辨同非辨別之辨上端誠則下愿慤矣。上公正。則下易直矣。上公正則下不敢險曲也治辨則易一。愿慤則易使。易直則易知。易一則彊。易使則功。易知則明。是治之所由生也。上周密。則下疑玄矣。玄謂幽深難知或讀爲眩惑也下同〇郝懿行曰玄與眩同注後說是上幽險。則下漸詐矣。幽隱也險難測也漸進也如字又曰漸浸也謂浸成其詐也子廉反〇郝懿行曰漸讀爲潛潛與漸古音同字通潛者深也潛詐者謂幽深而險詐也先謙案漸亦詐也說見不苟篇上偏曲。則下比周矣。疑玄則難一。疑或不知所從故難一也漸詐則難使。比周則難知。人人懷私親比則上不可知其情禮記曰下難知則君長勞也難一則不彊。難使則不功。難知則不明。是亂之所由作也。故主道利明不利幽。利宣不利周。故主道明則下安。主道幽則下危。下知所從則安不知所從則自危也故下安則貴上下危則賤上。貴猶愛也賤猶惡也故上易知則下親上矣。上難知則下畏上矣。下親上則上安。下畏上則上危。畏則謀上故主道莫惡乎難知。莫危乎使下畏己。傳曰。惡之者衆則危。書曰。克明明德。書多方曰成湯至於帝乙罔不明德慎罰詩曰。明明在下。詩大雅大明之篇言文王之德明明在下故赫赫然著見於天也故先王明之。豈特玄之耳哉。特猶直也

世俗之為說者曰。桀紂有天下。湯武篡而奪之。是不然。以桀紂為常有天下之籍則然。以常主天下之圖籍則然。盧文弨曰案常當為嘗籍當為憑藉之藉下文云埶籍為埶力憑藉也有之而不能用故曰不能親有親有天下之籍則不然。躬親能有天下則不然以其不能治之也。先謙案兩天下之籍並當作天子之籍說見儒效篇常有謂世相及親有身為天子也上盧說非則不然當作則然說見下天下謂在桀紂則不然。王引之曰上則不然亦當作則然親有天下之籍則然天下謂在桀紂則不然者言桀紂雖親有天下之籍而天下之人心已去桀紂而歸湯武也今本則然作則不然涉下句而誤耳下

文云有天下之後也埶籍之所在也則桀紂固親有天下之籍矣何得云不然乎楊曲爲之說非是古者天子千官。諸侯百官。郝懿行曰明堂位云有虞氏官五十夏后氏官百殷二百周三百鄭注周之六卿其屬各六十則周三百六十官也以夏周推前後之差有虞氏官宜六十夏后氏宜百二十殷宜二百四十不得如此記也然則依鄭此說參以記文可知天子千官古未有矣以是千官也。令行於諸夏之國。謂之王。夏大也中原之大國以是百官也。令行於境內。國雖不安。不至於廢易遂亡。謂之君。僅存之君。先謙案遂讀爲隊墜說見王制篇聖王之子也。子子孫也有天下之後也。埶籍之所在也。先謙案埶籍猶埶位說見儒效篇天下之宗室也。然而不材不中。不中謂處事不當也中丁仲反。王念孫曰中讀中正之中孟子離婁篇中也養不中材也養不材是其證楊說非內則百姓疾之。外則諸侯叛之。近者境內不一。遙者諸侯不聽。令不行於境內。甚者諸侯侵削之。攻伐之。若是。則雖未亡。吾謂之無天下矣。聖王沒。有埶籍者罷。不足以縣天下。聖王禹湯也有埶籍者謂其子孫也。罷能謂弱不任事也。縣繫也。音懸。○先謙案：注弱不任事，各本任誤在，據宋台州本正。縣天下，謂持天下之衡，說詳彊國篇。非楊注。

天下無君。桀紂不能治天下，是無君。諸侯有能德明威積，海內之民莫不願得以爲君師。師長。然而暴國獨侈，安能誅之。暴國卽桀紂也。侈謂奢汰放縱。○先謙案：以上下文義求之，能字不當有。此以安代則字，用暴國獨侈安誅之者，暴國獨侈則誅之也。此能字緣上下文能字而衍。

必不傷害無罪之民。誅暴國之君。若誅獨夫。天下皆去，無助之者，若一夫然。若是。則可謂能用天下矣。能用天下之謂王。湯武非取天下也。非奪桀紂之天下也。脩其道。行其義。興天下之同利。除天下之同害。而天下歸之也。桀紂非去天下也。非天下自去也。反禹湯之德。亂禮義之分。禽獸之行。積其凶。全其惡。而天下去之也。天下歸之之謂王。天下去之之謂亡。故桀紂無天下。而湯武不弑君。由此效之也。天下皆去桀紂，是無天下也。湯武誅獨夫耳，豈爲弑君乎。由，用也。效，明也。用此論明之。○先謙案：注豈各本誤其，據宋台州本正。

湯武者。民之父母也。桀紂者。民之怨賊也。今世俗之爲說者。以桀紂爲君。而以湯武爲弒。然則是誅民之父母。而師民之怨賊也。師長不祥莫大焉。以天下之合爲君。則天下未嘗合於桀紂也。然則以湯武爲弒。則天下未嘗有說也。直墮之耳。自古論說未嘗有此世俗之人墮損湯武耳。郝懿行曰墮者毀也言以湯武爲弒非有說也直爲妄言詆毀之耳　念孫曰天下未嘗有說天下二字涉上文而衍據楊注云自古論說未嘗有此則本無天下二字明矣先謙案天下王說是也此緣上文天下字而衍墮之郝說是也仲尼篇云則墮之者衆富國篇云非將墮之也議兵篇云辟之猶以錐刀墮太山也與此文皆當訓爲毀注云墮損其義夫諦故天子唯其人。天下者。至重也。非至彊莫之能任。物之至彊者乃能勝重任至大也。非至辨莫之能分。至大則難詳故非小智所能分別也至衆也。非至明莫之能和。天下之人至衆非極知其情僞不能和輯也此三至者。非聖人莫之能盡。故非聖人莫之能王。重大如此三者非聖人安能王乎王于況反聖人備道全美者也。是縣天下之權稱也。懸天下如權稱之懸，揔知輕重也。稱，尺證反。桀紂者，其知慮至險也，其至意至闇也，至意當爲志意。○先謙案：荀書至、志通借，說見儒效篇。其行之爲至亂也。王引之曰：知慮、志意、行爲相對爲文，則行下不當有之字。荀子書行爲字皆作爲，今作行爲者，後人以其所知改其所不知耳。親者疏之，賢者賤之，生民怨之，禹湯之後也，而不得一人之與。刳比干、囚箕子，身死國亡，爲天下之大僇，後世之言惡者必稽焉。言惡者必稽考桀紂以爲龜鏡也。是不容妻子之數也。不能容有其妻子，是如此之人數也。猶言不能保妻子之徒也。列子：梁王謂楊朱曰：先生有一妻一妾不能治也。○王念孫曰：楊未曉數字之意。數猶道也。呂氏春秋壅塞篇「寡不勝衆，數也」，高注：「數，道數也。」言是不容妻子之道也。凡道有吉有凶，下文曰「故至賢疇四海，湯武是也；至罷不容妻子，桀紂是也」，然則如湯武者，是疇四海之道也，吉道也；如桀紂者，是不容妻子之道也，凶道也。故至賢疇四海，湯武是也；至罷不容妻子，桀紂是也。疇四海，謂以四海爲疇域。或曰：疇與籌同，謂計度也。○盧文弨曰：古以疇爲儔，楊注未是。郝懿行曰：疇者，匹也。罷者，病也，言不能任事也。齊語云：罷士無伍，罷女無家。又云：人與人相疇，家與家相疇。俞樾曰：疇者，保也。國語楚語臣能自壽也韋注壽保也晏子雜篇賴君之賜得以壽三族壽三族即保三族也管子霸言篇國在危亡而能壽者明聖也能壽即能保也此文作疇者古字通耳說文土部壔保也凡作疇作壽皆壔之叚字今世俗之爲說者，以桀紂爲有天下而臣湯武，豈不過甚矣哉。以桀紂爲君以湯武爲臣而殺之是過甚也譬之是猶傴巫、跛匡、大自以爲有知也。匡讀爲尪廢疾之人王霸篇曰賤之如尪與此匡同禮記曰吾欲暴尪而奚若言世俗此說猶巫尪大自以爲神異也○俞樾曰大乃而之譌而大篆文相似因而致誤注云猶巫尪大自以爲神異則曲爲之說矣故可以有奪人國，不可以有奪人天下。○先謙案以下竊國竊天下例之兩人字當衍下文有擅國無擅天下句例亦同可以有竊國，不可以有竊天下也。一國之人易服故可以有竊者天下之心難歸故不可也竊國田常六卿之屬是也可以奪之者可以有國，而不可以有天下。○王念孫曰奪之上不當有可以二字此涉上下文而衍竊可以得國，而不可以得天下，是何也？曰：國小具也，可以小人有也，可以小道得也，可以小力持也。天下者，大具也，不可以小人有也不可以小道得也不可以小力持也國者小人可以有之然而未必不亡也小人既可以有之則易滅亡明取國與取天下殊也天下者至大也非聖人莫之能有也

世俗之爲說者曰治古無肉刑而有象刑治古古之治世也肉刑墨劓剕宮也象刑異章服恥辱其形象故謂之象刑也書曰皋陶方施象刑惟明孔安國云象法也案書之象刑亦非謂形象也墨黥世俗以爲古之重罪以墨涅其面而已更無劓刖之刑也或曰墨黥當爲墨幪但以墨巾幪其頭而已○盧文弨曰注幪俗本作幪今從說文玉篇改正下句慅嬰當爲澡嬰謂澡濯其布爲纓鄭云凶冠之飾令罪人服之禮記曰緦冠澡纓鄭云有事其布以爲纓也澡或讀爲草慎子作草纓也共艾畢共未詳或衍字耳艾蒼白色畢與韠同紱也所以蔽前君以朱大夫素士爵韋令罪人服之故以蒼白色爲韠也○盧文弨曰注紱當作韍菲對屨菲草屨也對當爲紨傳寫誤耳紨枲也慎子作紨言罪人或菲或枲爲屨故曰菲紨屨紨方孔反對或爲蒯禮有疏屨傳曰藨蒯之菲也殺赭衣而不純以赤土染衣故曰赭衣純緣也殺之所以異於常人之服也純音準殺所介反慎子曰有虞氏之誅以畫跪當黥以草纓

當劓以履紨當刖以艾畢當宮此有虞之誅也又尚書大傳曰唐虞之象刑上刑赭衣不純中刑雜屨下刑墨幪幪巾也○劉台拱曰共當作宮菲當作剕殺當如字讀言犯墨黥之罪者以草纓代之宮罪以艾畢代之刖罪以紨屨代之殺罪以赭衣不純代之注引尚書大傳及愼子之言正可參證郝懿行曰此皆謂古有象刑也墨一名黥此墨黥謂以墨畫代黥不加刻涅愼子所謂畫跪當黥也幧帢當本作黚慅嬰愼子作草纓草與慅蓋音同假借字耳詩之勞人草草卽慅慅矣共艾畢者共當爲宮亦假借字愼子謂以艾畢當宮是也紟黺畢艾讀當與刈同蓋斬艾其韠以代宮刑也對屨愼子作履紨[illegible]殺赭衣而不純純緣也殺殺罪也今愼子作布衣無領當大辟布衣卽赭衣無領卽不緣也去其衣領以代死刑愼子以爲有虞氏之誅尚書大傳以爲唐虞之象刑竝與此義合王念孫曰墨黥二字語意未完當有脫文以愼子言畫跪當黥書大傳言下刑墨幪知之慅嬰上蓋脫劓字以愼子言草纓當劓知之

治古如是。世俗說以治古如是

是不然。以爲治邪。則人固莫觸罪。非獨不用肉刑。亦不用象刑矣。以爲人或觸罪矣。而直輕其刑。然則是殺人者不死。傷人者不刑也。罪至重而刑至輕。庸人不知惡矣。亂莫大焉。惡烏路反凡刑人之本。禁暴惡惡且徵其未也。徵讀爲懲未謂將來殺人者不死而傷人者不刑是謂惠暴而寬賊也非惡惡也故象刑殆非生於治古竝起於亂今也。今之亂世妄爲此說治古不然凡爵列官職賞慶刑罰皆報也以類相從者也。報謂報其善惡各以類相從謂善者得其善惡者得其惡也一物失稱亂之端也。失稱謂失其所稱類不相從也稱尺證反。先謙案稱權稱也失稱謂失其平楊注非夫德不稱位能不稱官賞不當功罰不當罪不祥莫大焉昔者武王伐有商誅紂斷其首縣之赤旆。史記武王斬紂頭懸之太白旗此云赤旆所傳聞各異也禮記明堂位說旗曰殷之大白周之大赤即史記之說非也。謝本從盧校作赤旂王念孫曰呂本作赤旂錢本旂作旆雜旆元刻世德堂本同案解蔽篇云紂縣於赤旆則作旆者是先謙案王說是今依錢本改赤旆虞王本同夫征暴誅悍治之盛也殺人者死傷人者刑是百王之所同也未有知其所由來者也刑稱罪則治不稱罪則亂故治則刑重亂則刑輕治世刑必行則不敢犯故重亂世刑不行則人易犯故輕李奇注漢書曰世所以治乃刑重所以亂乃刑輕也犯治之罪。固重犯亂之罪固輕也。治世家給人足犯法者少有犯則衆惡之罪固當重也亂世人迫於飢寒犯法者多不可盡用重典當輕也○郝懿行曰治期無刑故重亂用哀矜故輕注兩說前義較長書曰。刑罰世輕世重。此之謂也。書甫刑以言世有治亂故法有輕重也

世俗之爲說者曰。湯武不能禁令。是何也。言不能施禁令故有所不至者曰。楚越不受制。是不然。湯武者。至天下之善禁令者也。○先謙案至猶極湯居亳。武王居鄗。皆百里之地也。天下爲一。諸侯爲臣。通達之屬。莫不振動從服以化順之。振與震同恐也曷爲楚越獨不受制也。彼王者之制也。視形埶而制械用。即禮記所謂廣谷大川異制民生其間者異俗器械異制衣服異宜也稱遠邇而等貢獻。豈必齊哉。稱尺證反等差也故魯人以榶。衞人用柯。齊人用一革。未詳或曰方言云盌謂之榶盂謂之柯或曰方言榶張也郭云謂𢿱張也○盧文弨曰案方言

盌謂之權宋本荀子注正作權但與正文似不合盂宋本作或字今方言作盂至榶張也之榶方言作搪從手此注恐有傳會郝懿行曰注引方言盌謂之榶盂謂之柯葢楊所見古本如是今本榶作權宋本荀子注已作權或唐以後人據方言改耳一革二字雖未能詳然攷史記貨殖傳適齊爲鴟夷子皮索隱引大顏云若盛酒者鴟夷也用之則多所容納不用則可卷而懷之據此知鴟夷以革爲之吳語盛以鴟鴟而投之於江韋注鴟鴟革囊參以揚雄酒賦則鴟夷乃酒器范蠡適齊而爲鴟夷子皮此正齊人所用與魯人以榶衛人用柯文義正合先謙案以用同義承上貢獻言各以其土物也

土地刑制不同者。械用備飾。不可不異也。故諸夏之國。同服同儀。儀謂風俗也諸夏迫近京師易一以教化故同服同儀也。郝懿行曰儀與義同義古作誼誼謂行誼也此言同服同儀猶中庸言同軌同倫王念孫曰風俗不得謂之儀儀謂制度也下文蠻夷戎狄之國同服不同制正與此相反

蠻夷戎狄之國。同服不同制。夷狄遐遠又各在一方雖同爲要荒之服其制度不同也

封內甸服。王畿之內也禹貢五百里甸服孔安國曰爲天子服治田也。盧文弨曰案周語封俱作邦古封邦通用

封外侯服。畿外也禹貢五百里侯服孔云甸服之外五百里也侯候也斥候而服事王也韋昭云侯服侯圻也

侯衛賓服。韋昭注國語曰侯侯圻衛衛圻自侯

圻至衞圻其間五圻圻五百里五五二千五百里中國之界也謂之賓服常以服貢賓見於王五圻者侯圻之外甸圻甸圻之外男圻男圻之外采圻采圻之外衞圻康誥曰侯甸男采衞是也此據周官職方氏與禹貢異制也蠻夷要服。職方氏云衞服之外五百里曰蠻服又其外五百里曰夷服孔安國云要謂要束以文教要一昭反戎狄荒服。職方氏所謂鎭服蕃服也韋昭曰各相去五五百里九州之外荒裔之地與戎狄同俗故謂之荒荒忽無常之言也甸服者祭。侯服者祀。賓服者享。要服者貢。荒服者終王。韋昭曰日祭祭於祖考上食也近漢亦然月祀於曾祖也時享於二祧也歲貢於壇墠也終謂世終朝嗣王也。盧文弨曰曾祖今韋注作曾高顧千里曰終字疑不當有觀上文四句祭祀享貢不言日月時歲知此句王不言終明甚涉下終王之屬也及楊注而衍日祭月祀。時享歲貢。此下當有終王二字誤脫耳夫是之謂視形埶而制械用。稱遠近而等貢獻。是王者之至也。至當爲志所以志識遠近也。王念孫曰至當爲制上文云彼王者之制也視形埶而制械用稱遠近而等貢獻下文云則未足與及王者之制也皆其證楊說非彼楚越者。且時享歲貢終王之屬也。必齊之日祭月祀之屬。然後曰受制邪。是規磨之說也。規磨之說猶言差錯之說也規者正圓之器磨久則偏盡而不圓失於度程也文子曰水雖平必有波衡雖正必有差韓子曰規有磨而水有波我欲更之無奈之何此通於權者言也。郝懿行曰磨當作摩古今字也規摩蓋言規畫攜摩不必無失也溝中之瘠也。謂行乞之人在溝壑中羸瘠者以喻智慮淺也則未足與及王者之制也。俞樾曰此文當在東海之樂下荀子原文蓋云語曰淺不足與測深愚不足以謀知坎井之鼃不可與語東海之樂溝中之瘠未足與及王者之制此之謂也坎井之鼃二句所謂淺不足與測深也溝中之瘠二句所謂愚不足以謀知也傳寫誤倒在上文衍兩也字一則字

語曰。淺不足與測深。愚不足與謀知。坎井之鼃。不可與語東海之樂。此之謂也。言小不知大也司馬彪曰坎井壞井也鼃蝦蟇類也事出莊子坎井或作壇井鼃戶媧反。盧文弨曰正文淺不足宋本作淺不可

世俗之為說者曰。堯舜擅讓。擅與禪同墠亦同義謂除地為墠告天而傳位也後因謂之禪位世俗以為堯舜德厚故禪讓聖賢後世德薄故父子相繼荀卿言堯舜相承但傳位於賢而已與傳子無異非謂求名而禪讓也蓋案書序曰將遜于位讓于虞舜是亦有讓之說此云非禪讓蓋書序美堯之德雖是傳位與遜讓無異非是先自有讓意也孟

孫鏘曰与孟子意同而語别可以观文之变

孫鏘曰又分兩段意

孫鏘曰亦有錄

子亦云萬章曰堯以天下與舜有諸孟子曰天子不能以天下與人曰孰與之曰天與之又曰天與賢則與賢天與子則與子也

是不然天子者埶位至尊無敵於天下夫有誰與讓矣讓者埶位敵之名若上下相縣則無與讓矣有讀爲又也道德純備智惠甚明南面而聽天下生民之屬莫不振動從服以化順之天下無隱士無遺善無隱藏不用之士也同焉者是也異焉者非也夫有惡擅天下矣夫自知不堪其事則求賢而禪位今以堯舜之明聖事無不理又烏用禪位哉曰死而擅之或者既以生無禪讓之事因謂堯舜須求聖賢至死後而禪之是又不然聖王在上圖德而定次量能而授官○盧文弨曰舊校云一本作決德而定次先謙案作決者是說見儒效篇皆使民載其事而各得其宜不能以義制利不能以僞飾性則兼以爲民僞謂矯其本性也無能者則兼并之令盡爲民氓也○先謙案僞與爲同謂作爲也聖王已沒天下無聖則固莫足以擅天下矣固無禪讓天下有聖而在後者則天下不離有聖繼其後者則天下有所歸不離散也○俞樾曰

孫鏘曰或疑重出皆非是

後下當有子字下文云聖不在後子而在三公則天下如歸楊注曰後子嗣子謂丹朱商均三公宰相謂舜禹此說是也荀子之意謂傳賢與傳子同天下有聖而在後子則傳之子可也聖不在後子而在三公則傳之賢可也故兩言天下厭然與鄉無以異也以堯繼堯夫又何變之有矣正見傳賢傳子之不異也自此文奪子字而其義不顯楊氏遂疑後三句爲重出矣

朝不易位國不更制天下厭然與鄉無以異也厭然順服貌一涉反鄉音向○先謙案厭然謝本誤厭焉據宋台州本正以堯繼堯夫又何變之有矣言繼位相承與一堯無異豈爲禪讓改變與他人乎聖不在後子而在三公則天下如歸猶復而振之矣後子嗣子謂丹朱商均也三公宰相謂舜禹天下如歸言不歸後子而歸三公也復而振之謂猶如天下已去而衰息今使之來復而振起也天下厭然與鄉無以異也以堯繼堯夫又何變之有矣疑此三句重也唯其徙朝改制爲難謂殊徽號異制度也舜禹相繼與父子無異所難而不忍者在徙朝改制也後世見其改易遂以爲擅讓也故天子生則天下一隆致順而治論德而定次天下一隆謂天下之人皆得其崇厚也致極也○先謙案一隆者天下之人有專尊也注非論當爲決說見儒效篇

反对禅讓
说

死則能任天下者必有之矣夫禮義之分盡矣擅讓惡用矣哉夫讓者禮義之名今聖王但求其能任天下者傳之則是盡禮義之分矣豈復更求禪讓之名哉曰老衰而擅是又不然血氣筋力則有衰若夫智慮取舍則無衰曰老者不堪其勞而休也是又畏事者之議也或者自以畏懼勞苦以爲聖王亦然也天子者埶至重而形至佚心至愉而志無所詘而形不爲勞尊無上矣衣被則服五采雜閒色衣被謂以衣被身服五采言備五色也閒色紅碧之屬禮記曰衣正色裳閒色也重文繡加飾之以珠玉食飲則重大牢而備珍怪期臭味重多也謂重多之以太牢也珍怪奇異之食也期當爲綦綦極也曼而饋曼當爲萬饋進食也列萬舞而進食○郝懿行曰曼訓長也傳祭進膳列人持器以次遞傳故曰曼也論語詠而饋謂祭也[illegible]則此云曼而饋謂食也代睪而食皋未詳蓋香草也或曰皋讀爲櫜郎所謂蘭茝本也或曰當爲睪澤蘭也既夕禮茵著用茶實綏澤焉俗書澤字作水傍睪傳寫誤遺其水耳代睪而食謂焚香氣歇即更以新者代之○盧文弨曰案正文睪本作皋故注一云皋未詳再云皋當爲櫜郎

所謂蘭茝槀本也三云當爲澤俗書澤字作水旁皋傳寫誤遺其水耳史記天官書其色大圜黃滜郎黃澤是其證今本及宋本皆脫誤若水旁作睪乃澤字正體不得云俗書也郝懿行曰睪即皋字下云側載睪芷蓋皆謂香草也此云代睪蓋進食人更迭佩帶助其馨香洪頤煊曰淮南主術訓鼛鼓而食奏雍而徹與此上下文義同鼛皋古字通用劉台拱曰代睪當爲伐皋主術訓注引詩鼓鐘伐鼛考工記韗人作皋鼓王念孫曰周官大司樂王大食三侑皆令奏鍾鼓又案淮南亦本作伐鼛而食與奏雍而徹對文淮南即本於荀子也高注引詩鼓鍾伐鼛正釋伐鼛二字之義今本正文作鼛鼓者涉注文而誤玉海一百九引淮南正作伐鼛而食

雍、而、徹、乎。雍詩周頌樂章名奏雍而徹饌論語曰三家者以雍徹言其僭也

五祀、○劉台拱曰此當以雍而徹乎五祀爲句徹乎五祀謂徹於竈也周禮膳夫職云王卒食以樂徹于造淮南主術訓云奏雍而徹已飯而祭竈蓋徹饌而設之於竈若祭然天子之禮也造竈古字通用大祝六祈二日造故書造作竈吳語係馬舌出火竈吳越春秋作出火於造王念孫云史記秦本紀[illegible]管子輕重己篇[illegible]造專言之則曰竈連言之則曰五祀若謂丞相爲三公左馮翊爲三輔也楊氏失其句讀乃爲是多方駢枝之說此言天子奉養之盛而以祭祀爲言何當乎

執薦者百人侍、西、房。周禮宗伯以血祭祭社稷五祀鄭云五祀四時迎五行之氣於四郊而祭五德之帝也或曰此五祀謂礿祠烝嘗及

王世貞曰古玩淋漓

大祫也或曰國語展禽曰禘郊祖宗報此五者國之祀典也皆王者所親臨之祭非謂戶竈中霤門行之五祀也薦謂所薦陳之物籩豆之屬也侍侍立也西房西廂侍或爲待也劉台拱曰天子羞用百有二十品執薦者百人舉成數。居則設張容負依而坐。諸侯趨走乎堂下。居安居也聽朝之時也容謂羽衛也居則設張其容儀負依而坐也戶牖之閒謂之依亦作扆扆依音同或曰爾雅云容謂之防郭璞云如今牀頭小曲屏風唱射者所以自防隱也言施此容於戶牖閒負之而坐也。盧文弨曰注所以自防隱也宋本作所以隱見也誤今改正郝懿行曰張與帳同古以張爲帳也容則楊注引爾雅郭注是也張容二物與負依而爲三王念孫曰坐當爲立說見儒效篇出戶而巫覡有事。出戶謂出內門也女曰巫男曰覡有事祓除不祥出門而宗祀有事。出門謂車駕出國門宗者主祭祀之官祀當爲祝有事謂祭行神也國語曰使名姓之後能知四時之生犧牲之物玉帛之類采服之儀彝器之量次主之度屏攝之位壇場之所上下之神祇氏姓之所出而心帥舊典者爲之宗又曰使先聖之後能知山川之號宗廟之事昭穆之世齊敬之勤禮節之宜威儀之則容貌之崇忠信之質禋絜之服而敬恭明神者爲之祝韋昭曰宗大宗伯也掌祭祀之禮祝大祝掌祈福祥也。盧文弨曰注上下之神祇氏姓之所出今國語無祇字所字宋本有之與周禮大宗伯注合宗大宗伯也韋

蘇潛日風雅絕倫

注無大字又祀大祀舊本誤作禮記曰大祀今皆改正

乘大路趨越席以養安。

大路祭天車禮記曰大路繁纓一就趨衍字耳越席結蒲爲席養安言恐其不安以此和養之按禮以大路越席爲質素此云養安以爲盛飾未詳其意或曰古人以質爲重也○先謙案史記禮書正義云蒲草爲席既潔且柔潔可以祀神柔可以養體也

側載睪芷以養鼻。

睪芷香草也已解上於車上傍側載之用以養鼻也○先謙案史記作側載臭茝索隱引劉氏云側持也臭香也茝香草也言天子行持得以香草自隨也其餘則否今以側爲邊側載者置也言天子之側常置芳香於左右

前有錯衡以養目。

詩曰約軝錯衡毛云錯衡文衡

和鸞之聲步中武象騶中韶護以養耳。

和鸞皆車上鈴也韓詩外傳云鸞在衡和在軾前升車則馬動馬動則鸞鳴鸞鳴則和應皆所以爲行節也許慎曰和取其敬鸞以象鳥之聲武象韶護皆樂名騶當爲趨步謂車緩行趨謂車速行周禮大馭云凡馭路行以肆夏趨以采齊以鸞和爲節鄭云行謂大寢至路門趨謂路門至應門也

三公奉軛持納。

軛轅前也納與軜同軜謂驂馬內轡繫軾前者詩曰鋈以觼軜○盧文弨曰注內轡舊作內軜今據說文改正

諸侯持輪挾輿先馬。

挾輿在車之左右也先馬導馬也或持輪者或挾輿者或先馬者或

大侯編後大夫次之。

大侯國稍大在五等

之列者。小侯元士次之。小侯僻遠小國及附庸也。元士，上士也。禮記曰：庶大小侯入天子之國曰某人。又曰：天子之元士視附庸也。庶士介而夾道。庶士，軍士也。介而夾道，被甲夾於道側以禦非常也。○謝本從盧校作坐道，注二夾字竝作坐。王念孫曰：宋呂本作庶士介而夾道，錢本及元刻夾道竝誤作坐道，而盧本從之。案作坐道者非也。上文云天子出則三公奉軛持納，諸侯持輪挾輿先馬，然則庶士豈得坐道乎？當從呂本作夾道。周官條狼氏：王出入則八人夾道，是也。楊注本云介而夾道，被甲夾於道側以禦非常也。而今本注文兩夾字亦誤為坐矣。先謙案：王說是，今從呂本改。庶人隱竄，莫敢視望，居如大神，動如天帝。言畏敬之甚也。持老養衰，猶有善於是者與？不老者休也。休猶有安樂恬愉如是者乎？不老，老也。猶言不顯，顯也。或曰：不字衍耳。夫老者休息之名，言豈更有休息安樂過此。○郝懿行曰：不老者，不衰老也。猶詩之言永錫難老矣，故以大子無老申之。楊注不老，老也；又曰不字衍，二說皆非。王念孫曰：或說是。俞樾曰：案此當作猶有善於是者不與，不讀爲否，傳寫誤倒在與下。楊注曰不老，老也，或曰衍不字，竝非。故曰：諸侯有老，天子無老。諸侯供職貢朝聘，故有筋力衰竭求致仕者，與天子異也。有擅國，無擅天下，古今一也。讓者孰位敵之名一

孫鑛曰亦淨

黃道周曰轉摺援引文气甚老

國事輕則有請於天子而讓賢天下則不然也夫曰堯舜擅讓是虛言也是淺者之傳陋者之說也不知逆順之理小大至不至之變者也小謂一國大謂天下至不至猶言當不當也未可與及天下之大理者也

世俗之為說者曰堯舜不能教化是何也曰朱象不化是不然也堯舜至天下之善教化者也南面而聽天下生民之屬莫不振動從服以化順之言天下無不化然而朱象獨不化是非堯舜之過朱象之罪也朱象乃罪人之當誅戮者豈堯舜之過哉論語曰上智與下愚不移是也堯舜者天下之英也鄭康成注禮記云英謂俊選之尤者朱象者天下之嵬一時之瑣也言嵬瑣之人雖被堯舜之治猶不可化言教化所不及嵬瑣已解在非十二子之篇○先謙案嵬瑣猶委瑣說見前儒效篇云英傑化之嵬瑣逃之亦以英傑嵬瑣對文今世俗之為說者不怪朱象而非堯舜豈不過甚矣哉夫是之謂嵬說狂妄之說羿蠭門者天下之善射者也不能

以撥弓曲矢中。撥弓不正之弓中丁仲反。陳奐曰案中下脫微字撥弓曲矢不能中微與下文辟馬毀輿不能致遠句法相同儒效篇曰輿固馬選矣而不能以致遠一日而千里則非造父也弓調矢直矣而不能以射遠中微則非羿也王霸篇曰人主欲得善射射遠中微則莫若羿蠭門矣欲得善馭及速致遠則莫若王良造父矣君道篇曰人主欲得善射射遠中微者欲得善馭及速致遠者議兵篇曰弓矢不調則羿不能以中微六馬不和則造父不能以致遠皆中微與致遠作對文可證小雅毛傳曰殪壹發而死言能中微而制大也語本荀子王梁造父者。天下之善馭者也。不能以辟馬毀輿致遠。辟與躄同必亦反堯舜者。天下之善教化者也。不能使鬼瑣化。何世而無鬼。何時而無瑣。自太皞燧人莫不有也。太皞伏羲也燧人太皞前帝王始作火化者故作者不祥。學者受其殃。非者有慶。作鬼瑣者不祥也有慶言必無刑戮也。俞樾曰此謂作世俗之說者不祥學者從而傳述之必受其殃能非而闢之則有慶也下文引詩曰下民之孼匪降自天噂沓背憎職競由人可見荀子之意深疾世俗之說故爲此言楊注未得其旨詩曰。下民之孼。匪降自天。噂沓背憎。職競由人。此之謂也。詩小雅十月之

孫鑛曰亦勁有勢

孫鑛曰似有意為奇論

交篇言下民相爲妖孽災害非從天降噂噂沓沓然相對談語背則相憎爲此者蓋由人耳

世俗之爲說者曰。太古薄葬。棺厚三寸。衣衾三領。葬田不妨田。故不掘也。此蓋言古之人君也三領三稱也禮記君陳衣於序東西領南上故以領言葬田不妨田言所葬之地不妨農耕也殷已前平葬無丘壠之識也亂今厚葬飾棺。故抇也。是不及知治道而不察於抇不抇者之所言也。抇穿也謂發冢也抇胡骨反凡人之盜也必以有爲。其意必有所云爲也不以備不足。足則以重有餘也。○盧文弨曰下足字衍而聖王之生民也。皆使當厚優猶不知足。而不得以有餘過度。當謂得中也丁滾反優猶寬泰也不知足不字亦衍耳言聖王之養民輕賦薄斂皆使寬泰而知足也又有禁限不得以有餘過度也○王念孫曰當厚二字不詞楊說非也當厚蓋富厚之誤饒謙騁下優猶知足正承富厚言之故盜不竊。賊不刺。盜賊通名分而言之則私竊謂之盜劫殺謂之賊○俞樾曰楊蓋以刺爲刺殺之刺實非然也漢書郊祀志刺六經中作王制師古注曰刺采取之也又丙吉傳至公車刺取注曰刺謂探候之也然則刺者探取之義盜不竊賊不刺變文以成句耳非有異義也狗豕吐菽粟而農賈皆能以貨財讓農賈庶人猶讓則其餘無不讓也○郝懿行曰吐者棄也鶬頡此蓋極言菽粟之多耳非食而吐之也孟子言狗彘食人食揚雄蜀都賦云櫂米肥豬非聖世之事也風俗之美男女自不取於塗而百姓羞拾遺○郝懿行曰大略篇云國法禁拾遺蓋必申商之法有此禁令故荀舉以爲言故孔子曰天下有道盜其先變乎衣食足知榮辱雖珠玉滿體文繡充棺黃金充椁加之以丹矸重之以曾青丹研丹砂也曾青銅之精形如珠者其色極青故謂之曾青加以丹研重以曾青言以丹青采畫也犀象以爲樹樹之於壙中也琅玕龍茲華覲以爲寶琅玕似珠崑崙山有琅玕樹龍茲未詳覲當爲瑾華謂有光華者也或曰龍茲即今之龍鬚席公羊傳曰衛侯朔屬負茲爾雅曰蓐謂之茲史記曰衛叔封布茲徐廣曰茲者藉席之名列女傳無鹽女謂齊宣王曰漸臺五重黃金百玉琅玕龍疏翡翠珠璣莫落連飾萬民疲極此二殆也疑龍茲即龍疏疏鬚音相近也曹大家亦不解實謂實於棺椁中或曰茲與髭同○郭慶藩曰上言以爲樹下言以爲實蓋謂植樹犀象而以珠玉爲之實也上言琅玕下言華覲則龍茲非席明矣列女傳之龍疏亦列於珠玉之閒不得爲席龍疏或即龍茲當爲珠玉名猶左昭二

惟病上不足而邑有餓民矣

錢續曰辨駁無源堪顆

十九年傳所稱龍輔爲玉名也楊訓實爲實於棺椁失之人猶且莫之抇也是何也則求利之詭緩而犯分之羞大也詭詐也求利詭詐之心緩也○郝懿行曰詭者責也言抇人冢墓以求利國法必加罪責也詭訓責古義也漢書趙充國陳湯京房尹賞王莽傳及後漢孟嘗陳重傳注皆以詭爲責也俞樾曰詭疑說字之誤言古者民生富厚求利之說在所緩也詭說形似致誤楊注非先謙案郝說是以犯分爲羞非畏罪責也夫亂今然後反是上以無法使下以無度行知者不得慮能者不得治賢者不得使不得在位使人若是則上失天性下失地利中失人和故百事廢財物詘而禍亂起王公則病不足於上庶人則凍餒羸瘠於下於是焉桀紂羣居而盜賊擊奪以危上矣言在上位者盡如桀紂也安禽獸行虎狼貪故脯巨人而炙嬰兒矣若是則有何尤抇人之墓抉人之口而求利矣哉抉挑也抉人口取其珠也○先謙案有讀爲又雖此倮而薶之猶且必抇也安得葬薶哉不可得葬薶而不發彼乃將食其肉而

闢墨

孫鑛曰矯健有步驟最爲鍊淨

齕其骨也夫曰太古薄葬故不抇也亂今厚葬故抇也是特姦人之誤於亂說以欺愚者而潮陷之以偷取利焉夫是之謂大姦言是乃特姦人自誤惑於亂說因以欺愚者猶於泥潮之中陷之謂使陷於不仁不孝也以偷取利謂偕弃死者而苟取其利於生者也是時墨子之徒說薄葬以惑當世故以此譏之○盧文弨曰潮當作淖古潮字作淖故淖誤爲淖又誤爲潮傳曰危人而自安害人而自利此之謂也危害死者以利生者與此義同

子宋子曰明見侮之不辱使人不鬬宋子已解在天論篇宋子言若能明侵侮而不以爲辱之義則可使人不鬬也莊子說宋子曰見侮不辱救民之鬬尹文子曰見侮不辱見推不矜禁暴息兵救世之鬬此人君之德可以爲王矣宋子蓋尹文弟子何休注公羊曰以子冠氏上者著其師也言此者蓋以難宋子之徒也人皆以見侮爲辱故鬬也知見侮之爲不辱則不鬬矣應之曰然則亦以人之情爲不惡侮乎曰惡而不辱也雖惡其侮而不以爲辱惡烏路反下同曰若是則必不得所求焉求不鬬必不得凡人之鬬也必以其惡之爲說非

孫鑛曰俳優扮劇而侮詈狎友相戲謔侮皆不辱

孫鑛曰韓公子洪雖文勢絶類此

以其辱之爲故也。凡鬬在於惡不在於辱也今俳優侏儒狎徒詈侮而不鬬者，是豈鉅知見侮之爲不辱哉。狎戲也鉅與遽同言此倡優豈遽知見侮不辱之論哉。謝本從盧校注豈下無遽字王念孫曰豈鉅鉅知者豈知也鉅亦豈也古人自有複語耳或言豈鉅或言豈遽或言庸鉅或言何遽其義一而已矣說見漢書陸賈傳楊讀鉅爲遽而云豈遽遽然知失之盧刪注遽字各本皆有先謙案王說是今依各本增然而不鬬者，不惡故也。今人或入其央瀆，竊其豬彘，央瀆中瀆也如今人家出水溝也則援劒戟而逐之，不避死傷，是豈以喪豬爲辱也哉？然而不憚鬬者，惡之故也。雖以見侮爲辱也，不惡則不鬬；不知宋子之論者也雖知見侮爲不辱，惡之則必鬬。知宋子之論也然則鬬與不鬬邪，亡於辱之與不辱也，乃在於惡之與不惡也。夫今子宋子不能解人之惡侮，而務說人以勿辱也，豈不過甚矣哉！解達也不知人情惡侮而使見侮不辱是過甚也解如字說讀爲稅金舌弊口，猶將無益也。金舌以金爲舌金舌弊口以喻不言也雖子宋

孫鑛曰說欲字反折
孫鑛曰重言起波

子見侵侮金舌弊口而不對欲以率先猶無益於不鬬也揚子法言曰金口而木舌金或讀為噤○盧文弨曰上云說人以勿辱此蓋言舌弊猶不見聽耳一說道人木鐸金口木舌今郎為之金舌振之至於口弊亦何益哉俞樾曰金舌弊口謂說人非謂不言楊注非也此文當作金口弊舌金讀為唫說文口部唫口急也弊讀為敝言雖說之至於口唫舌敝猶無益也戰國策秦策舌敝耳聾此可證敝舌之義今作金舌弊口義不可通據楊注引法言金口而木舌又似本作金口者豈為後人改竄故歟

不知其無益則不知。不知此說無益是不知也知其無益也。直以欺人。則不仁。不仁不知。辱莫大焉。發論而不仁不知辱無過此也將以為有益於人。則與無益於人也。與讀為預本謂有益於人反預於無益人之論也○盧文弨曰注論宋本作謂王念孫曰楊說甚迂余謂與讀為舉繹黏邇彫𪒠戳見舉皆也覩斑謗六針泚言其說皆無益於人也則得大辱而退耳。說莫病是矣。不欲使人見侮不辱反自得大辱耳子宋子曰。見侮不辱。應之曰凡議必將立隆正。然後可也。崇高正直然後可也○先謙案隆正猶中正下文大隆郎大中也說見致士篇無隆正則是非不分。而辨訟不決。故所聞曰。天下之大隆是非之封界。分職名象之所起。王制是也。名謂指名象謂法象王制謂王者之舊制故凡言議期命是非。以聖王爲師。期物之所會也命名物也皆以聖王爲法也○王引之曰是非當作莫非正文云莫非以聖王爲師故楊注云皆以聖王爲師皆字正釋莫非二字凱詸黯缺辮䕶不今本莫非作是非則義不可通蓋涉上文兩是非字而誤而聖王之分。榮辱是也。聖王以榮辱爲人之大分豈如宋子以見侮爲不辱哉是有兩端矣。榮辱各有二也有義榮者。有埶榮者。有義辱者。有埶辱者。志意脩。德行厚。知慮明。是榮之由中出者也。夫是之謂義榮。爵列尊。貢祿厚。形埶勝。貢謂所受貢賦謂天子諸侯也祿謂受君之祿卿相士大夫也形埶謂埶位也上爲天子諸侯。下爲卿相士大夫。是榮之從外至者也。夫是之謂埶榮。流淫汙僈。汙穢行也僈當爲漫已解在榮辱篇犯分亂理。驕暴貪利。是辱之由中出者也。夫是之謂義辱。詈侮捽搏。捽持頭也搏手擊也捶笞。臏腳。捶笞皆杖擊也臏膝骨也腳古脚字臏腳謂刖其膝骨也鄒陽曰司馬喜臏腳於宋卒相中山斬斷枯

磔。斷如字枯弃市暴屍也磔車裂也周禮以疈辜祭四方百物
注謂披磔牲體也或者枯與疈辜義同歟韓子曰楚南之地
麗水之中生金民多竊采之采金之禁得而輒辜磔所辜磔甚
眾而民竊金不止疑辜卽枯也又莊子有辜人謂犯罪應死之
人也○王念孫曰後說是也周官掌戮殺王
之親者辜之鄭注曰辜之言枯也謂磔之
藉靡舌纏。藉見凌
藉也才
夜反靡繫縛也與縻義同卽謂胥靡也謂刑徒之人以鐵鎖相
連繫也舌縪未詳或曰莊子云公孫龍口呿而不合舌舉而不
下謂辭窮
亦恥辱也
是辱之由外至者也。夫是之謂埶辱。是榮辱之兩端
也。故君子可以有埶辱。而不可以有義辱。小人可以有埶榮。而
不可以有義榮。有埶辱無害爲堯。有埶榮無害爲桀。義榮埶榮
唯君子然後兼有之。義辱埶辱。唯小人然後兼有之。是榮辱之
分也。聖王以爲法。士大夫以爲道。官人以爲守。百姓以爲成俗。
萬世不能易也。言上下皆以榮辱爲治也士大夫主敎化者官
人守職事之官也○王念孫曰第四句本作百
姓以成俗與上三句對文晉語注曰爲成也廣雅以成俗卽以
爲俗今本成上有爲字乃涉上三爲字而衍呂本無爲字禮論

孫鑛曰此意本易折
此辨論尚未痛快

篇官人以爲守百姓以成俗成上亦無爲字今子宋子案不然，獨詘容爲已，慮一朝而改之，說必不行矣。言宋子不知聖人以榮辱爲大分獨欲屈容受辱爲己之道其謀慮乃欲一朝而改聖王之法說必不行矣譬之是猶以摶涂塞江海也，以焦僥而戴太山也，摶涂以涂壘摶也焦僥短人長三尺者。盧文弨曰摶俗字荀書當本作摶摶塗泥而塞江海必無用矣蹎跌碎折，不待頃矣。蹎與顛同蹎也頃少頃也。郝懿行曰蹎者偃仆也經典俱假借作顛唯此是其本字注云蹎與顛同蓋不知顛乃假借耳二三子之善於子宋子者，殆不若止之，將恐得傷其體也。二三子慕宋子道者也止謂息其說也傷其體謂受大辱。盧文弨曰得未詳或云古與礙通梵書以导爲礙亦有所本俞樾曰得字無義疑復字之誤復者反也猶曰將恐反傷其體也言子宋子之說非徒無益於人或反以傷其體耳

子宋子曰：人之情欲寡，而皆以己之情爲欲多，是過也。宋子以凡人之情所欲在少不在多也莊子說宋子曰以禁攻寢兵爲外以情欲寡少爲內也。謝本從盧校作欲爲多王念孫曰人之情三字連讀欲寡二字連讀非以情欲連讀也而皆以己之情欲爲多呂本作而以己之情爲欲多是也錢[illegible]本己之情三

錢穀都是格言

字連讀欲多二字連讀謂人皆以己之情爲欲多不欲寡也自錢本始誤作以己之情欲爲多則似以情欲二字連讀矣陋閣天論篇注引此正作以己之情爲欲多先謙案王說是今從呂本改作爲欲多故率其羣徒。辨其談說。明其譬稱。將使人知情欲之寡也。稱謂所宜也稱尺證反情欲之寡或爲情之欲寡也。○王念孫曰案或本是也此謂宋子將使人知情之欲寡不欲多也下文云古之人以人之情爲欲多而不欲寡今子宋子以人之情爲欲寡而不欲多也是下之人歡之情欲烙之本情忙貯针撒賊是其證楊本作情欲之寡非應之曰。然則亦以人之情爲欲。○盧文弨曰此欲字衍句當連下一說當作亦以人情爲不欲乎先謙案前說是目不欲綦色。耳不欲綦聲。口不欲綦味。鼻不欲綦臭。形不欲綦佚。此五綦者。亦以人之情爲不欲乎。曰。人之情欲是已。○先謙案欲是者欲上五綦曰。若是則說必不行矣。以人之情。爲欲此五綦者而不欲多。譬之是猶以人之情。爲欲富貴而不欲貨也。好美而惡西施也。古之人爲之不然。以人之情爲欲多。而不欲寡。故賞以富厚。而罰以

茅坤曰結得明快
辯得倒

殺損也。謂以富厚賞之以殺損罰之殺減也所介反是百王之所同也故上賢祿天下次賢祿一國下賢祿田邑愿慤之民完衣食。以人之情爲欲多故使德重者受厚祿下至愿慤之民猶得完衣食皆所以報其功今子宋子以是之情爲欲寡而不欲多也。然則先王以人之所不欲者賞而以人之所欲者罰邪。亂莫大焉。如宋子之說乃大亂之道今子宋子嚴然而好說。嚴讀爲儼好說自喜其說也好呼報反聚人徒立師學成文曲。文曲文章也。王念孫曰成文曲義不可通曲當爲典字之誤也故楊注云文典文章也黔倫雜畝亦成文典謂作宋子十八篇也覶縷非十二子篇云終日言成文典是其證然而說不免於以至治爲至亂也豈不過甚矣哉。

荀子卷弟十二